Por qué fracasan algunos emprendedores en "Hostelería" J. R. López Gómez

FRACASAN ALGUNOS EMPRENDEDORES EN "HOSTELERÍA"

Gestora de la Propiedad Intelectual en Zaragoza-España- Agencia no./09/108328

Catastro de la Propiedad Intelectual en Aragón (España) (Real Decree1/1996, 12 de abril Legalización registrado, 27 de abril 2003 CPR: 9053763, File - 2004e 008328.

Autor: José Rafael López Gómez. Autor y propietario de todos los derechos.

ISBN 13: **978-1493704439**
ISBN 10: **1493704435**

Sinópsis:
Es un manual al uso para el emprendedor, que no se basa en criterios "teóricos económicos o financieros propiamente dichos". Como su autor, he querido compartir mi larga experiencia como emprendedor, facilitando el camino a muchas personas que hayan pensado en crear su propio negocio e independencia financiera, y no sepan a que dedicarse ni como comenzar. El libro comprende un listado detallado de aquellos aspectos que deberá tener en cuenta y de los frecuentes problemas prácticos con los que se pueda encontrar el emprendedor. Explica con claridad, las diferentes actuaciones de cómo iniciar diversos negocios desde su planificación desarrollo y puesta en funcionamiento, hasta llegar al consumidor. Sectores recomendados, y todo cuanto es de necesidad conocer para no fracasar en el intento. Después de una larga y dilatada experiencia en el tiempo, no deja por ello de ser una guía sumamente útil en la actualidad más inmediata en estos tiempos de crisis, haciéndole ver al futuro emprendedor, que este, quizás no surge solo de la vocación sino de la necesidad de no verse atado a un improbable trabajo por cuenta ajena que puede fallarnos en cualquier momento Este manual, está destinado para aquellas personas que, incluso sin mucha preparación, puedan acometer actividades como empresarios que se quieran independizar, y también para esos otros que habiendo sido emprendedores, no hayan encontrado el éxito que buscaban.

José Rafael López Gómez –español- Después del instituto y antes de los veinte años, obtuve la diplomatura de Maestría Industrial por. La Escuela Universitaria de Ingeniería Técnica Industrial de Barcelona (EUETIB), y así se la sigue identificando. Durante cien años, la escuela ha formado miles de técnicos conocidos como peritos, directores de industrias, técnicos industriales, peritos industriales, ingenieros técnicos y, finalmente, ingenieros técnicos industriales. Todos ellos han sido agentes activos en la construcción de la Cataluña que hoy conocemos. (Informe de la Escuela Universitaria.)

"Instalaciones comerciales" "Montaje de negocios" "Instalaciones" "Restaurantes" "Bares", "Cafeterías" "Bocadillos", "Comidas para llevar", "Heladerías" "Autoservicios", Catering", "Comuniones "Banquetes" "Bodas".

Manual dedicado al Montaje y Puesta en funcionamiento de diferentes negocios y de la restauración hasta llegar al consumidor de

. Se podrán valer de ello, los profesionales que no pusieron en práctica otros apartados, también para las personas que desconocimiento este gremio sientan interés por el mismo.

¿Ha pensado montar un negocio y no sabe a que dedicarse ni como comenzar? Aquí encontró lo que buscaba.

(Segunda parte) del manual -LA CONQUISTA DE LA LIBERTAD ECONOMICA Y PORQUE FRACASAN ALGUNOS EMPRENNDEDORES.-

dedicado a la HOSTELERIA EN GENERAL

Primera parte en otro manual,

¿PORQUÉ TRIUNFAN O FRACASAN ALGUNOS EMPRENDEDORES?

Está dedicado a instalaciones y puesta en funcionamiento de diferentes negocios comerciales, industriales, de servicios y de fabricación.

INTRODUCCIÓN 4

Estimados amigos, la suerte es un prodigioso milagro que todos llevamos al nacer, y que si nos lo proponemos, la manejaremos y conduciremos hacia nuestros objetivos con gran facilidad. Si te atienes a mis sugerencias, por la experiencia acumulada a lo largo de cincuenta años, la suerte formará parte de ti, llegando a ser tu compañera inseparable.

A mi modo de ver, la suerte es contagiosa, y voy a tratar de transmitirte la mía que conmigo fue generosa. Conocerás, como hice para llegar hasta el final de mis días, sin depender de otras personas. Fui libre por que así me lo propuse. Con mi mensaje aprenderás, como crear una vida independiente para siempre. Para ser GANADOR, no hay trucos, solo hay que PROPONERSELO UNO MISMO. Si lo deseas de corazón, la suerte te acompañará en cuantos proyectos realices, hasta el final de tus días.

El éxito de cualquier acto de nuestra vida no es consecuencia de la casualidad. La principal autora de nuestra suerte y de cuanto hacemos, la decide nuestra mente, acompañada de nuestra intuición y guiada por nuestros sentimientos y entusiasmos. Vuestra dedicación y mi experiencia, formarán el mejor equipo para conquistar lo que te propongas. Yo puedo ayudar pero sin vuestra colaboración no será posible. Mi capacidad de trabajo era tan descomunal…..Que se me hubieran vendido la Giralda para pagar a plazos la hubiera comprado. Era una forma de ver al mundo, me voy retratando para que te valga, y para que puedas mirar los negocios desde arriba, como una cosa fácil de realizar. No olvides, que la riqueza la llevamos en el corazón, y que todo dependerá del uso que le demos. Así que, adelante y manos a la obra.

LA FORMA MÁS RELEVANTE PARA

MONTAR UN NEGOCIO DEFINITIVO

Combatir la crisis de empleo, la creación de trabajo independiente, y pequeños o grandes negocios, será nuestra finalidad. Algunos gobiernos dicen; Todos los ciudadanos tienen derecho a un trabajo digno; (en lo que estamos de acuerdo) pero ¿Quiénes lo crearán? ¿Quién crearan trabajo para tanto desempleado? Y aquí es donde entramos nosotros. "Los Emprendedores" Con nuestros relatos y su participación, Usted, encontrará el camino para iniciar su propia libertad económica, y ya no habrá quien le detenga. Entonces "podrá decidir" lo que quiere hacer con su vida. Lea nuestro mensaje hasta el final, y hoy, habrá sido "Un Gran día para Usted".Lo que se explica en este manual, no son "copias de la experiencia de otros", son las propias experiencias del autor, y de los diferentes negocios en los que participó a lo largo de toda una vida dedicado como "negociante y emprendedor".Si usted no ha trabajado nunca, ha terminado sus estudios, ha cerrado su negocio por la crisis, o ha sido despedido de la empresa en la que trabajaba, ¡PIENSE QUE NO ESTÁ SOLO! Y que nuestras experiencias se convertirán, en sus "PODERES DE ÉXITO". Si se lo propone, "SOLO USTED" será el "ACTOR Y AUTOR PRINCIPAL en su vida, para conseguir grandes conquistas", y como consecuencia, se convertirá en creador de empleo para usted y para otros, llegando a conocer con veracidad, "Porqué se triunfa o fracasa en los negocios". Pudiendo evitar con anterioridad, errores antes de que ocurran. Conocerá, como se puede crear trabajo y ganar dinero para nosotros, y para nuestros colaboradores. Antes de emprender ningún tipo de negocio deberá aprovecharse de nuestro asesoramiento, y conocer;

"LO QUE LOS NEGOCIANTES SABEN Y NO DICEN". Conocido nuestro mensaje, "descubrirá" el tiempo que ha perdido trabajando para otros. Ser negociante independiente partiendo de poco, no es tan difícil. Lo difícil será, **QUERER,** y en mis relatos, leerá todo cuanto "necesita saber para conseguirlo".

¿CONOCE ALGUN NEGOCIANTE POBRE? ¡Imposible!. NO existen los negociantes pobres. Quiere saber como negociar en cualquier actividad aunque la desconozca y no fracasar en el intento? Nuestra experiencia está a su alcance. Aprovéchese de ella. Conozca de UN EMPRENDEDOR, lo que aprendió en diferentes actividades, durante toda su vida como negociante, y aproveche la oportunidad de descubrir, como se puede construir un Imperio partiendo de nada. La capacidad mental de razonar, planear, solucionar problemas y entender ideas de negocios, se aprende con los años de trabajo y de lucha.

Usted dirá, bueno, con los estudios de economía también se aprende. Claro que sí, pero después de los estudios ha de venir la practica. Y

Aquí es donde recibirá el aprendizaje de esa práctica que necesita cualquier nuevo emprendedor, aunque carezca de estudios de economía. Si Usted lo desea de corazón, puede encontrar la felicidad trabajando. Usted, al recibir la mayor lección de economía en negocios populares, habrá abierto una ventana al futuro que ha tenido cerrada, y por la que entrará un rayo de felicidad, que en algún momento, "todos necesitamos". Si no tiene experiencia como negociante y quiere probar suerte sin ningún asesoramiento, usted es dueño de sus actos y puede hacer lo que desee. Hay quien piensa, instalare -tal negocio para probar-. Con esa actitud, muchos emprendedores fracasaron por no aprovecharse de la experiencia de otros. Usted es único en el mundo, y nadie le impide llegar hasta donde se proponga. Para emprender un pequeño negocio, no es de necesidad conocer un oficio o profesión. Lo más importante para conseguir el éxito será, que lo desee de corazón. Entonces, ahí estaré yo para que no fracase.

No olvide, que sus deseos de conquista, acompañados de mi experiencia, moverá montañas en cualquier actividad popular. Nuestro mensaje es el resultado de toda una vida de aventuras como negociante, donde podrá conocer sus más íntimos entresijos, de los muchos negocios en los que participé. El "negociante" es algo parecido a un guerrillero en la sombra, que fragua y planifica sus batallas con sus pensamientos, tejiendo y desarrollando en su mente, formas y maneras de invertir su tiempo y su dinero "**GANANDO**".

Podríamos decir que; un negociante acaba siendo un **GANADOR**, por la práctica de hacer negocios. Después de pocos años de actividad, y habiéndose valido de nuestros mensajes, Usted habrá crecido tanto económicamente, que ni sus mas cercanos amigos o familiares le reconocerán. Si está dispuesto a traspasar la frontera que existe entre - ser empleado o independiente - trabajar por su cuenta, y no tiene muy claro a que dedicarse, no se preocupe, aquí hallará el camino más fácil para comenzar, aunque no disponga de dinero. Siga leyendo con atención. Y no decida nada hasta que no concluya mi informe. Comenzará cualquier negocio con plena seguridad de éxito, si se deja asesorar por un emprendedor con cerca de cincuenta años de experiencia, la que dedicó a "comprar y vender". ¿De que cosas? Son tantos los ejemplos de negocios, de los que hablo en mi libro, que serán suficientes para que abran en su conciencia, ansias de conquista. Irá conociendo tantas formas de planificar negocios, que su tiempo de pensar y actuar, será de oro. No Importa el tipo de negocio que inicie con tal de que haya beneficios, dentro de la legalidad. ¿Sabe, que el diablo, (sabe más por viejo) que por diablo? ¿Sabe que los abogados venden sus consejos, por dinero? ¿Y que cualquier tipo de información y asesoramiento es un servicio que se ha de pagar? ¿Conoce alguna actividad que no se haga por dinero? Conoce alguien que le pueda llevar hasta el Éxito?

¿Sabe que lo que encierra este manual puede ser el comienzo de un camino interminable para un emprendedor? Nuestro manual es único y diferente. Todo se trata de comprar o vender, sean de servicios,

comercio o fabricación. ¿Sabe que ningún negociante termina sus días viviendo de la caridad? ¿Sabe que un negociante vive mejor, a costa de su esfuerzo y dedicación? No le importe que un negocio sea modesto o desconocido para usted, porque si va acompañado de experiencias como las nuestras, los problemas que suelen surgir en cualquier nueva actividad los conocerá antes de que aparezcan. Medite con atención cada párrafo que sigue ¿Sabe que todos nacemos con alguna cualidad que nos puede ayudar a triunfar, tanto, si somos ricos o pobres o de cualquier raza? ¿Sabe que la "suerte" es un – don- que todos llevamos al nacer, y que dependerá de nosotros mismos, que esta suerte se ponga de nuestro lado, y como hacer, para que acuda en nuestra ayuda para siempre? Aquí, sabrá como conseguirlo. Si usted desea vivir una vida plena de aventuras y no terminar sus días en la mediocridad económica, cuando lea mis escritos conocerá el como y el porque, de la riqueza y la pobreza. ¿Conoce las debilidades de los consumidores y como funcionan las ventas de cualquier producto?

¿Sabe con cuantos beneficios trabajan los comerciantes y fabricantes de cualquier actividad de negocio y los productos que mas se consumen?

¿Sabe que una hora de-trato-, valen más que cien horas de trabajo? ¿Y que el burro que más trabaja, más roto tiene el aparejo? ¿Conoce los lugares preferentes en una ciudad, donde se pueden instalar negocios seguros y donde no? ¿Y la forma de averiguar los artículos o productos que mas venta tienen? ¿Piensa, que podría instalar un negocio de algo que ha pensado, o que ha visto instalado, con el que obtener buenos beneficios y tener el éxito asegurado? ¿Piensa que podría instalar un negocio por que conoce el gremio, el oficio, o es profesional, y le parece que podría hacerlo muy bien? Puede que si, si antes aprende a "negociar".

¿Sabe que un negociante, en sus momentos de pensar en negocios, -siempre esta **en guardia por naturaleza-?** Y que lleva en su mente, -consumidores-, -beneficios-, -instalaciones-, -comisiones- ,-inversiones-, lugares estratégicos para hacer negocio-, ¿Que compro? ¿Cuando vendo? ¿Como y a quien? y muchas otras ideas que desarrollará, cuando se encuentre inmerso en esta bendita locura como negociante. ¿Piensa, que con instalar un negocio de cualquier tipo, copiando alguno de los que ha visto que se encuentran en el mercado de consumo, y por hacer una buena instalación, las ventas se producirán en cascada? No es tan fácil. Son muchos los nuevos emprendedores que disponiendo de suficiente dinero, también se equivocaron. Al comienzo de cualquier actividad, el dinero es importante, pero, no son menos importantes las "ideas". Sus ideas, unidas a mi experiencia, no habrá negocio que se le resista. Una de las formulas de mis éxitos, siempre estuvo, en pensar en lo que desean los consumidores, y ponerme en su lugar como consumidor. Después no olvidar nunca, el buen servicio, calidad, y precio y ser competitivo. Con la competencia se pueden mover montañas de cualquier producto, y su patrimonio siempre seguirá creciendo.

(Al Mundo no lo mueven las maquinas, lo mueven las ideas) Mark Twain.

¿Se siente capaz de fabricar artículos con los mínimos costos y organizar una línea de fabricación hasta llegar a su distribución con éxito de ventas? ¿Puedes adivinar por intuición, "o experiencia" donde puede funcionar o no, determinado negocio que lleva en la cabeza antes de instalarlo? ¿Sería capaz de dar un cambio o nueva orientación a un producto o artículo - de los que se encuentra en el mercado -, cambiando su formato las dosis de sus contenidos sin alterar las formulas base, que parezca -un nuevo producto,- y negociarlo para que acabe en un éxito seguro, y legal?

¿Sería capaz de adivinar las ventas que conseguirá de un negocio que piensa instalar en un lugar que le parece bueno, con solo ver

el sector y la circulación de personas? ¿Sabría como iniciar la fabricación de un artículo, llevarlo a una feria de muestras, y poder comprobar si ese artículo es vendible, sin darse de alta como fabricante hasta comprobar que su idea era buena, y que ese producto o servicio le interesa al consumidor? ¿Conoce como funcionan las ferias de muestras y franquicias de cualquier actividad, como exponente de algún artículo para su venta al por mayor? ¿Ha visitado alguna vez las ferias de muestras y franquicias? No sabe lo que se ha perdido. ¿Sabe que en la publicidad se gasta plata y se recoge oro?

¿Sabría detectar, -antes de hacer la instalación de un local de negocio- si funcionará, y la posibilidad de ventas que podría haber?

¿Sabría calcular los gastos generales y las ventas de un futuro negocio que tiene pensado, antes de instalarlo?

¿Sabe lo importante que es al hacer un contrato de arriendo, y haber pensado en su final antes de firmarlo? ¿Sabe que no hay emprendedor que se inicia como tal en cualquier actividad o país, que no acabe sus días como "negociante sin problemas económicos"?¿Sabe como hacer para que un emprendedor que no acierta en su negocio, descubra en que se equivoco y lo pueda hacer funcionar de nuevo hasta conseguir el éxito? ¿Sabe, que alguna parte del éxito de cualquier tipo de negocio depende de ideas, planificaciones y planes de comercialización antes de instalarlo? ¿Piensa que para iniciar un pequeño negocio ha de disponer de mucho dinero? A veces, y dependiendo de cada tipo de negocio para comenzar, no se necesitará tanto como cree, lo que podrá comprobar en nuestro mensaje.

<u>**¿Sabría como instalar un negocio de servicios, reparaciones y reformas**</u> de todo tipo, en los que intervinieran toda clase de oficios y profesiones como pudieran ser; albañiles, fontaneros, electricistas, carpinteros, herreros, escayolistas, aluminio, y toda clase de oficios, disponiendo de solo un local comercial y el personal necesarios- según el volumen del negocio- para informar y hacer pedidos? Todo, esta previsto y detallado en nuestro manual. ¿Sabría como organizar infinidad de trabajos a comisión sin exponer ningún capital, sin moverse de la oficina o local comercial, sin hacer ningún esfuerzo

físico por su parte, sin empleados y ganar lo suficiente, al haber descubierto un buen negocio? Teniendo en cuenta, que la "necesidad de algún empleado de atención al cliente", multiplicaría las ventas y los ingresos.

¿Sabría organizar un negocio -como comercio de servicios y suministros para el hogar-, en el que pudiera tener en exposición todo tipo de elementos, mobiliario y catálogos correspondientes para amueblar un hogar o vivienda, sin hacer ningún gran desembolso económico por su parte, y poder vender a plazos a pagar hasta en cinco años, sin disponer de un gran capital? Salvo la instalación del local, el que podría ser arrendado.

¿Sabría como organizar - (de principio a fin) - un comercio especialista en solo "venta de sillas" de muchos y variados modelos, sin necesidad se mucho capital? Negocio que funciona a la perfección en ciudades. Aprenderá a organizar su instalación, la busca de fabricantes de sillas, su comercialización, transporte y todo lo necesario para poner ese negocio en funcionamiento, haciendo ventas a plazos sin poner nuestro dinero en riesgo.

¿Sabría como vender un terreno de "secano o regadío" en llano o montaña, para huertos familiares, sin salirse de la ley? Todo cuanto relato, está previsto y explicado en nuestros manuales. Según la historia, recordará a Napoleón Bonaparte, -que de soldado llegó a Emperador de Francia-, que planificaba las batallas de madrugada, y que sus éxitos dependían de las muchas horas que dedicaba a pensar y planificar.

¿Sabe lo importante que es "pensar" ¿y planificar, tanto los productos a fabricar y comercializar, como el de elegir con seguridad el sector de la población al que dirigirse y lugar en la que instalarse?

¿Sabe que las batallas, tanto sean en las guerras como en los negocios, se ganan con el pensamiento y su planificación, antes de acometerlas?

¿Sabría como organizar cualquier tipo de negocio de HOSTELERIA, desde la localización del local en el lugar adecuado, capacidad y distribución del mismo, para la instalación y comercialización de cualquier negocio de Hostería?", y lugares más idóneos para cada tipo de especialidad, tanto sean de hostelería, como de cualquier otro producto de servicio o consumo ¿Es usted un negociante con experiencia, que cualquier tipo de negocio de los que hablo, no tiene secretos para Usted? Si se contesta a si mismo que sabe hacer todos esos negocios y muchos más que explico en mis escrito, ya puedes abandonar esta página. No me necesita.

¿Si lo que pretende es crecer como "persona negociadora" en cualquier actividad de negocio, y asegurarse un futuro, seguro e independiente? Abandonar esta página sería su mayor error. Desde el comienzo de esta lectura, puede haber vislumbrado, como se puede crear un imperio partiendo de poco. Ahora está perdiendo unos minutos, que tal vez sean muy valiosos para usted. Tenga paciencia, y pierda unos pocos más, los que le servirán para descubrir, porqué los ricos son cada vez más ricos, y los pobres cada vez más pobres.

Felicidades por haber llegado hasta aquí. Está demostrándose a usted mismo, que no descansará hasta que encuentre el camino. Siga adelante con sus ideas de independencia. Salte cuantos obstáculos encuentre, y no consienta que nadie interfiera en sus pensamientos. Saludos.

Rafael López.

CAPÍTULO 1º 5

EL COMIENZO DE UN NEGOCIO.   6

Crear negocios populares, y en particular en "Hostelería en general" sin fracasar desde el primer intento, será el tema que nos ocupará. No importa que no hayas trabajo en ningún gremio, aquí encontrarás todo lo que necesitas saber. Cincuenta años dedicados a diferentes actividades como empresario popular, fue tiempo suficiente para poder hablar de la suerte con conocimiento, de los beneficios o perjuicios, y de la puesta en marcha de cualquier actividad mercantil. Alguna vez se oye decir, que trabajando nadie se ha hecho rico. En parte tienen razón. Pero lo sustancial es, que si empleamos nuestras ideas y la colaboración y participación de otras manos para el trabajo físico, llegaremos hasta donde queramos.

El verdadero negocio no consiste, en crear un trabajo para uno mismo. Lo importante es crear el primer negocio, y después ir aumentándolo para que a nuestros empleados "cuado los tengamos," no les falte trabajo. No debemos olvidar, que la mayoría de los emprendedores comenzaron solos, después ampliaron sus negocios, viéndose obligados a tener empleados para crecer. Quedarás sorprendido de cómo se puede llamar a la suerte, como se maneja el dinero, y el modo de ganar una fortuna con constancia y dedicación.
A lo largo de mis relatos, irás conociendo el funcionamiento de diferentes actividades. Descubrirás lo fácil que puede ser, iniciarte como emprendedor, saber como comenzar un negocio por modesto que pueda ser, y llevarlo adelante con seguridad desde su comienzo. "La suerte" es la consecuencia, de la dedicación total de uno mismo, a lo que hace.
En los primeros años de mi actividad laboral, pude descubrir a tiempo, que nunca me sería posible encontrar un trabajo seguro y disponer de una economía saneada si siempre dependía de otros. Bastantes años después, al pensar detenidamente y analizar con sensatez mis ideas de aquel tiempo, (a pesar de mi corta edad) descubrí, que mis sentimientos no estaban en formar parte del mundo laboral para siempre. Desde pequeño, tenía la ilusión de hacer algo importante que me sacara de la carencia y la mediocridad. Al

principio fui realizando algunos trabajillos por mi cuenta, hasta que me puse a trabajar como aprendiz.

Pronto descubrí que trabajando por cuenta ajena, nunca conseguiría mi sueño, ni tener nada propio de lo que me sintiera orgulloso. Recuerdo cuando tenía más o menos alrededor de doce años. Un día que fui al cine a ver, la película "Blanca Nieves y los siete Enanitos", Compré la entrada y me puse en la cola de los primeros para coger un buen sitio. Se produjo tal afluencia de padres con sus hijos, que las entradas se agotaron para aquel pase o sección. Estaba, esperando para cuando abrieran las puertas, echar a correr al último piso -del cine-teatro de varios pisos- Los asientos eran bancos de madera corridos. En ese momento oí un grito entre tanta algarabía que decía ¡Quien vende una entrada¡ Nadie contestó, poco después oí decir, ¡pago el doble de lo que vale¡, el estómago me dio un vuelco, y sin pensarlo dije ,!yo la vendo¡. La entrada costaba dos pesetas y me dieron cuatro. Algo me corrió por el cuerpo cuando descubrí, que podría ganar dinero sin ser todavía un hombre. Seguí haciendo negocio mientras ponían la película y ganando dinero. Tuve mucho cuidado de que no me descubrieran mis padres por hacer algo que a ellos no le pareciera bien. Después, fui vigilando las películas que ponían los sábados y domingos. Mi trabajo consistía en ir a la escuela, y los fines de semana al "negocio". Cuando tenía catorce años, me dediqué a fabricar fideos que vendía por las tiendas de comestibles... Esto lo cuento en otro capítulo.

A pesar de mi edad, me daba cuenta, de que si no tenías una carrera, lo tendrías más difícil para ganarte la vida. Pensaba, ¿Si trabajara para otros durante toda mi vida laboral?, ¿Podría tener las cosas que tienen los ricos? ¿Tendría un sueldo seguro y suficiente para no carecer de nada a la edad que más se necesita? Mi peor pesadilla era, si tuviera que trabajar toda la vida como asalariado ¡Sentía un terrible malestar en mi interior con solo pensarlo! Mi ilusión de aquel tiempo era, emprender un camino diferente. Comprendía que eso no sería posible, si no actuaba cuanto antes por mi cuenta.

Pensamientos tormentosos que no se apartaban mi mente ¿Y si me fuera a América? En aquella época, salían muchos emigrantes hacia países sudamericanos. Fui descubriendo, que para ganar dinero no era de necesidad trabajar como empleado, al comprobar que cualquier trabajo que realizaba por mi cuenta, en diez días me reportaba tanto dinero, como casi el sueldo de un mes trabajando como empleado. No lo pensé mucho, decidí trabajar para mí. Estas explicaciones personales, justificarán la veracidad de mi experiencia de tantos años.

Hoy se habla de la jubilación insegura, después de haber cotizado a la seguridad social durante muchos años. ¿Qué jubilación tendría una persona que trabaja como empleado toda su vida cuando se está más necesitado de una buena seguridad económica? Cuando te hagas mayor, y después de haber trabajado como empleado toda tu vida. ¿Qué pensión te puede quedar? Los ingresos pueden que no sean suficientes, pero te tendrás que conformar. ¿Que puedes hacer entonces si tus ingresos han sido insuficientes para ahorrar un pequeño capital que te garantice un bienestar a la edad que más se necesita? Si lo piensas detenidamente como hice yo, tu cerebro actuará y determinará para quien vas a trabajar hasta el final de tu vida laboral.

TRABAJAR PARA TI, O PARA OTROS. 7

Aunque tus ideas hayan estado puestas hasta ahora en encontrar un trabajo seguro en la empresa de otros, tal vez después de leerme cambies de forma de pensar, y te conviertas en un futuro emprendedor. Si no tienes dinero para establecerte con un modesto negocio, en este libro encontrarás formulas para comenzar partiendo de poco. Si no te anima la idea de hacerte emprendedor, todo lo que leas te servirá para convertirte en un empleado ejemplar e imprescindible para la empresa en la que prestes tus servicios. Habrás descubierto lo que en realidad esperan de ti los empresarios. Está bien claro, que no pretendo que aprendas de mi experiencia para que se beneficie tu jefe.

Cuando tenemos afán de superación y conquista, el éxito nos acompañará en cualquier lugar en el que nos encontremos, tanto seamos asalariados que como emprendedores. Hacer lo que estés haciendo, es pensar solo en lo que haces para hacerlo bien. Ya sabes lo que te espera si decides ser empleado, que podrás ser un buen productor en la empresa de otro, sin más esperanza que la jubilación, y que como premio, obtendrás una ajustada pensión. En adelante, pensaré en un futuro emprendedor, en el que tú serás el actor más importante, y siempre me tendrás a tu disposición cuando me necesites.

Mis relatos y mis consejos son el fruto de mi experiencia, así que no los pongas "en saco roto", donde no los puedas encontrar. Todos los trabajos o negocios son batallas que hay que ganar de antemano con el pensamiento, y antes de acometerlas. Empecé a los 14 años, haciendo cualquier cosa para ganar dinero además da asistir al instituto. Los pocos recursos no me quitaban el sueño. Pero fue tanta la ilusión de hacer algo diferente, que me auparon paras emprender la lucha que me había propuesto. Estoy seguro que si te sabes aprovechar de mi experiencia, te demostrarás a ti mismo que eres inteligente. Conocerás suficientes datos, muy necesarios para "No fracasar como emprendedor".

SIEMPRE ADELANTE. 8

Tu libertad comenzará con la creación de tu propio negocio sea grande o pequeño. El inicio de un pequeño negocio puede ser la solución para dar el primer paso. Siempre hablo en el supuesto de un nuevo emprendedor sin experiencia; A un niño pequeño, cuando comienza a dar los primeros pasos, hay que llevarlo de la mano hasta que se va solo. En los negocios pasa igual, te has de agarrar donde puedas, para no caer. Cuando aprendas a negociar, harás cualquier negocio. Alguna vez he oído decir: "Yo me pongo un negocio y a vivir". No prestes mucha atención a esas historias sin fundamento, ya que a partir de que pongas el primer negocio, tendrás responsabilidades en las que no habías pensado; es el tributo a la independencia.

¿Estás pensando que es muy pronto para que te hable de tus negocios verdad? Es parte del proyecto de este libro. En este libro encontrarás la formula para poder comenzar desde cero.
 Con tu primer negocio, comenzaras la forjar tu futuro, y harás realidad tus sueños si le aportas una gran fuerza de voluntad. Los negocios son como aprender a conducir un vehículo, cuando te dan el carné, ya puedes conducir, y al poco tiempo podrás conducir cualquier otro, y lo llevarás como el mejor de los conductores. ¿Entiendes?, la práctica en los negocios te hará un buen negociante, y

al poco tiempo, pocos negocios tendrán secretos para ti Si no quieres darle trabajo a tu cabeza, lo más fácil sería tomar una franquicia de cualquier producto. Tus actuaciones estarían supeditadas a las normativas de otros. Como emprendedor franquiciador, estarías obligado a pagar un canon de entrada,-- (cantidad de dinero por la explotación del nombre y el manejo de ese negocio). Pagarías un tanto por ciento de las ventas. Otro tanto por ciento de la publicidad. Debiendo tener el capital necesario para acondicionar el establecimiento o negocio del que se trate, según las normas del franquiciador.

Tendrías que comprar la mercancía al franquiciador, o según el acuerdo que se haga. Tanto las ferias de franquicias como las de muestras, cualquier futuro emprendedor puede aprender mucho visitándolas: En otro lugar hablo del funcionamiento de ambas. Si estuvieras interesado en franquicias, dirígete a una Cámara de Comercio de cualquier ciudad importante, ellas te informarán. . En España puedes buscar en el listín telefónico de Barcelona, o en Internet: División de Franquicias, o Tormo & Asociados- Esta empresa gestiona, muchas franquicias.

TRABAJAR COMO EMPLEADO, Y NO TENER RESPONSABILIDADES.9

Son muchas las personas, que su medio de vida depende de un empleo. La diferencia está en que al ir a trabajar para otro, se acude por obligación, y cuando se trabaja para uno mismo, se va con la alegría de encontrar una nueva aventura cada día, y un nuevo reto a la sociedad. Por el afán de que algún día no me faltara el trabajo, me independicé creando un pequeño negocio, al que le siguieron otros. Al final de mí dilatada etapa de actividades, que duró cerca de cincuenta años, me pregunté a mi mismo. ¿Por qué no habría de ayudar a otras personas haciéndole ver su realidad? Trabajando toda su vida laboral como empleados, para después, al final de los años, terminar sus días con los bolsillos vacíos. Se escriben muchos libros para emprendedores, hablan de tantos por ciento, de ventas por años y por sectores, hacen cálculos económicos a gran escala, olvidándose de que no todos los nuevos emprendedores disponen de grandes capitales para comenzar, ni conocen los malabarismos de la ingeniería financiera. Ninguno te dice, que el café que tomas en un bar, solo lleva de diez gramos, para que sea un buen café. Esta es la diferencia, al comparar este libro con otros.

Mi afición por escribir, fue como consecuencia de mi afán por estar siempre ocupado. Comencé escribiendo un plan de negocio para mi hijo, y mis escritos se fueron alargando hasta convertirse en diversos relatos. Como puedes comprobar, escribir no es mi fuerte. Mi trayectoria ha sido la del trabajo independiente. Con mis lecturas, descubrirás formas de negocio para ganar dinero, y como actuar para que cualquier negocio que emprendas por humilde que sea lo culmines con éxito.

EL INGENIO NOS AYUDARÁ. 10

Alimentarse con exceso atrofia los sentidos. Seamos prudentes, levantémonos de la mesa con algo de hambre, y nuestro ingenio lo tendremos a flor de piel. Los grandes inventores y descubridores, su mucha alimentación nunca fue la fuente de su ingenio. Para ellos como para cualquiera, la comida es importante, pero para estas personas motivadas por un objetivo, siempre fueron secundarias en esos momentos. Su mayor preocupación consistía, en desarrollar las ideas que habían pensado, hasta conseguir trazar un plan de negocio. No obstante, las personas que no piensan, ni se ingenian para dar un cambio a su vida, también son muy necesarias para la sociedad. Ellas, son las mejores colaboradoras para el desarrollo de cualquier país, por su participación en el trabajo y en el consumo.

Si has concebido una idea, con atención y paciencia encontrarás la forma de hacerla realidad. Las ideas de negocios que relato, aunque algunas no tengan nada que ver con tus proyectos, o tu profesión, te ayudarán a descubrir nuevos horizontes, y te podrán servir como "plantilla", para que tus ideas las puedas desarrollar con más acierto. Este libro va dirigido en su mayor parte, a los nuevos emprendedores en general, además de a la hostelería. Si este libro cae en manos de un profesional, habrá capítulos en los que le podrán servir, para recordar cosas que conocen y que no las han llevada a la practica.

HAZ LO QUE ESTÉS HACIENDO. 11

El futuro emprendedor, no puede perder el tiempo en banalidades, es ambicioso por naturaleza y quiere algo más que una gran mayoría de las personas comunes. No se conforma con seguir un oficio o empleo, o un trabajo tradicional, desea superarse cada día, para cambiar. Como emprendedor, vuelca todas tus energías al trabajo que llevas entre manos, o estés realizando, después haces el otro, y así sucesivamente.

Cuando un pintor pinta un cuadro, está entregado a su trabajo, y para él, el mundo no existe bajo sus pies, se encuentra flotando en el espacio, se ha transportado a otra dimensión, su entrega es total, y al final consigue su obra maestra. El emprendedor que se entrega a su obra, siempre obtiene su fruto. Cuando tenía de treinta y cinco a cuarenta años, además de estar en mis negocios", asistí a la Escuela de Artes de Zaragoza por libre, y tiempo después acudí al estudio de pintura, <Cañada>. Cuando estaba pintando, para mi no existía nada que no fuera el lienzo que tenía delante. "Pensaba en ese momento en lo que estaba haciendo". Y al terminar la clase, a mi trabajo.

El emprendedor ha de actuar con verdadero entusiasmo y dedicación, y cada trabajo o negocio que emprenda, intentar mejorarlo cada día más. Al comienzo, se irán haciendo pequeños negocios y ganando algún dinero, hasta que un día descubre, "una idea maravillosa". Si no, fíjate, toda la vida que conocemos, - como yo cuando era pequeño- - escribiendo con lápices de madera o plumas metálicas, que se mojaban de tinta para escribir, en un tintero incrustado en el pupitre del colegio. Y que otros ya habían inventado antes. Después vino la pluma estilográfica. Pues bien, ahora escribimos en la mayoría de las veces, con bolígrafo. Fue la idea de un periodista húngaro, Ladislao Biró, al tener problemas con la pluma estilográfica cuando escribía. Se puso a pensar en como resolver su problema, hasta que vio la luz. Lo patentó sobre al año 1938, en su país. Después emigró a la Argentina, allí trabajo en el proyecto cinco o seis años, hasta que consiguió perfeccionarlo. Después, vendió la patente en diferentes países. Hoy se vende en todo el mundo. Es un ejemplo de la riqueza que todos tenemos en nuestra cabeza.

ESTAR BIEN DESPIERTO CUANDO NO DUERME. 12

El futuro emprendedor ha de estar alerta en todo momento, y su cerebro ha de actuar como un radar en movimiento, analizando todo cuanto ven con sus ojos, y oyen sus oídos. Siendo observador silencioso, las ideas le vendrán en cascada, analizando una tras otra, y guardando las que vea con futuro para hacer uso de ellas cuando las necesites. La libertad y la suerte no te eligen, la eliges tú. Si tu situación laboral hasta ahora ha sido la de trabajar por cuenta ajena y quieres entrar en el mundo de los emprendedores, has de hacerte a la idea de que entras en un mundo de "luchadores independientes". Tanto la libertad como la independencia se compran con sacrificio y esfuerzo. Al principio de tu vida como emprendedor, los horarios de trabajo serán los que el propio negocio necesite. Desde que te levantas por la mañana.

Acostumbrarte a tomar una ducha y terminándola con agua fría, y si un día no tienes tiempo de hacerlo, mete la cabeza debajo del grifo, remójate la nuca, y verás cómo esa nube que llevas en los ojos cuando te levantas desaparece, y muy necesaria para conducir un vehículo por la mañana. El emprendedor, desde que se levanta hasta que se acuesta ha de estar en guardia, y ser rápido e intuitivo.

Con la práctica en los negocios, acertarás en cualquier objetivo que se ponga a tu alcance En el Oeste Americano, el individuo carente de reflejos y rapidez para anticiparse, moría. En los negocios, el que saca un producto distinto al mercado, una nueva idea, diferente forma de funcionar un negocio de toda la vida, o instalar un negocio en buen lugar, "habrán sido sus reflejos". Aquí no se trata de un examen de oposiciones. Aquí tienes a los competidores con sus productos al descubierto, y juegas con posibilidades de ganar, la suerte está de tu parte. Todo dependerá de tu instinto y de lo despierto que estés cuando actúas.

EL PRIMER CAPITAL. 13

Alguna vez oí decir, que lo que más trabajo costaba, era reunir el primer millón de pesetas. El trabajo y la economía, llevados con acierto, hacen milagros, y tú lo puedes conseguir, igual que lo consiguieron tantos emprendedores en todas las épocas. Cada tiempo tiene sus oportunidades, y todos tenemos en nuestra vida algunos momentos en que las cosas nos marchan mejor que en otras. Cuando encontramos la suerte de nuestra parte, no la dejaremos escapar, y seguir ayudándole para que no se detenga.

A eso que se les llama "suerte" es la recompensa a nuestra laboriosidad e ingenio. Recuerdo en un negocio de helados, que el granizado los servíamos tan frío, que las ventas eran continuas. El negocio comenzaba con desayunos a las cinco de la mañana, y continuaba el resto del día --en verano-- con la fabricación y venta de helados y de granizados. Sin hacer fiesta ni vacaciones durante bastante tiempo. Cansados, mi esposa y yo, decidimos traspasarlo. Topamos con la suerte, o tal vez fue el producto de pensar como consumidor. Cuando proyectes un negocio, piensa en lo que desearía la gente, o desearías para ti, y ahí tendrás una buena fuente de ideas e ingresos. Esos granizados tan especiales, los encontraras en otro lugar de este libro. Dinero llama a dinero, si se va guardando e invirtiendo, irá aumentando, porque si se gasta según se gana, nunca se tendrá la fuerza económica necesaria, para crear una empresa superior. Con lo que ahorres, y acompañado de algún préstamo podrás empezar tu primer negocio. Bueno, si no tienes nada, no estás solo, te tienes a ti, que ya es bastante. En algún párrafo de este capítulo, leerás "Trabajos extra". Estos te pueden ayudar a reunir, el primer capital necesario, para empezar.

ACOSTÚMBRATE A PENSAR. 14

No le digas a nadie que dedicas tiempo a pensar, los que no piensan creerán que no eres normal.

Ellos no saben la cantidad de personas que pasan su tiempo pensando en negocios, y en cómo preparar el balón para meter un gol a los consumidores compulsivos, creando infinidad de productos o servicios, que los hagan felices. Cuando mejor se conoce un determinado artículo, a los consumidores del mismo, y al sector o mercado en el que vas a entrar, más asegurado tienes el éxito. Todo cuanto hables o comentes de asuntos de negocios a tus familiares o amigos, será una pérdida de tiempo. Si les dices que vas a trabajar más, porque quieres ahorrar, te harán la consabida pregunta: "¿Para qué?, Si con lo que ganas tienes bastante para vivir". Si dices que te quieres independizar, pensarán que te quieres escapar de su cuadrilla o de su grupo. Si no eres fuerte de carácter, te cambiarán las ideas, que bien podrían ser las que a ellos más le convengan. Sé cauto y no cuentes nada personal que tenga que ver con tus proyectos.

CONSUMO DE MARCAS, ECONOMÍA MÁS DÉBIL. 15

Elimina de tu pensamiento los productos o artículos de marca. Estos suelen ser más caros, que los de marcas corrientes. Los más económicos cumplen los mismos objetivos,--"Por favor, déme los mejores zapatos que tenga, que soy pobre".Decía un señor con buen porte, al comprar unos zapatos en un comercio, que en ese tiempo regentaba: Estas palabras desconcertaron a la dependienta.
El comprador le dijo: "Señorita, no se asombre, yo no puedo comprarme zapatos cada seis meses, necesito unos que me duren dos años". Economía acertada El primer objetivo que te has de marcar ha de ser, valorar tu dinero con inteligencia antes de gastarlo. Me viene a la cabeza en este momento, la parrafada de alguna persona conocida que dijo – (Además de depender de un sueldo corriente del esposo). Yo compro a mi carnicero, a mi pescadero, a mi frutero. ¿A mi... que más? Esta persona actúa, como si su poder económico fuese distinto al que es. Nosotros, que hemos trabajado mucho para vivir bien, no tenemos ni pescadero ni nada parecido. Compramos donde está el mejor precio y la mejor calidad, cosa que se puede conseguir en los grandes mercados, o en los especialistas. Debes hacer economía, sin llegar a carecer de lo necesario. Gastar dinero en lo superfluo, <que son la mayoría de las cosas que nos rodean en el hogar>, te puede conducir, a que tus ahorros no prosperen. Esa será una etapa que la podrás llevar con disciplina y humildad, y no tan difícil que no la puedas superar.

ENCONTRAR DINERO PARA INSTALAR TÚ PRIMER NEGOCIO.16

Se oye decir con frecuencia: "Sin dinero, no se puede hacer nada", y le podríamos agregar: "Y sin la voluntad de alcanzar un objetivo, será menos de nada. Cada día es más difícil instalar un negocio si no dispones de algún dinero. Cuando no se tiene, comenzamos a darle vueltas en la cabeza. ¿Quién me lo podría prestar?
Si el dinero se pudiera conseguir con facilidad, o con dar una palmada, nadie trabajaría, ni nadie crearía nada. Cuando se tiene alguna propiedad o dinero invertido garantizado, se encuentran entidades financieras o bancos que te prestan. Esas propiedades se han de poner a disposición de los prestamistas bajo documento, para

que si no cumples con el pago de devolución, puedan cobrar el préstamo, corriendo el riesgo de perder la propiedad. La subastan, de la que ellos se cobran la deuda. Si eres trabajador y económico, cosa que no has de decir a los que ya te conocen, ellos saben si pueden confiar en ti, y si te podrían prestar sus ahorros, pero si no los tienen, no podrán hacer nada para ayudarte. Y si lo tuvieran se lo pensarían.
En definitiva, estás solo, y has de ser tú, con tu inteligencia y tu voluntad, el que encuentre la fórmula de hacer un pequeño capital, y poder dar comienzo a ese primer negocio, que con el tiempo te traigan otros mayores.
Un ratón, se llegará a comer un queso por su paciencia, va comiendo poco a poco hasta que lo termina. Partiendo de poco, y con un negocio pequeño, se puede llegar hasta donde te propongas, si eres equilibrado y activo.

MI PROPUESTA, SI NO TIENES NADA. 17

Con los trabajos que te propondré, dispondrás de poco tiempo libre, pero, si tienes algún momento, acude a una buena biblioteca, allí encontrarás los libros que vas a necesitar. Hazte socio de alguna de ellas, y te podrás llevar a casa los que necesites, para ir estudiando esos negocios que llevas en tu cabeza. Encontrará libros de todo tipo, de ventas, de fabricación, de fontanería, de criar pájaros, de hostelería, de camarero, de informática; lo que lleves en tu cabeza lo completarás con el libro adecuado. También puedes hacer algún cursillo del tema que mas te convenga. Otras muchas personas trabajaron y escribieron para personas como tu o como yo, y la única manera de agradecérselo y aprovecharnos de ellos, será leyéndolos. A partir de ahora, tu destino está en tus manos, (y tu futuro te lo harás tú), con él podrás hacer lo que quieras. Puedes elegir un camino, el de llegar a ser rico, o ser pobre toda tu vida. Por supuesto, que no podemos saber la cantidad de años que viviremos, pero mientras tanto, se podría intentar vivir mejor y con más aventuras. O ir trabajando para ir viviendo y morir con los bolsillos vacíos. Son opciones a elegir.

El tiempo es oro, suena bien, pero ahora es tu tiempo, y es la única fortuna palpable de la que dispones, y que deberás aprovechar con acierto. Olvida la televisión, el ladrón metido en casa, un pasatiempo del que debes prescindir. La palabra pasatiempo es bien clara, significa "pasar el tiempo sin crear ni producir", y tú no estás para perderlo, ¿verdad que es así? Salvo a la hora de las noticias, que no estará mal estar bien informado. A los futuros emprendedores, que son los que me preocupan les digo, que controlen su tiempo, es muy fácil perderlo. El tiempo que no se aprovecha, es un capital perdido. Bueno, a mi edad, las cosas cambian, veo televisión más de la que debo, y hago algunas otras cosas como leer o pintar. La furia del combate, ahora te pertenece a ti. Hay un tiempo para ganar, que ahora es tu turno, y otro para gastar.

TRABAJOS EXTRA, BUENA FUENTE DE INGRESOS.18

Importante. Si estas desempleado, o si trabajar en una empresa, que lo fines de semana los tengas libres. Voy a pensar que no tienes nada de nada, incluso, ni oficio. ¿Te parece bien? Bueno, la mayoría de los que leáis este libro, se supone que tenéis suficiente cultura y los conocimientos básicos convenientes. Aunque siempre habrá algunos, que tuvieron menos oportunidades que otros. Vivir en esta época, para los jóvenes es una "suerte", ese es otro tipo de suerte, donde nos hubiera gustado vivir a muchos. Si no se necesitara trabajar para vivir, habría cola para apuntarse, pero se tienen que fastidiar al no ser así. La realidad es otra, y aunque ahora paguen por estudiar, se ha de trabajar para vivir. Puede que tu no tengas dinero querido lector, pero sí los suficientes conocimientos para interpretar mi mensaje. Mis relatos son tan populares, que tanto le pueden valer a los que saben mucho, como a los que saben poco.
Supongamos que trabajas en una empresa y tienes libres los fines de semana, porque, de no ser así, estás "cogido", querido amigo. Tienes que arreglarlo para que esos días los tengas libres, y puedas disponer de ellos para hacer lo que quieras, y, si no es así, cambia de trabajo. Podrías ser uno de esos camareros o de cualquier otra profesión, que los fines de semana los tienen ocupados. Si es así, dejas ese trabajo y buscas uno en el que tengas fiesta los fines de semana. Serían ocho días al mes para ocupar ese tiempo en otro empleo, que bien podría ser de camarero extra. ¿Tiene gracia verdad? La otra clase de trabajo que hagas esos cinco días de la semana, igual da, que sea de oficinista, en un taller, de peón de albañil, de vigilante nocturno o lo que sea, la cuestión es, que los fines de semana los puedas emplear

en trabajos extra, y puedas doblar el sueldo mensual. ¿Te gustaría, verdad? Pues, manos a la obra.

TRABAJOS DE FIN DE SEMANA. 19

Las empresas de hostelería tienen más trabajo los fines de semana que los días restantes, y éstas necesitan refuerzo de empleados en sábados, domingos y días festivos. Pongamos un ejemplo: las cafeterías o restaurantes que no cierran ningún día de la semana necesitan tener una plantilla de empleados un poco más crecida de lo normal, para que puedan guardar la fiesta semanal uno o dos de ellos cada día. Siempre dependerá de la cantidad de empleados, pero, aún así, necesitarán reforzar los fines de semana con algún empleado extra. Ahí entras tú, te puedes ofrecer para trabajar esos dos días, no importa las horas que hagas si te las pagan. Además, te darán la comida gratis, como es norma en la hostelería. Tu oferta ha de ser, la de trabajar los fines de semana completos, y no que te avisen cuando a ellos les convenga. Al principio puedes admitir cualquier trabajo en cualquier empresa de este tipo, de ayudante de camarero, ayudando en la cocina, o donde convenga a la empresa, todo te servirá para tu objetivo. Si no haz trabajado nunca de camarero, aprenderás en poco tiempo lo imprescindible para defenderte. La práctica enseña. Si te sale un trabajo que no es el que te conviene, sigue haciendo las visitas necesarias hasta encontrar el bueno, y no el que le pueda convenir a esa empresa. Te saldrán trabajos para una tarde, y no te resolverán tu finalidad. Puedes aceptarlos de momento, mientras te valga de práctica, pero no dejes de buscar. Si te encasillas en ese trabajo de una tarde y no buscas otro, te estás equivocando.

LAS EMPRESAS DE COMIDA RÁPIDA. 20

Si no estás lo suficientemente capacitado, déjate asesorar... Lo más importante, además de lo expuesto, es la dinámica del camarero. Las personas poco activas, en esta profesión no tienen futuro. Si en alguno de estos negocios de cafetería y demás, te toca cobrar a los clientes, ten en cuenta que el jefe o el encargado de esa empresa, saben mucho de los temas de cobro. Un pillo que se quiera apropiar de lo que no es suyo, durará poco en ese trabajo. Haz tu trabajo con honradez, y no mires alrededor cuando cobras para ver si te miran. Si actúas como se debe, seguro que te quedarás a trabajar en esa empresa. Los hosteleros vienen de vuelta, y por muy listo que quiera ser un dependiente, ellos son más. Las empresas más populares y conocidas de comida rápida, se valen de estudiantes para los trabajos de tarde-noche todos los días, además de los festivos. También pueden ser un puesto de trabajo extra cuando te convenga, no ganarás tanto como en los banquetes, pero la cuestión es trabajar los fines de semana donde te den de comer, y un gasto menos que tendrás. Fíjate bien en todo lo que se maneja en cada trabajo que hagas, tal vez te pueda valer algún día para instalar tu primer negocio. Si te ofreces para trabajar de camarero o dependiente de barra, y no lo has hecho nunca, puedes decir que no eres profesional, pero que te puedes defender, ya que ayudabas en el bar de un amigo o de un pariente, y tal, etcétera. Las medias verdades no tendrán gran importancia, pero te pueden ayudar.

Cuando una empresa de hostelería necesita personal, y no encuentra profesionales, se agarra a lo que puede. Hacer de camarero de barra o mesas los días de mucho trabajo, se aprende rápido. Debes de fijarte en éstos, cuando hacen su trabajo. También debes leer en la biblioteca algún libro de hostelería, con ellos aprenderás a montar una mesa, cómo se colocan los cubiertos, por qué lado se le sirve al cliente, y retiran los servicios, así como el nombre de las cosas más comunes.
Con la lectura de un libro de hostelería, aprenderás lo suficiente para trabajar en estos servicios ocasionales, después será una rutina, o como un trabajo más en serie, de los muchos que existen. Son muchos los personajes de la historia moderna que trabajaron de camareros en sus comienzos Este tipo de trabajo, los encontraras en cualquier lugar en el que te encuentres.

A LA BUSCA DEL TRABAJO MÁS INTERESANTE. 21

En todas las "ciudades importantes" hay restaurantes que sirven banquetes todos los fines de semana, y que se valen de "empleados extra" para realizarlos. Los servicios de banquetes, por lo general, comienzan con la cena de los viernes por la noche y terminan en la tarde-noche de los domingos. Si desconoces el gremio, y no sabes hacer de camarero, ofrécete para trabajar en un restaurante de lo que haga falta, fijándote en todo, y tomando nota mental de cuanto veas, y pronto sabrás hacer de camarero. Una vez que entres a trabajar en alguna de estas empresas, descubrirás lo fácil que es. Viendo a los camareros trabajar, irás aprendiendo y pronto podrás ser uno más de ellos. Ser un buen camarero es una cosa, y aprender lo básico para defenderte que es lo que te propongo es otra.

Cuando acudas a pedir trabajo en el gremio de hostelería, en los restaurantes o cafeterías que creas oportunos, preséntate bien aseado y saluda con buenos modales y no vayas de "pasota". Este trabajo lo requiere, porque, de no ser así, te irás cerrando puertas. Pregunta por el encargado, el dueño o el jefe de personal, todo depende de la clase de empresa y su tamaño. Cuando expliques tu deseo de trabajar los fines de semana, recréale los oídos con tus ideas sobre la importancia de esa empresa según la valores. Este será el momento justo para empezar a hablar. Mira a los ojos a la persona con la que hablas, comienza diciendo que tienes tu trabajo fijo, con seguros sociales, y que los fines de semana los tienes libres.

El empresario quiere oír de tus labios, que tienes un trabajo y seguros (aunque no tengas trabajo, o sea una verdad a medias), que te gusta el trabajo de hostelería, y que no te puedes permitir estar desocupado, por tu manera ser. No estará mal echarse flores uno mismo de vez en cuando, si el momento es tan oportuno como este. Demuestra modestia, soltura, y trata a esas personas que te reciben de usted y sin timidez, le ayudarás a que te presten atención. Todo es cuestión de desarmar a la persona que tienes enfrente. A los empresarios y responsables en estas empresas, no les vayas contando tus necesidades, porque siempre admitirán a los empleados sin problemas. Si te preguntan, por qué quieres trabajar más, teniendo trabajo, le dices que quieres ahorrar para el futuro. Ten presente que en ese momento te están estudiando, si te invitan a tomar algo, tú no bebes, o como mucho, agua del grifo, que no les desagradará oírlo. Si te dicen que de momento no hace falta, déjales una tarjeta para que te puedan llamar. Ya le has dejado la impronta de tu personalidad y tu teléfono.

En estos negocios, el dependiente de camarero trabaja con el público, y el empresario desea tener empleados presentables y con buenos modales. Para el empresario de hostelería, donde se manejan productos alimenticios, es imprescindible el aseo personal en todo momento, y no solo en la primera visita. Deslúmbralos con una buena actuación de presentación, y, si necesitan un empleado, el trabajo será tuyo. Si te admiten, pregunta cuánto pagan por servicio o por horas, sin insistir mucho en un buen sueldo, ya que si te lo ganas, te pagarán como a los demás. En este caso del tiempo de trabajo de los banquetes, un servicio es desde el comienzo del montaje de las mesas, hasta el final de los cafés y retirada del servicio de las comidas.

OTRA FORMA DE ENCONTRAR ESTOS TRABAJOS.22

Pregunta a camareros de restaurantes o cafeterías importantes, para trabajar de extra en los fines de semana, y si uno no lo sabe, le preguntas a otro, y a los que haga falta, alguno lo sabrá. En este gremio hay una buena relación de comunicación, para estos trabajos. Son muchas las personas que tienen un buen empleo en otra actividad y los fines de semana hacen de camareros en cafeterías, o restaurantes para banquetes. Si has aprendido lo suficiente para desarrollar ese trabajo de servicio de banquetes y te admiten, acude sin miedo, prepárate un pantalón y zapatos negros, camisa blanca, pregunta o fíjate las ropas que lleven los camareros de esa empresa. Si llevan chaqueta o chaleco, y esa empresa emplea un color distinto, aunque el clásico es el negro, la empresa te dejará la ropa, o te la compras en una tienda especializada, de la que te dirán su dirección. Práctica a llevar dos o tres platos en una mano, o varios vasos llenos de agua y alguna botella sobre una bandeja, será una buena práctica de equilibrio para desenvolverte en ese trabajo. Prueba a llevar (de momento) dos platos de comida fría y sin caldo en la mano izquierda, y en la derecha, lo que puedas soltar con seguridad en la mesa.
Te contaré algo que me ocurrió cuando trabajé unos meses de camarero para banquetes, siendo joven. En los banquetes existen determinados platos de entremeses o fritos, que sirven los camareros directamente desde la bandeja que llevan en una mano, mientras que con la otra mano sirven al plato del cliente por medio de unas pinzas. Los camareros utilizan como pinzas un tenedor y una cuchara, cogidas con una mano, que manipulan con habilidad. Muchos camareros se precian de que lo saben hacer muy bien. Cuando supe lo que me tocaría hacer sin saber manejar las pinzas del tenedor y la cuchara, salí un momento a la calle, busqué una tienda, y me compré unas discretas pinzas simples de pastelería, "una especie de fleje

doblado de acero inoxidable o metal" Llegado el momento de ese trabajo de los entremeses, me saqué mis pinzas del bolsillo, y hacía el servicio como el mejor. Le di una patada al orgullo profesional, sin proponérmelo; lo sentí, por una parte, pero por otra, salí airoso de mi trabajo. Con esto quiero decir, que no te debes ahogar en un vaso de agua. Todo lo que se planifica con tiempo, da buen resultado. Mi planificación fue preparar las pinzas, sin imaginarme que algunos años después, tendría una quincena de camareros como empleados de hostelería.

Si no conoces el trabajo de camarero extra en banquetes, puede que te preguntes, ¿que cuánto ganan en un fines de semana en estos servicios? En la fecha del 2004, en Zaragoza, pagaban por cada servicio de banquetes, sobre los 90 Euros. Unas 15,000.- pesetas Cuatro semanas, por cuatro servicios, por 90, euros, 1,440, Euros. Esto no quiere decir que en todos los lugares paguen eso, unos serán superiores y otros inferiores. Pero la media siempre será un buen sueldo. La diferencia está, en que ese trabajo se realiza, mientras otros se divierten. ¿Que se puede decir sobre eso? Que les aproveche la fiesta, mientras a otros les crece su fortuna.

LO QUE SE PUEDE GANAR. 23

El dinero que se puede ganar en cuatro fines de semana puede suponer el sueldo de un mes de cualquier trabajo corriente... Te pondré un ejemplo: a la fecha de hoy, año 2004, una auxiliar de oficina o una dependienta de comercio, pueden ganar con seguros incluidos, entre 800, y 900 € al mes, más o menos. Suponiendo que un fin de semana se hagan cuatro servicios: viernes noche, sábado mediodía y noche, y domingo a mediodía, serán cuatro servicios por cuatro semanas, lo que en el mes representa 16 servicios. El tiempo del servicio de un banquete puede ser desde una hora antes del banquete, hasta el desmontaje de las mesas de servicio. Se comienza por montar las mesas, y, si comes en la empresa,- que suele ser antes del servicio y gratis por supuesto-, acudirás un poco antes. Suponiendo que sólo haces 10 servicios al mes, al precio de 90 euros el servicio, serían alrededor de 900 €. Está muy claro que las empresas que hacen este tipo de servicio, tienen ocupados los fines de semana de todo el año. Siempre me refiero a ciudades grandes con suficientes habitantes.

RESTAURANTES ESPECIALIZADOS EN BANQUETES. 24

No olvides que estas empresas, lo que necesitan son personas correctas, formales y dinámicas, y no lo vengas que un día no puedes asistir al trabajo, de no ser algo difícil de evitar. En la hostelería en general, hay unas horas determinadas para hacer una recaudación apreciable, y en esas horas hay que trabajar con velocidad, para aprovechar el tiempo al máximo. En el gremio de la hostelería hay una buena oportunidad para trabajar y estudiar. En zonas de veraneo se necesitan muchos empleados, e, incluso, en algunos les dan vivienda; Si quieres estudiar y no tienes medios, es cuestión de que te busques un trabajo de este tipo. Desde que terminas los estudios hasta el comienzo, ofrécete para trabajar doble jornada, y ganarás para no tener que trabajar en el tiempo de estudios. Aún así, si el objetivo es el que hablamos, además de estudiar, puedes trabajar igualmente los fines de semana, y, si has estado asegurado en los trabajos de playa, cobrarás unos meses del paro obrero. Con esta fórmula puedes trabajar y estudiar la carrera que quieras. Muchos otros lo hicieron antes y otros lo seguirán haciendo

TRABAJOS EXTRA PARA INCREMENTAR TUS INGRESOS. 25

Si en la actualidad tienes un trabajo corriente, estos extra te pueden ayudar a levantar el primer peldaño de tu escalera. Hacer trabajos extra no es un invento de ahora, siempre existieron, y seguirán existiendo en cualquier lugar, y con ellos podrás ahorrar. Supongamos que tienes un trabajo de lunes a viernes, que vives con tus padres o vives en una habitación alquilada. Si no tienes nada, es mucho lujo vivir en un piso, por la cantidad de gastos que ocasiona. Llevando un medio de vida económico, te puedes gastar el cincuenta por ciento de tu sueldo en vivir, y el resto para ahorrar. Bueno, no nos engañemos. Tú no tienes nada, pero, te tienes a ti, que vales bastante más que nada. Piensa que "tú eres único". Desde hoy tu cerebro va a ser tu negrero y tu cuerpo su esclavo, que sólo quiere que trabajes mucho y gastes poco. ¿No es muy buena idea verdad?

Pues si quieres llegar donde quieres partiendo de nada, así habrás hacerlo……,Las materias primas de la industria, son los materiales o componentes vírgenes o manipulados, de los que se valen las empresas, para crear sus productos. Tú, y para ti, eres la materia prima indispensable, para crear tu mundo y tu manera de vivir, para lograr tus objetivos.

 Piensa que eres la persona más importante del Universo, y si tú quieres, alcanzarás las metas que te propongas. En adelante, no tendrás más remedio que apretarte el cinturón.

No te alarmes, no serás ni el primero ni el último que viva con los mínimos gastos, que trabaje muchas horas cada día, y que ahorrando, reúna un pequeño capital. Ya sabes lo que se suele decir, que el que algo quiere algo le cuesta, y esta vez valdrá la pena, tendrás que hacer malabarismos con tus ingresos para que tus ahorros crezcan. Hay una cosa bien clara, con los nuevos trabajos extra que te propongo, no solo ganarás dinero, también descubrirás nuevos negocios y sus mecanismos, que te podrán ayudar a encontrar el negocio que buscas. Deberás llevar una vida austera, haciendo la mayor economía, y gastando lo necesario por muchos ingresos que tengas. Cuando sientas sed por la calle, te aguantas. Los débiles recurren a tomar algo en un bar, y los fuertes, se aprenden las fuentes públicas que le van al paso. Con fuerza de voluntad estarás un día de verano sin beber, y no pasará nada. Ahí radica la fortaleza de los conquistadores, en tener una voluntad de hierro.

QUE TUS IDEAS PREVALEZCAN. 26

Si se trata de la planificación de un negocio, aprovecha las ideas de tus familiares o amigos, algunas, puede que en sus manos carezcan de interés para ellos, y en las tuyas, puedan serte de gran utilidad. A veces, las ideas o experiencias de otros, pueden ser decisivas para conseguir un objetivo. "Oye mucho y habla poco". Escucha opiniones de trabajo, de negocios y de todo cuanto te sea de interés, después las cotejas, haces comparaciones, y decides la que más te convengan. No actúes con precipitación y sin meditar, cualquier negocio puede fallar, si se instala a la ligera y sin pensar. Sobre negocios, por mucho que te explique siempre me quedaré corto.

Hay periódicos de economía, como puede ser Expansión, en el que puedes leer, cómo se fusionan las grandes empresas. Cómo se producen las absorciones de unas sobre otras. Compran empresas con el dinero que les prestan los bancos. Casi nunca pagan con dinero en efectivo, compran sin dinero. Si se trata de negocios de mucha envergadura, reúnen cantidades de dinero prestado entre varios bancos, con la garantía de sus empresas. Es un ejemplo claro de que los bancos prestan dinero al que tiene bienes. Estas empresas, piden préstamos para comprar, o poner nuevos negocios. Si pagaran estos con dinero en efectivo, le hubiera costado bastante más, ya que ese dinero que pagaban por ese muevo negocio, procedería de las ganancias en otros, y al hacer la liquidación de la renta en la Hacienda Pública, de esas ganancias, habrían pagado un impuesto casi equivalente al que pagaban por la nueva empresa. Tu dirás, y a mi que me importa.

Es bueno saber de todo, y si ya lo conoces, mejor para ti. Es una gran suerte tener información de cualquier cosa, ya que su conocimiento te podrá ser decisivo en determinados momentos. Es la ley de la ventaja: instalo un negocio con el dinero que me prestan, y lo pago con el dinero que gano con ese negocio. Los préstamos se desgravan en la renta por los créditos debidos y amortizados, y el negocio sale casi gratis. Bueno, son someras explicaciones que un experto profesional te las aclarará mucho mejor que yo.

Mi explicaciones puede no ser del todo correctas, ya que me limito a decir lo que creo, pero es bastante aproximada. Si quieres crecer y hacer fortuna, está bien claro que se ha de hacer con créditos, ya que esperar a tener el dinero para crear un negocio de alguna importancia, se tardaría mucho tiempo en conseguirlo.

Recuerdo la reforma de un local de mi propiedad, -que después puse en arriendo-, la reforma la pagué en efectivo. (Con factura legal por supuesto). En la declaración de la renta me desgravé el diez por ciento -cada año- del importe de la factura hasta finalizarla. Como puedes ver, la reforma me la fui desgravando de la parte de las ganancias que había de pagar al estado. Entiendo que la reforma me salio gratis. Las leyes suelen cambiar, así que en este momento, tu abogado sabrá mejor que yo, lo que hay que hacer.

Cuando inicies un negocio por pequeño que sea, el éxito de este, dependerá, del interés que le pongas. No te debes conformar con que tu empresa trabaje a "ralentí", y progrese lentamente. Has de investigar con todos los medios a tu alcance, la forma de producir y vender, cada vez más, haciendo la competencia al diablo si fuera necesario. No vendas a los mismos precios de tus vecinos cercanos. En todo lo que manipules vende a precios más bajos, e intenta mejorar la calidad. Tu negocio empieza, y los competidores de las cercanías, puede que lleven algún tiempo instalados y con los negocios amortizados, o tal vez sean, conformistas sin ambiciones. Te inventas que vas a la guerra, a ganar.

UN NEGOCIO EN MARCHA. 27

Cuando inicies tu primer negocio, si eres competitivo, irás aumentando las ventas, ganarás menos en cada artículo que vendas, pero al final del día, las ventas aumentarán. La lógica de vender barato es muy simple: si vendes 100, con un 30% de beneficio, sabes que ganas 30, y ahí se queda el negocio, pero si vendes 300 en el mismo tiempo, con el 25% de beneficio, venderás más barato, pero las ganancias serán mucho mayores. Puedes tener la plena seguridad de que vendiendo caro, no llegarás lejos, y vendiendo a precios competitivos, las ventas aumentarán cada día. Siempre todo estará relacionado cono el tipo de negocio, y sus oportunidades de hacerlo de una u otra forma.

Un factor de influencia en los pobres de espíritu puede ser, que, al querer ser amigo de los vecinos o colegas del mismo gremio, no tengas valor para bajar los precios. Estas personas instaladas desde hace tiempo, no hacen la competencia por varias razones. O son miedosos y poco trabajadores, tienen suficiente con lo que tienen, o ellos no son los que ganaron el dinero para crear el negocio. Los emprendedores que sean buenos competidores, triunfarán en aquello a lo que se dediquen, dejando su huella por donde pasaron. A los otros, nadie los recordará.

Mis actividades como emprendedor, las desarrollé en Barcelona y Zaragoza, (España), ciudades de muchos habitantes, donde la competencia es real y los negocios realizables. En pueblos pequeños, al no haber cantidad suficiente de habitantes, la competencia no sería muy generosa, y los negocios irían viviendo. El lugar indicado para librar las batallas de la competencia serían, ciudades con gran movimiento de consumidores, y en los barrios más populosos de la ciudad.

¿QUIÉN HAY DETRÁS DE LO QUE CONSUMIMOS? 28

Detrás de lo que consumimos está los proveedores. Compuesto de pequeños y medianos emprendedores, y grandes empresas consolidadas, que tanto en unas como en otras, hay personas dedicadas a pensar. Sus cerebros no descansan, siempre buscando en como crear trabajo para su empresa, y descubrir mejores productos y a más bajo precio. A pesar de todo, todos los días cierran algunas y abren otras. Unas por jubilación del empresario, otras por quiebra, o porque resultaron ser negocios del momento. Otras porque no supieron encajar su negocio a la realidad, ni a la velocidad de los tiempos, y otras, por que no supieron elegir con acierto, el lugar de la batalla. A veces se producen pequeños o grandes fracasos, porque sus directivos no se han valido de su inteligencia, así como del conocimiento y sugerencias de otras personas fiables. También nacen nuevas empresas con fuerza que arrasan en todos los campos, y otras sin grandes aspiraciones, que según nacen, van muriendo poco a poco. Hoy día no se puede poner un negocio para ir viviendo, hay que avanzar desde el primer momento en cualquier actividad que se acometa, porque, de no ser así, igual que nacen desaparecen. Los gastos generales que se producen en un negocio, pueden ser los mismos trabajando mucho que trabajando poco. Cuando se habla de trabajar mucho en los negocios, nos referimos a vender mucho. El emprendedor es el que elige si quiere trabajar mucho y triunfar, o trabajar poco, llevar una vida cómoda y no llegar a ningún lugar. Una vida cómoda se puede llevar, después de algún tiempo de negociante, y cuando se tienen ingresos suficientes para hacerlo. Un así y todo, el emprendedor nato sigue y sigue.

TRABAJANDO EN EQUIPO. 29

Es una frase popularizada en las empresas, trabajar en equipo. Algunos de los nuevos emprendedores, les pueda preocupar el tener un socio o personal asalariado. Si queremos producir y ganar dinero, es necesario que crees trabajo para ti, y para tus empleados cuando los tengas. Al principio, el negocio que pongas tal vez lo puedas llevar tu solo, o necesites alguna ayuda, aun así, has de estar preparado para dirigir un equipo de empleados. ¡Solo cuando los necesites! Si trabajaras tu solo en tu negocio, irías ganando un sueldo para ir viviendo. Lo que se dice "ganar dinero", lo conseguirás cuando tengas empleados a los que nunca les falte el trabajo. Conseguir abundante trabajo para la empresa, les corresponderá conseguirlo, al organizador del negocio. Te puedes preguntar ¿Como consigo tener muchos clientes para necesitar empleados? Buena pregunta. Mucho negocio se consigue como he dicho anteriormente, en una ciudad con muchos habitantes, o sea un negocio al que se le pueda hacer que acudan. Algún ejemplo: Si en una ciudad suficiente disponemos de un local amplio, podemos planificar dar unos servicios rápidos y a buen precio, para que acudan multitud de clientes. Si disponemos muchos metros de local para banquetes, no necesariamente ha de estar en el centro de la ciudad, estando a unos kilómetros de esta, también acudirán muchos clientes. Bueno, este tema lo encontrarás, cuando entre en el capítulo correspondiente a banquetes.

PATROCINADORES. 30

Patrocinadores deportivos, de artistas y otros, hay muchos, ¿pero, quién patrocina a los emprendedores? ¡Nadie! No es verdad. Esa legión de consumidores que existe en todo en el mundo, son los patrocinadores de los emprendedores; que sin su ayuda y su colaboración en el consumo, los emprendedores y la mayoría de las empresas productoras, no existirían. Esta gran muchedumbre de consumidores, es sumamente imprescindible y de necesidad para los proveedores. Sin dinero no se puede hacer mucho, pero con dinero y sin consumidores, no se podría hacer nada.

TENER EMPLEADOS POR NECESIDAD. 31

Un empresario de la construcción, de 208electricidad, de hostelería, de comercio o de cualquier otra actividad, le sería imposible hacer muchos trabajos, o vender muchos productos, y atender a todos los clientes que les necesiten, o puedan entrar al establecimiento al mismo tiempo. Una persona sola, no tiene tiempo para hacer una facturación diaria suficiente, como para ganar dinero. Se necesita la colaboración de empleados, para producir y vender bastante, y para que esté justificado el ser empresario. El emprendedor consolida su empresa cuando tiene personal asalariado. Pero, ¡ojo!, el negocio se ha de planificar para saber cómo y en que cantidad se necesita la labor de otras personas. El verdadero negocio está en la creación, la producción, y la venta, tanto sean mercancías como servicios.

LA SEGURIDAD EN EL FUNCIONAMIENTO. 32

Cuando una empresa es de dos personas y tiene el firme propósito de conseguir un objetivo, se procura que el negocio no tenga escapes ni fisuras por ningún sitio. Cuando no está un socio está el otro, y así se consigue que el negocio, no sólo que no deje de producir, sino que se eliminen fugas, que no se podrían evitar si no se tiene todo controlado. Según se vaya ampliando el negocio y los puestos de trabajo, se irán creando a su vez responsables o encargados. A veces, esas fisuras son inevitables, pero se procurará vigilar con discreción. Una cosa está bien clara, los negocios en los que el dinero lo tocan todos, se corre el riesgo de que alguno no haga bien su trabajo, habiendo errores en el cobro. En los casos que no hay otro remedio, se ha de confiar en la suerte.
En los negocios de hostelería de los muchos (que los hay en las grandes ciudades) si la caja no está bien controlada por medio de ticket, también puede haber errores. Me decía un amigo que tiene un gran negocio de hostelería en Barcelona. Cuando un negocio vende cantidades considerables todos los días, las pequeñas fugas no son tan importantes. Pero hay que vender mucho, y evitarlas en lo posible. A lo largo del tiempo como emprendedor, descubrirás que un negocio que no necesite personal asalariado, siempre será una forma de ganarte la vida independiente, que sólo constituirá un trabajo para ir viviendo, y que no te dejará tiempo para ti, ni para tu familia. La suerte está esperando a los atrevidos, y a los que no se conforman con las medias tintas. Son los buscadores de nuevas aventuras, los que persiguen la suerte, hasta conseguir el éxito
Nuestra visión de futuro ha de ser, la de imitar a la mayoría de las empresas expansivas. Están en continuo crecimiento, y creando puestos de trabajo, en los nuevos establecimientos que instalan. Cuando se domina una determinada actividad, es muy fácil repetir el mismo negocio, en diferentes lugares. Con este sistema, cada vez tendremos más empleados, y nuestra empresa crecerá sin parar. No sería muy gratificante, sacrificarte durante muchos años trabajando tú solo, si no estás bien recompensado. A veces, si no se tienen

trabajadores, no se gana el suficiente dinero que justifique el sacrificio de ser emprendedor.

A LA ASTUCIA Y LA SAGACIDAD, LE SIGUE EL ÉXITO. 33

Con astucia y autodisciplina, conseguirás ese aplomo y dominio tan necesarios para los negocios. Se ha de tener la suficiente sangre fría, para que cuando quieras comprar, no demuestres demasiado interés en la cosa. En actuaciones como vendedor, tienes que demostrar con argumentos y hechos, que la calidad de lo que vendes es superior a la de tus competidores. En los negocios, se va a ver quién saca más beneficio, dentro de la legalidad. En cualquier operación mercantil se puede perder, por no haber hecho los cálculos acertados en la compra. Si un producto lo compras con gran habilidad por X euros, y lo vendes por XXXX, es un acto completamente legal. Cuando te toque a la inversa, que aunque menos frecuente también pueden ocurrir, te aguantarás. Son los gajes del oficio. El comercio es libre y estarás dentro de la legalidad, siempre que lo hagas como cualquier otro acto comercial.

La ley de la oferta y la demanda es eso. Cuando hay mucha oferta, los precios bajan, y cuando mucha demanda, los precios suben. Si inventas o vendes un artículo que sólo lo tienes tú, le pondrás un precio, después cuando te lo copien, deberás estar alerta con los precios que ponen los competidores, para que los tuyos sean competitivos para seguir vendiendo.

En cualquier negocio en el que intervengas, dependerá de tu pericia y astucia coronarlos con éxito. Cuando pierdas dinero en un negocio, cosa poco corriente, no lo digas por que no te creerán, o te compadecerán haciendo comentarios poco constructivos para ti. Y cuando ganes mucho, tampoco digas nada, porque te odiarán, aunque te pasen la mano y te digan que suerte tienes. Esto se llama, estar a las verdes y a las maduras. Tu fortaleza radicará en que sepan de ti lo menos posible... Un nivel cultural alto, para los negocios es importante, si va acompañado de gran ingenio e iniciativa. Si tenemos mucha cultura y pocas ambiciones, estamos muertos, aunque los crucigramas los hagamos completos. Cuando oigas decir: "Éste no se come una rosca", es que gana poco en todo lo que hace;

las roscas que se coma serán del día anterior, las de hoy se las comen los verdaderos luchadores. ¿Qué les ocurre a estas personas sin inquietudes?, que por ser soñadores de imposibles, recurren a los entretenimientos, o leen novelas, en vez de escribirlas, o intentarlo.

LUCHAR Y TRABAJAR POR NUESTRO FUTURO. 34

Esa lucha, es la única y la mejor opción. No debes tener temores, estás involucrado en tu futuro y tú eres su único salvador. Si no posees una herencia o un negocio familiar que puedas seguir, tendrás que programar tu propio destino. Desde hoy mismo, has de ir pensando lo que quieres hacer con él. Si no haz heredado nada, solo tendrás lo que hayas sido capaz de ganar. Aunque las herencias duran bastante menos que el dinero que gana uno mismo. (Dinero duradero, se le podría llamar a este último).
La única persona importante en el mundo eres Tú, y no puedes olvidar que son tus propias ideas las que te pueden hacer tan rico y tan poderoso como quieras, y todo dependerá de hasta dónde quieras llegar.
Vivimos en un mundo en el que todo se manipula, se transforma, se comercializa y se vende. Estamos inmersos en una sociedad de consumo desmedido, en la que todo tiene un precio y todo se vende. ¿No te aclaras con mis saltos de un tema a otro? Mi actuación hará, que tu cerebro trabaje, y se centre en tus prioridades y objetivos, y los de ganar dinero de la forma más ingeniosa que puedas. Has tenido paciencia leyendo hasta aquí, mi experiencia te servirá como aliento para involucrarte cada vez más en tu proyecto. Al finalizar este librito, habrán aumentado tus conocimientos sobre negocios, y habrás adquirido la seguridad necesaria, para que llegues hasta donde quieras. Todos los argumentos que expreso, de una u otra manera son muy necesarios, tanto para los que no conocen esta actividad, o los que conociéndola carecen de los conocimientos básicos y elementales, para desarrollarla con éxito. Así, que vaya mi mensaje para unos y otros.

TUS CONOCIMIENTOS TE AYUDARÁN A TRIUNFAR. 35

Una buena cultura es importante y te ayudará a triunfar, pero no imprescindible para llegar hasta donde quieras. El conocimiento de infinidad de materias tiene mucho que ver con el éxito, aunque no hay regla fija. Unos triunfan y llegan a metas muy altas, con buena preparación; y otros habiendo estudiado buenas carreras, carentes de ilusiones y de la fuerza de voluntad necesaria, se quedan en la "cuneta". Estos son los conformistas, que, si tienen suerte y encuentran un trabajo fijo para toda la vida, se dan por satisfechos. Al emprendedor, dado su carácter activo y ambicioso, le gustaría que todos sus familiares y conocidos fuesen como él. Esto es imposible, pero, si tienes oportunidad, anima a todo aquel que te quiera oír. Este libro te ayudará a triunfar, recomiéndalo, y si una persona de tu familia lo lee, y le vale para iniciar su propio medio de vida, te podrás dar por satisfecho. Considéralo tu éxito personal. Los judíos tienen una máxima: ayudar a los que se quieren ayudarse a sí mismos, la misión del emprendedor debe ser la misma.

LLAMANDO A LA SUERTE. 36

Si persigues algo con todas las fuerzas de tu corazón, y lo llevas a cabo con gran entusiasmo, estás llamando a la suerte. Sin tu participación, la suerte no viene sola, hay que ir a buscarla. ¿Sabes de alguien que le haya tocado la lotería sin jugar? Yo no conozco ninguno. El emprendedor comienza una lucha que no tiene fin. Todos los días de su vida estará involucrado en sus negocios, y la suerte le acompañará a lo largo de tu existencia. El hábito de hacer negocios te puede llevar a que digan de ti, que tienes suerte, "ellos" sólo ven lo superficial, no saben que con sacrificio, aventura y entrega, se consigue lo que se quiere.
Las buenas ideas de negocio han de salir de tu cabeza. Nuestro cerebro siempre está esperando que le hagas trabajar. Piensa profundamente en una idea, y podrás modificar cualquier forma de trabajo, de negocio o cualquier producto. Si te vas convenciendo mentalmente de que te preparas para triunfar, las ideas de negocios afluirán en cascada, hasta que encuentres la respuesta que buscas. Anota todas las ideas que te vengan al pensamiento, y no deseches ninguna a la ligera. La suerte del emprendedor es el resultado de la provocación continua de nuevas aventuras de negocio. Emprender un nuevo negocio o trabajo, es provocar la suerte, y una nueva aventura. Para el emprendedor experimentado, cada negocio que instala, es como si echara a rodar una bola de nieve desde una montaña nevada,

que al rodar por sí misma, esta se va engordando cada vez más. O como un nuevo hijo.

INSTALAR UN PRIMER NEGOCIO. 37

Mientras haces la instalación, procura ser prudente y que parezca que no existes para la competencia de las cercanías, evita en lo que puedas que curioseen la obra o la instalación; no te beneficiará en nada, ya tus competidores acuden con mala intención. También puede ser un traspaso para dedicarlo a otra actividad distinta a la anterior. A pesar de todo, cuanto menos información des mejor. Se supone que montarás uno similar o parecido a muchos otros de los que habrás visto. Del negocio anterior, si es que lo repites, copiarás y modificarás lo que puedas, para que teniendo el mismo fin, parezca deferente.
Si tienes la suerte y la inteligencia de poner un negocio sin competencia, aprovéchalo mientras dure, al poco tiempo saldrán muchos competidores, Antes de instalar un negocio en una zona determinada, vigila a todos los que sean similares y estén en las cercanías del lugar que quieres situar el tuyo. Entra como un cliente más, en los establecimientos similares al que vas a instalar, sin darte a conocer. Observa todo, muchas cosas de las que veas te valdrán para mejorarlas, en tu negocio. Después de instalado, sería muy descarado ir como espía a visitar a tus vecinos. Terminada la instalación, los puedes invitar a su apertura si lo crees conveniente. Si el negocio va bien, no debes de echar las campanas al vuelo y creer que el dinero entra en la caja él solito, sin más esfuerzo que el de cobrarlo. Un buen negocio, será el resultado de ideas elaboradas con destreza y afán de superación.

HACER QUE ENTRE PÚBLICO AL ESTABLECIMIENTO.38

Al comienzo de un negocio, si es un establecimiento de venta directa al público, hay que hacer entrar al cliente el día de la inauguración, aunque sea dándole algo, gratis. Puede ser un vino o un refresco, un calendario, o cualquier otra cosa de bajo costo. Dependerá del tipo de negocio, el obsequio que hagas. Al inicio, puede que nadie del sector conozca tu negocio, no esperes a que lo conozcan pasados los años. Hay que emplear todos lo medios a tu alcance, para que la ciudad se entere de que tu negocio existe, y que conozcan los artículos y servicios que ofreces. No importa que las ganancias de los primeros días, las regales con esa publicidad.

La publicidad es el arma moderna, para vender más, y que no debes desestimar. Antes se decía, "el buen paño en arca se vende". Querían decir con esta frase, que no había que enseñar nada para vender, si el artículo era bueno. Ahora es todo lo contrario, se hace popular un artículo, un comercio o una entidad, por medio de la publicidad, y comienza su funcionamiento desde el primer día de su apertura. Ya has visto lo que es la publicidad en las revistas, en la televisión y otros medios. A veces, muestran mujeres casi desnudas, para vender cualquier producto que algunas veces, no guarda relación ni con la desnudez ni con el producto que venden. Son actuaciones psicológicas, para entrar en los sentimientos más íntimos de los ciudadanos. Debes de aprender de los demás todo lo que puedas, porque, si no es así, te costará más tiempo llegar a la meta propuesta.

A la gente hay que hacerla entrar en los establecimientos, aunque sea dándole caramelos como a los niños. Recuerdo cuando era pequeño, que había una tienda de comestibles cerca de mi casa, en la que sacrificaban cerdos. El producto del animal lo vendían en ella. Siempre me quedaba extasiado viendo cómo entraban los cerdos al almacén de la tienda, dónde serían sacrificados. Les echaban granos de maíz por el suelo, desde el vehículo en el que los traían hasta la entrada del local. Se iban comiendo el grano, según entraban. La única relación que puede tener este ejemplo con él público es, que los cerdos entraban con facilidad, porque se les daba comida, y al público se le puede hacer entrar si se le ofrece una ganga, o se le hace algún obsequio. El público entra por primera vez a un establecimiento por una invitación o un regalo, la segunda y todas las que le sucedan son más fáciles, saben donde entran y lo hacen confiados al saber lo que van a encontrar. Después, es cuestión de hacerles volver. Serán muchos, los que entrarán a ver si encuentran lo que buscan, dispuestos a gastar su dinero. El comerciante ha de estar dispuesto a que esos clientes, además de dejarse su dinero, se vayan contentos.

NO ESCATIMES EN PUBLICIDAD. 39

La publicidad dará lugar, a que conozcan tu negocio desde el primer día. Si no se hace publicidad, el público tardará algún tiempo, en saber que tu establecimiento existe. Ojo, antes estudia bien lo que harás, la publicidad puede ser perjudicial, si no eres capaz de digerir la demanda, de la oferta que hagas, y a atender la que puedas ocasionar por el efecto de la publicidad. . ¿Te imaginas un negocio de lo que sea, que al ofrecer un servicio o un artículo de novedad a un precio escandaloso por barato, el público se amontone y no se le pueda atender debidamente? Los clientes que no recibieran la atención requerida, o que no alcanzaran a comprar el artículo que ofreces, hablarían mal de este negocio. Eso hay que evitarlo por todos los medios, esa publicidad sería contraproducente. Cuando ofrezcas un artículo con gran publicidad y a buen precio, aunque pierdas dinero, asegúrate de que tienes suficientes, para esa jornada determinada. A los artículos de gancho, con precios de costo, no se les hace publicidad, sólo, la de presentarlos a la vistas del público es suficiente, y cuando se terminan esa cantidad asignada, no hay más. Otro día, se estudia si conviene poner otro. Con este método, se hace publicidad al establecimiento, y el resultado es, que se venden otros artículos que no se habían previsto. Generalizo, y parece que no estemos con la hostelería. Si ofreces un día una tapa gratis por cada consumición, ahí tienes un ejemplo, aunque el campo es amplísimo, como veras en otros capítulos.

CONOCE LO QUE OTROS HACEN. 40

Aprende de la vida real, antes lo hiciste en el colegio en la escuela superior o en la universidad, ahora has de memorizar todo cuanto pase por delante de tus ojos. Tu cerebro, siempre está esperando que le introduzcas información. Si ya tienes pensado el negocio que quieres poner y lo desconoces, ofrécete como trabajador en una empresa de ese tipo, no importa la clase de trabajo. Lo que importa es entrar y saber cómo se manejan, y todo lo que aprendas te servirá para crear tu propio negocio. Comenzar tu negocio con alguna experiencia es importante para el buen desarrollo del mismo. Nunca digas nada de tus objetivos, ni al mejor amigo ni a los compañeros de trabajo dentro de la empresa. Si les dices que quieres aprender para poner tu negocio, se enterarán los jefes, y correrás el riesgo de que te despidan. Tú vas a entrar como trabador, procurando ser el mejor y espiar lo que puedas.

El futuro emprendedor, que es trabajador de una empresa, no pierde la oportunidad de coger datos o direcciones de proveedores de todos los productos que se utilizan. Nunca dejes de hacer buen acopio de información, que no serás tú el primero ni el último que lo haga. Con este aprendizaje estarás alerta, cuando seas emprendedor, de cuidar tus secretos. Cuando inicias tu primer negocio, comenzarás a forjar tu futuro como emprendedor, y harás realidad tus sueños si le aportas una gran fuerza de voluntad. Los negocios son como aprender a conducir un vehículo, cuando te dan el carné, ya puedes conducir, al poco tiempo podrás conducir cualquier vehículo, y lo llevarás como el mejor. ¿Entiendes?, la práctica en los negocios te hará ser un buen negociante, y al poco tiempo, pocos negocios tendrán secretos para ti. Si tu economía te permite instalar un negocio, pero desconoces esta actividad, haz lo yo hacía cuando ponía un negocio desconocido. Buscaba un profesional como empleado, o como contratado por un precio acordado de antemano, para que me pusiera el negocio en marcha Y no te preocupes, que si se emplea la cabeza antes de hacer cualquier cosa, por lo general, salen bien.

MOVIMIENTO INTERIOR. 41

Después, cuando tomes un empleado, será por que lo necesites. En la empresa tiene que haber trabajo hasta para el jefe. No vale tener empleados tocándose los pantalones ni jefes o encargados dando mal ejemplo. Si fuera así, el negocio se iría a la ruina. Como puedes comprender, una persona sola nunca tendrá suficientes ingresos para hacer un capital, se necesitan manos que fabriquen o manipules los productos, como podría ser un cocinero en un restaurante o bar, y vendedores, comerciales, o camareros, que vendan la producción o los productor de servicio, y eso se consigue con el trabajo en equipo.
Para crear demanda de productos o servicios, hay que poner la imaginación a trabajar. El dirigente de una empresa, a su tiempo le saca buena rentabilidad, creando trabajo para sus empleados. Inventa fórmulas para que los artículos se fabriquen en menos tiempo y a

más bajo costo, para ser más competitivos. Que los servicios de cafetería y demás, se realicen con rapidez y esmero, que los precios estén en consonancia con el tipo de negocio, y que la corrección y la limpieza lo noten los clientes al visitar el establecimiento. Todo esto se consigue, formando y aleccionando a un buen equipo de trabajo. En las empresas tiene que haber trabajo de sobra, para que no se produzcan espacios muertos, es por lo que se inventó el trabajo en serie.

En la fabricación de cualquier artículo, cada empleado hace una parte distinta del mismo producto, hasta que llega a su terminación y empaquetado. No importa que el taller sea pequeño. Si la producción no se planifica en serie, no dará el resultado que queremos, ni se obtendrán beneficios. Cuando se trata de hostelería, hay que actuar igual que si fuera una fábrica. Cada empleado tiene que tener su responsabilidad. Todo lo que el jefe no pueda llevar como obligación, delegará en la persona más adecuada. Cuando se trata de la mercancía de consumo diario, cada noche se a de prever lo que se necesita al día siguiente. Bien reponerlo del almacén o hacer el pedido correspondiente, y antes de que falte.

NUNCA SE SABE HASTA DONDE SE PUEDE LLEGAR. 42

Una persona nunca sabe lo que es capaz de hacer, hasta que no se pone a prueba. Sobre trabajar dos jornadas, son muchas las personas que lo hacen y no les pasa nada, hay quien trabaja 15 horas cada día o más, y no guarda fiesta durante varios años. Cualquier autónomo que empieza, no tiene horarios. Trabajar 12 horas diarias o más, en los primeros tiempos, puede ser una forma de afianzar su economía. Esto es fácil de conseguir, si adiestras tu cuerpo para que cumpla todas las órdenes que le mande tu cerebro, tu cuerpo no sentirá dolor, sino todo lo contrario, sentirá alegría al ver aumentar sus ingresos.

LIMITACIÓN DEL MANDO. 43

Cuando se deposita mucha confianza en un empleado, determinadas responsabilidades en el negocio, y después de un tiempo no demuestra su eficacia, habrá que cambiarle de puesto de trabajo. Ese cambio suele ser traumático para las dos partes, y la empresa no tiene nada que ganar con esto. Cuando se elige un responsable, se ha de tener la seguridad de que es el acertado. Un buen trabajador responsable, cuando está bien pagado, por su eficacia y apego a la empresa, contagia a sus compañeros. Si con un empleado sucede lo contrario, y descubres que va minando el ambiente laboral, no es conveniente que esa situación se prolongue. Cuanto más tiempo se tarde en resolver, más dinero y problemas le costarán a la empresa.

El empresario no puede tolerar que su empresa fracase por falta de disciplina y eficacia, y esto no siempre se consigue con un buen sueldo. Cuando un miembro de nuestro cuerpo está enfermo y no tiene cura, si no se amputa a tiempo, el resto del cuerpo ya no tiene remedio. En las empresas es igual, la amputación a tiempo es una victoria, ya que las prolongaciones son peligrosas. La responsabilidad del encargado debe de ser la justa, para que no pueda tomar el mando y domino total del negocio. Además de que sería mucha carga para él, se puede correr el riesgo de peder el control como propietario. Sigue aquel dicho: Da un dedo, y blíndate la mano.

EL ENCARGADO Y SU MISIÓN. 44

Entre el personal asalariado se llegan a encontrar esas personas dignas de confianza, que cualquier responsabilidad la realizan con eficacia. Las otras partes importantes del trabajo del encargado son: la organización del trabajo en lo que le corresponda, y su ejecución, que siempre estén en consonancia con la producción, el personal, y el desarrollo en general del trabajo de mantenimiento e higiene. No puede existir ningún negocio en el que los gastos y la mano de obra superen los establecidos, para que el negocio sea rentable. Si fuera así, vendría la bancarrota de la empresa, ya que tendría más gastos que beneficios. Un negocio se instala con la misión de obtener beneficios. La creación de trabajo es complementaria de necesidad, para la obtención de beneficios. La obligación de crear puestos de trabajo en una sociedad les corresponde a los gobiernos. Ellos han de trazar un plan de económico nacional con inteligencia, para que las empresas puedan crecer, y crear puestos de trabajo. No obstante, el empresario colabora en la creación de empleo, si las circunstancias económicas del sector lo requiere. Y todo depende de una buena administración económica de los pueblos por los gobernantes.

EL PODER TOTAL DE LA EMPRESA. 45
La disciplina y las normas de trabajo las determinará el jefe, o el responsable de tal cometido, desde el comienzo, de la puesta en marcha de la empresa. Todo se ha de programar con antelación, porque de no ser así, después será más complicado, y los problemas se sucederían uno tras otro. No obstante, se irán descubriendo formas de de hacer y nuevos programar a desarrollar, con la experiencia del trabajo cotidiano, Si los empleados vieran en el jefe dejadez, poca actividad y falta de organización, estarán aprendiendo una forma de trabajar muy deficiente. Siempre harán lo que vean hacer. Si éste lo hace como debe, el que no lo siga se aburrirá y se marchará. Cuando oigas decir de una empresa, sea grande o pequeña, que en ella se trabaja mucho, esa empresa funciona bien y gana dinero. Cuando oigas lo contrario, los empleados estarán muy cómodos, pero la empresa durará poco. A lo largo del tiempo he podido comprobar, que cuando en determinadas series de trabajo, el que lo encabeza es lento, todos los demás empleados siguen el mismo ritmo.

Esto se resuelve desde el primer momento, marcando un ritmo que nadie pueda interrumpir. Si alguien marca un ritmo más lento y diferente al programado, se podría interrumpir el proyecto de la empresa. Nunca se deberán delegar en una misma persona todo tipo de responsabilidades; hay sólo determinadas partes de las empresas que deben estar bajo la dirección de ésta. Un empleado no puede admitir ni despedir a otro empleado por capricho, o por que no le caiga bien, crearía una confusión y sería muy peligroso. Se podrían formar grupos de colegas y nunca serían para beneficio de la empresa. Si no quieres correr riesgos en lo referente al personal empleado, ajústate en todo a la ley laboral desde el primer día, da de alta para la prueba, desde antes de comenzar a trabajar, e intenta observarlos sin que tú seas visto. Las empresas de determinado volumen, funcionan mejor, si se delegan responsabilidades escalonadas por secciones, o y tienen su departamento de administración para las altas y bajas de los empleados, como un trabajo más del mismo, y si la empresa es pequeña, se debe de valer de una gestoría para que cualquier sea resuelto por estas.

INFLUENCIAS Y SUS RESULTADOS. 46

Hay un dicho que dice: parientes y trastos viejos, pocos y lejos. Deduzco que se refiere, a cuando una persona es dinámica y trabajadora, y se arriman otras menos activas, a ver de qué se benefician sin el menor esfuerzo. Puede haber de toda clase de personas, pero si tenemos un empleado familiar y mal trabajador (cosa que descubres cuando está dentro), tendremos más dificultades y compromisos para resolver el asunto: ellos pueden creer que ser familiar del empresario, de su esposa, o de algún socio de la empresa, le da derecho a no cumplir. Estos problemas están resueltos de antemano, si no ingresan en la empresa ninguna clase de parientes. Las recomendaciones ponen en un aprieto tanto al que recomienda, como al jefe de la empresa, cuando el recomendado no cumple. Esto es parte de la libertad, podrás tener los empleados que te convengan, sin tener el agobio por los compromisos creados.

EJEMPLO DE PUBLICIDAD. 47

He puesto alguno que otro negocio del que no sabía nada, y todos los que me salieron bien desde el primer día, fue porque me busqué a un profesional para su puesta en marcha. Unas veces, como contrato para tal objetivo, y otras como empleado. Por lo que le recomiendo al futuro emprendedor que la persona que le ayude a poner el negocio en marcha, sea lo que dice ser. Y que, o tengas referencias de buena de buena fuente, o lo hayas visto trabajar.

Cuando instalé un negocio de Cafetería- Restaurante El día de la inauguración, la barra estuvo todo el día vendiendo sin parar, unos pagaban y otros no, días antes repartimos invitaciones en los comercios y edificios de los alrededores. Ese día fue tumultuoso, una gran mayoría de los visitantes, aun sin invitación, se fue sin pagar, una gran parte de la ciudad tomó su consumición gratis. Prácticamente los camareros casi no tenían tiempo para cobrar y servir. Cuando planifiqué esta idea, antes de iniciar la campaña de publicidad, de solo un día, era consciente de que algo así ocurriría, por referencias anteriores en otro de hostelería igualmente. Pero nunca me hubiera imaginado tanta afluencia. Hay quien diría, que no se necesitaba hacer tanta publicidad. De lo que estoy seguro es, que nunca me arrepentí. Conseguí, que gran parte de la ciudad se enterara, de la existencia de la Cafetería Restaurante Aragón situado de Zaragoza. Zona comercial, céntrica, y turística cerca de la Basílica del Pilar. Lo publicidad la provoqué a sabiendas y dio resultado. Los días que le sucedieron, fueron satisfactorios, las ventas continuaron, como si el negocio hubiera estado funcionando toda la vida. Hicimos muchos clientes del sector, que acudían a diario. Estos nuevos clientes, antes hacían su consumición en otros establecimientos cercanos, así que nos llevamos la clientela de nuestros competidores. Eso es la competitividad. Es muy importante al inaugurar un negocio, sea del tipo que sea, hacerle la publicidad correspondiente. En la hostelería en particular, por lo menos, un día, de barra libre, el negocio lo agradecerá, aunque gaste algún dinero. Hay diferente manera de publicidad de las que hablo en algunos de los siguientes capítulos.

EL RITMO DESDE EL PRIMER DÍA.48

Este ritmo de trabajo ha de impulsarlo la persona interesada en la empresa, y según el tipo de negocio. Si el negocio está basado en vender mucho a precios bajos, tendría que funcionar como una fábrica en serie. Si los artículos y el tipo de comercio tienen cierta categoría, será otro ritmo más lento, ya que el producto a vender, será algo más caro, y se necesitará mas tiempo en hacer las ventas; esto no quiere decir, que no deba tener la suficiente dinámica en el servicio. No esperes que ese ritmo tan necesario que se ha de implantar en la empresa desde el primer día, lo haga cualquiera. Puedes encontrar el empleado idóneo para el caso, y que esté recompensado lo suficiente, para que la eficacia sea su única bandera, desde el primer día.

DE LOS GASTOS Y LA MERCANCÍA. 49

Los sueldos de las personas participantes en el negocio, y todo tipo de gastos que se originan por cualquier motivo, y sirvan para el objetivo de la empresa, son los gastos generales. Como pueden ser, alquiler, seguros, sueldos y pagas de cualquier tipo, publicidad, luz, teléfono, agua, materiales de oficina, artículos de limpieza, material de envoltorio de los artículos, de transporte, impuestos municipales,

reparaciones, préstamos e intereses, compra de herramienta, gastos de gestoría o contabilidad, etcétera. Es necesario prevenir, o al menos, calcular todos los gastos generales de un año de manera aproximada, antes de iniciar el negocio. Aunque los gastos reales no los conocerás con exactitud, hasta que no pasa ese año. La mercancía que se compra para volver a vender, es diferente apartado. De los beneficios que obtengas por sus ventas, dependerá que se puedan pagar esos gastos.
Cada negocio es distinto por su volumen y clase, referente a los gastos generales. Un pequeño comercio en el que solo haya una o dos personas, los gastos generales pueden ser pequeños. Las ventas que se produzcan corresponderán, a ese tipo de negocio.

REPARTO DE BENEFICIOS A EMPLEADOS. 50

Está demostrado, que si se premia la venta o la producción a los empleados, éstas crecen, y la empresa obtiene más beneficios. Los gastos generales serán los mismos o casi los mismos. Un dependiente vende 100, € en un día. Si se trabaja con el 35 por ciento de beneficio sobre la venta, prácticamente, se ganarán 35, euros. Si a partir de esos 100 euros de venta primeros, se le premia con un 5 por ciento sobre lo que rebase de esos 100, €, las ventas aumentarán. Es un ejemplo que hay que calcular. En los cálculos se supone, que con los primeros cien euros, el dependiente cubre sus gastos generales, así que en las siguientes ventas, los gastos generales ya están amortizados. Lo beneficios reales de la empresa se obtienen, de todo el conjunto de las ventas. Cuando las ventas de todos los empleados rebasan los mínimos que cubren los gastos generales de ese día, hay ganancias.
 Las comisiones en la hostelería, aunque se ha de tener igualmente presente que en cualquier otro tipo de negocio, es diferente. Aquí pueden ir englobadas en todo el personal, para hacer los repartos correspondientes e su momento. Bien vale la pena premiar con un tanto por ciento, a los que rebasen las cantidades mínimas obligadas, para que la empresa no tenga pérdidas. Si se estimula al personal con beneficios extra por la producción, trabajarán con más alegría, y el ambiente entre el personal empleado será más competitivo. Al empleado es necesario hacerle ver la importancia de él, como

persona en la empresa, y hacerle comprender la razón de las comisiones.

Nunca será ni conveniente ni necesario dar muchas explicaciones de importancia sobre el negocio y su parte administrativa a ninguno de los empleados o personas que no sean parte interesada. A lo largo del año, habrá días de menos ventas, y estas estarán compensadas, con los otros días de más ventas. Mis actividades se han desarrollado en ciudades de muchos habitantes, es por lo que pienso en la competencia y las ventas abundantes. Cosa que no ocurrirá en un pueblo pequeño, donde la competitividad esté, en un buen servicio.

En hostelería, se podría decir, a grandes rasgos, que el 30% de las ventas totales van para mercancía, otro 30% para gastos generales, y el otro 40% para beneficios, antes de impuestos. El resultado puede parecer alarmante, cuando no se hacen los números convenientes. La realidad es, que los beneficios tienen que ser abundantes, ya que hay imprevistos en todo tipo, así como las mermas, por trabajar con productos perecedores, que cuando se estropean hay que tirarlos. En la hostelería en general, se trabaja con productos de riesgo, por lo que es norma, trabajar en algunos artículos, con bastante más beneficio del 35 por ciento. Una camisa o unos zapatos, podrán pasar de moda, que igualmente se liquidan sin perdidas, pero no hay riesgo de que se rompan como la vajilla o la maquinaria, que cuando se rompe o se estropea, que hay que comprar otra nueva, o repararla si tiene arreglo.

GENERALIZAR INCENTIVOS NUNCA DIO BUEN RESULTADO. 51

Hay que hacer cálculos, y saber cuándo hay que premiar y a quién, ya que generalizar no dio nunca buen resultado. Los hay muy activos, que aun sin premio son eficaces. Hay otros que con su sueldo tienen suficiente, a estos hay que animarlos y no perderlos de vista, procurando que no les falte el trabajo, mientras cumplan con su cometido. Hay personas, que si se les premia sin más explicaciones, pueden pensar que la empresa lo hace por que le conviene o por que gana mucho dinero. Los premios dados sin explicaciones, los que lo reciben, lo tomarán como un derecho creado, que después será difícil suprimir. Anteriores empleos.

Muchos emprendedores se descubrieron a sí mismos cuando se encontraron sin trabajo, y se les ocurrió pensar, que podrían hacer algún trabajo por su cuenta, mientras encontraban un empleo adecuado. En estos casos, los emprendedores no tuvieron la menor idea, de que con el tiempo se podrían convertir en empresarios. Cuando se despierta la inquietud del emprendedor, es el momento más importante de su vida. Al inquieto, se le activa algo en el interior de su cerebro, y actúa con rapidez. Es frecuente, que la experiencia en trabajos anteriores, oficios o profesiones, le sirva al futuro emprendedor como base, para iniciar el primer negocio por su cuenta. Con esta lectura, descubrirás que la suerte está contigo, y con la que encontrarás esa puerta para entrar en la hostelería, o en cualquier otra profesión, aunque la desconozcas.

CAPÍTULO 2º 52

INSTALACIÓN DE UN BAR. 53

Instalaciones de hostelería hay tantas como nos queramos inventar. Estas se pueden hacer de muchas formas y maneras, y todo dependerá del dinero que se quiera gastar. Un bar, en apariencia lo primero que se ve es el mostrador, las mesas y sillas. El mostrador debería estar conectado a la cocina, para simplificar el servicio interior del negocio. Los aseos, no deberían estar situados en lugar, en el que haya que pasar por partes interior del negocio. Deberán estar que se entre en ellos, directamente del lugar que ocupa el público, y como mucho un pasillo sin otro acceso que no sea a los w.c.
Comencemos con los mostradores. Los materiales para la construcción de un mostrador son muy diversos. Es muy difícil ver un mostrador repetido, ni construido con los mismos materiales, ni de la misma altura o anchura. Unos están hechos de obra de albañilería, con el frontal de madera, de acero inoxidable, cerámica o baldosas, o de cualquier otro material, que se pueda adaptar. La parte más importante a tener en cuenta es la encimera, donde se sirve a los clientes. Una anchura media de la encimera podría ser de, alrededor de 0,50 centímetros, quedando espacio para exponer en algún lugar de este, discretas vitrinas, donde se puedan poner algunos alimentos a la vista. La altura más conveniente para el buen servicio al público, es de aproximadamente 1,20 m de altura, pero, en realidad, no hay ninguna medida determinada, ya que se ven alturas y anchuras totalmente diferentes en cualquier establecimiento que visitemos.

Cuando se planifica una instalación de este tipo, hay que estudiarla con detenimiento, antes de realizarla, y ver todo con los ojos del consumidor, y con la bolsa del emprendedor. Las mejor más práctica y cómodas para el cliente, como para el camarero, y con el que más ventas se consigan. Otras instalaciones se pueden ver el Capítulo, de cafeterías. En principio, deberíamos hablar, donde localizar los mejores locales, y lugares más idóneos, según el tipo de negocio a instalar. Cosa que se hace con amplitud, en la primera parte de este. Para los mostradores, hay encimeras de madera revestida de plástico, que serían muy baratas, pero poco recomendables. La altura y anchura del mostrador, la puedes copiar de otros establecimientos del gremio, lleva una cinta métrica en el bolsillo y toma nota. En esto es como en todo, hay quien los hace muy altos, para que no se apoyen los clientes y otros menos altos, para comodidad de estos.

Esto me recuerda algunos quioscos de periódicos, que cuando te acercas, y, antes de comprar, intentas leer alguna portada de las expuestas a la vista, te llevas un chasco, ya que algunos quiosqueros las ponen al revés para que no las puedas leer. En esos quioscos nunca compro nada, no saben, son malos negociantes.

LAS PAREDES DEL BAR. 54

Lo más elegante en un comedor de restaurante, son las paredes de un color claro, y pintaras cada año. En los bares y cafeterías y en las zonas de bastante consumo, pueden estar pintadas a la cola, para que sean fáciles de lavar, pero lo práctico y definitivo, serán de cerámica, hasta un metro y medio o dos desde el suelo, de tonos poco chillones. También podría usarse mármol, depende del dinero que se quiera gastar. Lo que importa es poder limpiarlas con facilidad. Un paño mojado o húmedo, y todos los días estarán de estreno. Si no se limpian con frecuencia, se irán oscureciendo y el local irá perdiendo esplendor. Las partes superiores de paredes y techos pueden ir pintadas de colores claros y alegres, además, será bueno pintarlas de distinto color cada año. La pintura del local se puede hacer en una noche y no se necesitaría cerrar para pintar. La pared donde van situadas las botellas de licores para servir, puede ser de cerámica, que es la parte de la pared que queda a la espalda del camarero cuando sirve al cliente. La altura de este frente puede ser 1,50 metros desde el suelo, con estantes parta las botellas, hasta la misma altura del mostrador.

ASEOS PARA CABALLEROS. 55

Estos han de estar equipados, como mínimo, con una cabina con inodoro, agua corriente y papel higiénico. En el departamento anterior, algún urinario, lavabo, espejo, jabón, secador de manos, bien sea por aire o por toallitas de papel.

ASEOS PARA SEÑORAS. 56

Lo mismo que el anterior y si hay espacio, un estante, a continuación del lavabo o separado, para que las señoras pueda depositar el bolso o cambiar los pañales de un bebé. Con los aseos deprimentes, se pierden los mejores clientes. Las dimensiones o metros cuadrados, se toman en relación con la capacidad del local y con las normas de las leyes municipales. A mejor instalación, mejor público consumidor y más ventas. Esto lo proyecta el arquitecto técnico, o el técnico que realiza el trabajo. Cuando es de nueva instalación, el técnico hará los planos que se han de presentar para el permiso de obra y de apertura del establecimiento al municipio. Si el negocio ya estaba funcionando, y se reforma el baño o alguna otra cosa, sólo habrá que cambiarle de nombre y hacer las obras necesarias, y como mucho, un permiso de obras menores sin necesidad de planos. Cuando son reformas interiores de poca importancia, hay quien las hace sin más trámites ni permisos. Las últimas palabras serán, las del técnico o el propietario.

LOS ASEOS Y SU CONSECUENCIA. 57

Cuando se abre un negocio, todo está reluciente, pero con el tiempo, los aseos se deterioran. Aun limpiándolos a fondo todos los días, si el negocio funciona bien, a los cuatro o cinco años, se ven deteriorados y oscurecidos por el tiempo. Si esto sucede, es bueno hacerlos de nuevo. Cuando se coge un bar en traspaso, lleva en el pensamiento que, además de las reformas o los arreglos que creas necesarios, los aseos se han de derribar totalmente, si es que no han sido reformados expresamente para realizar el traspaso.
Los clientes son los que mantienen el negocio con su asistencia, y si cada vez que van al w. c., exclaman "algo entre dientes" sobre la limpieza, algo no va bien. A los clientes hay que mantenerlos contentos hasta cuando van al servicio, así volverán a visitarnos, y sus monederos se abrirán como una flor, que harán que germine nuestra caja de cobro. Al gobierno hay que pagarle un impuesto sobre las ganancias, los gastos de obra se desgravan en la renta, son gastos del negocio.

ASEOS Y VESTUARIOS PARA LOS EMPLEADOS 58

Lo normal será un servicio de aseos masculino y otro femenino. Llevará cabina de w.c. lavabos, espejos, toallas y jabón. Habrá duchas y un armario con llave para cada empleado. Todo guardará relación con las dimensiones del negocio. El técnico sabrá lo que corresponde. Si el negocio lo llevan dos personas, por ser pequeño, posiblemente sean suficientes los servicios de caballeros y señoras. Por otra parte, las exigencias del municipio en su departamento de sanidad, tendrán la última palabra. La consulta al ayuntamiento del municipio, de lo que es obligatorio, se ha de hacer antes de realizar la obra y no después de hecha. Si interviene un aparejador o arquitecto técnico, el sabe lo que es obligatorio por la ley.

ALMACÉN PARA MERCANCÍA. 59

Si queremos controlar la mercancía que tenemos y recibimos, sería bueno disponer de una habitación, cerrada con llave, en la que se pueda tener botellería, alimentos y otros artículos del negocio. Si el negocio es pequeño y un control riguroso es un engorro, mejor que en ese almacén no entre nadie que no sea el interesado. En este puede haber estantes y espacio para apilar cajas de bebidas. A la llegada de mercancía, si no se han preparado los envases, porque se encuentran dentro del almacén, y no se puede atender a los proveedores en ese momento, se les dice que dejen la mercancía en el lugar que menos estorbe, fuera del almacén, y que no hay envases; después ya se ordenarán y prepararán para la próxima. El objetivo es, que nadie entre al almacén que no sea de la empresa. Hay que evitar tentaciones.

HERRAMIENTA MÍNIMA EN LA COCINA DEL BAR. 60

Las dimensiones del local pueden ser indeterminadas, ya que existen pocos locales iguales. Hay herramientas que en algunos negocios se utilizan y en otros no, aunque siempre se han de tener las imprescindibles. Un bar por pequeño que sea, debería tener una pequeña cocina, donde se puedan elaborar determinadas comidas y otros. Además de la salida de humos, estará la hornilla, un frigorífico para alimentos, una fregadera, mesa de trabajo, cazuelas, sólido estantes para vajilla y cubertería, sartenes, cortadora de fiambres, olla Expréss, una batidora eléctrica, estantes, cazos, cuchillos, un espacio discreto para el cubo de la basura, y demás herramienta de cocina que conoce saber para guisar.

Asimismo, debe haber una despensa para productos de consumo diario, alejada del calor de la hornilla. Si tenemos una freidora, se podrá freír la mayor parte de los alimentos, menos el pescado, chorizos y otros, que suelen dejar su sabor definido. La hornilla para guisar puede ser eléctrica o a gas, lo mejor es tener cocina mixta, que si falla una tenemos otra. El horno puede ser eléctrico o a gas, tanto para asados, pastas y muchas otras cosas. En el sector de venta, además de la barra del bar, puede haber, una fregadera debajo del mostrador, estantes para cristalería y vajilla, frigorífico botellero a la altura de las manos, una plancha microondas para servicios rápidos en el mostrador, cuando no tenemos ayudante en la cocina y para no abandonar la barra, una cafetera y molinillo de café, y otros que ya irás conociendo. En las paredes que quedan a la espalda del camarero cuando está de frente al público, pueden ir, la cafetera y molino, la caja de cobro, y otros oportunos. Cuando hagas la distribución de la cocina, deja algún espacio libre para imprevistos. Recuerda que la salida de humos ha de llevar un extractor, que saque suficiente aire, que no revoque el humo hacia el departamento público No es necesario recordar que la salida de humos es obligatoria y necesaria en cualquier cocina. En la parte de local para el público, se debería instalar un pequeño extractor, si tenemos plancha para servicios rápidos desde la misma barra. Existen muchas otras herramientas que puedes necesitar, según el enfoque del negocio. Si la distribución la hace un técnico o instalador comercial, estos saben lo necesario e imprescindible para cada negocio.

Es frecuente cuando se instalan este tipo de negocios las casas de maquinaria quieran equiparlos con la mayor cantidad de herramientas posible. Alerta. Si te venden lo que no necesitas, podrían ahogarte con inversiones inútiles. Compra lo imprescindible, después habrá tiempo de adquirir lo que se vaya necesitando.

UN COLABORADOR PARA LA PUESTA EN MARCHA. 61

Si desconoces el gremio, lo más recomendable será, que contrates a un profesional buen conocedor de su oficio, aunque sólo sea para la puesta en marcha, porque si decides que no lo necesitas, desconociendo el oficio, te estarás equivocando. Si piensas trabajar tu solo de momento, Con la colaboración de un entendido, el negocio se pone en marcha con la mayor facilidad desde el primer día. Si se necesita una persona en la cocina, buscas una mujer que sepa el manejo de cocina de bar, y tú, como propietario, debes ser el protagonista de cara al público, aunque seas cocinero.

LA CAJA DE COBRO. 62

Es bueno que esté alejada del público. En la distribución del local, se dejará un espacio para la caja, en la pared que da a la espalda del dependiente cuando atiende al cliente. El visor del importe de la consumición, nunca estará de más, situarlo en alto, a un metro por encima de la caja. El público ve mejor desde lejos lo que ha de pagar, y tiene un efecto psicológico y saludable, para bien de la economía de la empresa Si participas físicamente en el trabajo como propietario y eres cocinero, métete en la barra y atiende al público. Por muy cocinero que seas, del contacto con los clientes y el manejo del cobro, dependerá que el negocio triunfe o fracase. En la cocina se hará lo que tú ordenes, al ser conocedor del tema.

Si el negocio es de volumen de trabajo y hay varios empleados, procura tener un responsable o encargado que cobre algún porcentaje de comisión sobre las ventas; y en parte, de él dependerá que el negocio funcione, siempre que estén claras sus obligaciones y sepas con seguridad que esa es la persona responsable que necesitas. Cada negocio que se instala es una especie de mecano, que no se caerá si todas las clavijas y tuercas están apretadas y en su sitio.
Hay un dicho que afirma que en el cobrar están las ganancias. Si permites que pueda haber un agujero en la caja, tu futuro no será muy alentador, ¿entiendes? En el cuidado de la caja de cobro está el futuro. Muchas manos a trabajar y las justas a cobrar.
Lo del visor de caja podría ser una idea para una promoción podría ser que las tiras o ticket del importe, estén numeradas y fechadas, y al afortunado que le coincida con las terminaciones de los números con determinada lotería, ¡Premio! ¿Qué premio? Invéntatelo. Podría ser el doble en metálico del importe, o lo que se te ocurra, que no traspase los límites de lo prudente, pero que tenga alguna

importancia. Una mayoría ni lo mirará, pero cada vez que des un premio, levanta la voz diciendo: "Premio para D. Tal..., .que recibirá tal y tal cosa". Todo es publicidad. Los ciudadanos del pueblo, del barrio, o la ciudad en la que residas han de saber que tu negocio existe. El camino del éxito y de la suerte, ya lo has iniciado. Para vender cada día más, has de dedicar algún tiempo a pensar, puedes copiar ideas y mejorarlas o inventarlas, pero ten la seguridad de que nadie las inventará por ti, ni para ti. El mobiliario de un bar, depende de lugar y el espacio del local. Alguna mesa y sus sillas, algún taburete. Iremos explicando otras instalaciones de hostelería.

MÁQUINAS DE JUEGOS Y RECREATIVOS. 63

La tragaperras y de entretenimiento electrónicas, son explotadas por empresas autorizadas. Las empresas explotadoras ponen las máquinas y los mecánicos que reparan la avería, y son ellos los recaudadores del dinero. El dueño del bar no paga nada, solo pone el local y van al cincuenta por % de la recaudación para el explotador de las máquinas, y otro cincuenta por ciento para el dueño del bar. Las reparaciones y todo cuanto acontece a las maquinas, son por cuenta de la empresa explotadora. Suelen pasar por el bar un día a la semana, sacan la recaudación, cuentan con una maquinita las monedas, delante del dueño del bar, y éstas se reparten en ese mismo acto. Si hay espacio suficiente en el local, pon una mesa de billar y un futbolín; estos suelen ser igualmente al 50 % de la recaudación con el industrial que te los instala. También pueden ser comprados por ti.
Los juegos de entretenimiento sean o no electrónicos, tienen pocos impuestos. Los impuestos de las tragaperras son muy altos, y hay que dejar bien expreso en el contrato con los explotadores de las máquinas, que serán las empresas explotadoras y propietarias de las máquinas las que los paguen. Las máquinas electrónicas de entretenimiento pagan muy poco.

LA VENTA DE TABACO. 64

Estas ventas tienen un funcionamiento muy diverso: Hay algunos clientes muy "distraídos", que estando tomando algo y, aprovechando la afluencia de público, le piden monedas al

dependiente para sacar tabaco de la máquina, o para jugar, para que luego se las cobres con la consumición. Ojo, a veces se le olvida al dependiente cobrar ese anticipo de monedas, y esos importes suelen ser más altos, si se comparan con las dos cervezas que consumen.
En el momento de pedir monedas, se les piden los billetes para cambiarles, diciéndole claramente al cliente, que el tabaco y los cambios son cuentas aparte y no tiene nada que ver con las consumiciones. Si esto se hace desde el primer día, y no se permite ningún dinero a cuenta del final del pago de la consumición, ni se perderá dinero, ni habrá problemas ni perderás clientes. A la persona que no le encaje el sistema, peor para ella, y sus intenciones no serían muy buenas. Hay bares que venden el tabaco sin máquina, por los precios tan altos que cuestan éstas. El tabaco sin máquina se pone distante del público, se tiene una cajita para el cobro de éste, y cuando el cliente pide un paquete de tabaco, en el acto de entregárselo se le dice: "Tanto dinero", se le pone la mano haciéndole entender, que se paga en ese momento, sin más dilación. Diciéndole con claridad, que es cuenta aparte, y que lo paguen en el acto; si no fuese así, muchos clientes fumarían gratis. Hay que evitar que te digan: "Después se lo pago", ya que después se olvida, y serán pocos los que te digan: "Oiga, que no me ha cobrado el tabaco", ¿lo entiendes? Si alguna vez te ves obligado a tolerarlo, en contra de ese principio, anota bien claro en un cartelito que se vea, y que cuando vayas a cobrarle, que tu mano tropiece con ese cartel; no te fíes de tu memoria, es muy fácil olvidar.
Leí en algún sitio:
"Si no sabes sonreír, no pongas un negocio de venta al público", es como todo, el vendedor aprende a sonreír. Cuando quiere vender, actúa como un actor, e interpreta el papel del momento. Ahí radica gran parte del éxito en los negocios. Lo que tú manipules, fabriques o vendas, será en lo que más beneficios obtengas. El éxito, además de la persona que atiende al público, dependerá en parte de la persona que lleve la cocina; ésta, ha de saber guisar y hacer tapas (con la experiencia de haber trabajado en un bar o restaurante). Te sugiero que tengas una mujer en la cocina, y esto tiene su explicación, cuando termina su trabajo dejará la cocina limpia y recogida.

VENTA DE BOCADILLOS. 65

Si el establecimiento está situado en una calle comercial y de de paso, y quieres vender muchos bocadillos, lo tienes que hacer muy bien. Estudia el costo final de varias clases de bocadillos, del panecillo y los productos que puedas poner en él. La preparación y variedad es interminable, tantos como te quieras inventar; lo mejor es hacer una selección y estudiar 10 o 15, o los que te parezca, entre los más normales; Bien organizados, y que se puedan elaborar con rapidez. Debes hacer los cálculos de costo, y poner siempre la misma cantidad de relleno. Si unificas precios por grupos, se trabajará con rapidez y eficacia.

Con los bocadillos se puede ganar mucho dinero, y vender muchos por el poco tiempo que lleva su elaboración. A todos los emprendedores siempre le digo que piensen como fabricantes, en todo cuanto hagan. Si se trabajan bien los bocadillos, puede ser un buen negocio. Se pone dentro del local y a la vista del público una lista de bocadillos con sus precios, otra en la cocina, para su más rápida elaboración, y otra si es posible, y si no también, en la fachada del negocio. Cada bocadillo estará numerado y la cocina será una factoría al recibir los pedidos por números. Este es el secreto para vender muchos bocadillos.

Con todo lo dicho, el éxito dependerá de la rapidez del servicio. Y del sector de la ciudad en el que esté el negocio. En todas las ciudades o capitales de provincia, siempre hay un sector comercial popular, en el que los locales son muy caros por la gran afluencia de ciudadanos que acuden. Un local en el lugar adecuado, por caro que sea, te puede hacer rico. Y uno en cualquier lugar de poco negocio, que pagues poco alquiler, todo lo que pongas lo perderás.

CARTEL PARA BOCADILLOS. 66

Como puedes ver, la suerte está ahí, y solo tienes que prestar atención a los que te la encaminan. Ejemplo de cartel para la fachada del negocio. Se puede hacer con un tablero de madera o panel, de unos 40 centímetros de ancho, por un metro de alto, pintado en blanco. Pint6ando un marco, que tenga una raya de 1,50 cm. de ancho, de color rojo o azul, que resalte. Todo el cartel, cuadriculado, hecho con rayas verticales y horizontales de unos 4 milímetros de grueso, y del mismo color del marco; el espacio en blanco de las casillas puede ser en horizontal, de 10 centímetros por siete de alto (todo son ejemplos, que los puedes mejorar). En cada casilla estará escrito, con pintura, lo que lleva cada bocadillo, en una de las esquinas pones un número pequeño correlativo, que identifique al bocadillo. Un espacio en blanco o en color tenue, para poner el precio con tiza o lápiz de cera, que se pueda borrar fácilmente, seguido de la palabra Euros, escrita con la misma pintura fija. Este trabajo se ha de programar, con precios competitivos, para que se venda mucho, y conviertas este negocio en una factoría.

El éxito viene solo, si todo se planifica de antemano. Ejemplo especificado. En el cartel de bocadillo y en sus cuadriculados, puedes poner, por ejemplo; "Calamares a la romana y mayonesa".- Tantos euros. Otro, "Jamón serrano y rodajas de tomate", otro, "Jamón York y queso, con mayonesa", otro, Tortilla francesa y rodajas de tomate, o mayonesa, otro, "de salchichas y pepinillos" etcétera, etcétera.

Podríamos seguir inventando, que llenaríamos páginas. <u>"Donde fueres haz lo que vieres" intentando mejorar los artículos de esa localidad.</u> Este cartel lo deberá hacer un profesional, similar al que se aporta al finadle estos capítulos. Al pintor se le facilita el esquema del cartel, o la idea para que haga el esquema. Se le da escrito bien claro lo que tiene que poner en cada casilla. Este cartel valdrá un dinero hacerlo, pero vale la pena; después sólo habrá que escribir con tiza o lápiz de cera el (precio) en euros de cada bocadillo o ración, y cambiar el precio cuando quieras.

Estos carteles dan categoría al establecimiento y ayudan a vender más. Es una forma de convertir el negocio en fábrica de bocadillos. Las letras del contenido de los bocadillos que estén escritas en letras de palo, para que todo el mundo las pueda leer con facilidad. El pintor te hará varias muestras de letras, elige la más fácil de leer. Una de lista de bocadillos hechos en el acto y sus componentes, la encontrarás al final de este capítulo. Las ventajas de estos carteles son que se puede cambiar el precio y lavar, y siempre estará de estreno. Este es un lujo recomendable para ganar dinero. Si alguno de los bocadillos no se puede servir por la falta de algún ingrediente, crúzalo con la tiza para advertir que de ese no hay (10 o 15 años con un negocio de venta de bocadillos en un buen sector de afluencia de público, pueden ser suficientes para tener un buen retiro).

PANECILLOS CONGELADOS. 67

El éxito de la venta de bocadillos está en que el pan sea tierno, del día, y que ni sobre ni falte; bueno, siempre es preferible que sobre alguno, que decir: "No hay porque no tenemos pan". (Para el pan que sobre, ya le daremos empleo). Para este servicio se podría tener el horno idóneo, que puede ir cociendo lo que se va necesitando, hoy día los panaderos sirven pan, cuya masa estuvo congelada y dispuesta para hornear. El pedido de pan, repostería y bollería, si además sirves desayunos, se suele hacer por la noche para el día siguiente. Se piden una cantidad de panecillos cocidos para ir vendiendo, y, además, los congelados que se puedan tener, y según se vayan necesitando, se van cociendo. Estos hornos eléctricos, se gradúan a los grados correspondientes, el manejo es muy simple, te lo enseñará a manejar, tanto el pandero, como el que te vende el horno.
Con bocadillos se puede ganar dinero, siendo original. La gente se cansa de la misma historia de hamburguesas y perritos calientes, esos se pueden tener, además de otros 20.

LA SANGRÍA, Y LA INVITACIÓN   68 .
¡PUBLICIDAD PARA VENDER MUCHO!

Que no te extrañe ver alguna vez un cartel en algún establecimiento de hostelería, que diga: "Hoy invitamos a nuestros clientes, a la degustación de la sangría de la casa", o de cualquier otra cosa. También puedes ser tú, el primero que lo haga en ese lugar. Se les invita a una "copita" de sangría y se exhibe un cartel con el precio por jarras de un litro de lo que sea, para que lo puedan leer; todo es promoción para invitar al consumo.
La elaboración es bien fácil; Una jarra de cristal transparente, la llenas hasta la mitad de vino tinto frió, un chorreada de limonada de cualquier refresco, o el zumo de un limón o naranja. Dos copitas de cualquier licor Unos trozos de limón, naranja, melocotón destiempo

o en almíbar, y la peladura de limón o naranja, introducida parte en la jarra, y el resto colgando de esta. Tres o cuatro cucharadas de azúcar bien disueltas. Este preparado estará bien frío, o se hace en ese momento con vino frío. Al servir al cliente, se completa con cubitos de hielo hasta arriba, se pone una cuchara de madera para que puedan moverla los clientes, y listo para servir.

MINI CANAPÉS Y TAPAS DE BAJO COSTO. 69

Las tapas, en los bares dan buen resultado. Todo se ha de anunciar de una u otra manera; un cartel se puede hacer a mano en un folio, con un rotulador grueso. Todo esto son promociones del negocio que te puedes permitir, para incrementar las ventas. "Hoy invitamos a una tapa gratis", es un cartel que se puede poner o quitar cuando quieras. Acuérdate de que todo se ha de planificar para que salga bien: han de ser tapas inventadas y muy económicas de costo, ya que se lo vas a quitar del beneficio de la consumición que haga el cliente. A veces, no se carga en la consumición, y las ventas se multiplican.
Hay cosas tan simples, como, por ejemplo, las "patatas", Se cortan en trozos y se hierven tan sólo tres minutos, se tienen reservadas en el frigorífico Se anuncian como raciones. Cuando se necesitan, se van echando a la sartén, y con un golpe de frito en aceite bien caliente, se terminan de hacer. Se ponen en el plato y se rocían de mayonesa picante. Para la "tapa" de invitación, se ponen en un plato con un trozo de patata por cada cliente que consume, se rocía con salsa picante por encima, pinchada con un palillo y servir. También se venderán por raciones bastante bien, si no se abusa de los precios.
Otra tapa, puede ser de patatas troceadas y guisadas con un hueso de ternera, un poco de picante, y el arreglo correspondiente. Puestas en un platillo, con salsa, o pinchadas con un palillo. Otras pueden ser buñuelos de bacalao, hechos en el acto y pinchados igualmente con un palillo. Estas tapas pueden ser dos o tres, variadas, que serán suficientes para que el cliente diga: "Otra consumición" con la tapa de invitación de tal… ten previsto que te pedirán una ración de esas tapas, y ten calculado el precio de venta, con tu beneficio normal. Ya has puesto el anzuelo para que piquen, no olvides estudiar precio, calidad y cantidad por ración. Si eres un tacaño, te pedirán la primera ración, pero no repetirán, si eres espléndido sin pasarte, cada día venderás más y seguirás ganando dinero. Si siembras con

inteligencia, la cosecha será segura. Otra tapa de poco costo: pequeña rodaja de tomate y cebolla picada sobre éste, unas gotas de aceite de oliva, espolvoréala de pimienta y pínchala con un palillo. Una persona que haya hecho el trabajo de cocina de un bar, puede hacer gran variedad de tapas de todo tipo. Tú eres el que tiene que decir cuáles regalas y cuáles vendes. Si el cartelito dice: "Tres tapas del día gratis, a elegir, una por consumición", entre las tu has previsto. El público se acostumbra con facilidad, y debes ir cambiando la variedad algún día que otro. Esto parece una cosa simple, que dará lugar, que al finalizar del día, notes que la caja de cobro responde, y para el negocio, esto es lo más importante. Eso no quita que se tenga un surtido de tapas, a sus precios normales. Esto se llama mover el negocio. Un negocio sin iniciativa, es uno más del montón. Salvo que estés situado en un buenísimo lugar, que las ventas se hagan solas.

LA REGLA DE LO GRATIS, SIEMPRE SERÁ PARA VENDER MÁS. 70

No olvides que nadie da nada por nada, una cerveza te cuesta una X y la vendes en tres XXX, ¿qué importa quitarle un palo a una de las tres equis y venderlas más bajas de precio que otros establecimientos? "O regalar una "tapa" en la consumición". De esta manera, aumentan las ventas.

La realidad es, que al final del día, en lugar de haber vendido tres cajas de cerveza, habrás vendido cinco, el personal y el alquiler será el mismo, y los gastos serán muy similares. Estas promociones y "movida" de los negocios, no los hará un empleado, (por que se aumentaría el trabajo). . A más ventas con los mismos gastos generales, mas beneficios. Si los precios están relacionados con el servicio y la calidad, cuando el público se acostumbra, vuelve una y otra vez. Si las ventas aumentan tanto como para tener otro ayudante, adelante, y a seguir vendiendo cada vez más, que es lo bueno para el negocio. Si esto lo haces en un desierto o lugar de poco tránsito de público, no dará buen resultado y sobran todas mis explicaciones. El día de fiesta semanal.

Todo tiene sus ventajas y sus desventajas, hay polígonos industriales y zonas en las que los días de fiesta no hay suficientes clientes, se podría cerrar ese día, y guardar fiesta semanal. En otros sectores se vende más los fines de semana y no cierran ningún día del año. Sería conveniente para el negocio, y el personal empleado, que puedan ir guardando fiesta los empleados, entre semana. Los fines de semana si aumenta el trabajo, se buscan camareros extras como refuerzo.

LA HOSTELERÍA POR SECTORES. 71

En apariencia, para el que no conoce este gremio, casi todos los bares son parecidos. La realidad es que se trabaja según en el sector de ubicación... Entre los diversos sectores de trabajo en la hostelería, no coinciden los horarios de más trabajo, salvo la hora de la comida. Unos están en el centro de la ciudad y rodeados de comercios; otros en barrios de la ciudad o pueblos. En zonas turísticas, en lugares de veraneo, en polígonos industriales, en zonas de oficinas, etcétera. En unos se tendrán mesas suficientes, porque la mayor parte de las ventas, convendrá hacerlas con los clientes sentados, habrá otros que, por su afluencia de público y poco espacio en el local, interese que halla pocas mesas, y que todo o casi todo se venda en el mostrador.
Cada negocio se enfoca según el sector y al público que va dirigido, aun así, en estos establecimientos, entra toda clase de personas, y es bueno dar un buen servicio, para atraer cada día a más clientes. Hay quien mira al cliente, y según lo ve, le cobra. Este tipo de gente abunda en todo tipo renegocio, y su futuro será igual al su comportamiento. Hay sectores turísticos, que los precios son más elevados, por lo corto de la temporada. Lo mejor para el negocio será, cobrar los mismos precios tanto si son a turistas como sin son a residentes.

BARES DE TAPAS. 72

Estos negocios funcionan muy bien en sectores comerciales, por la continua afluencia de público, y se debe disponer en ellos de los servicios de bar normales, licores, bebidas, refrescos, comidas, tapas, raciones, bocadillos, etcétera. Bastantes bares de este tipo ofrecen menú en la hora de la comida y platos combinados. Las vitrinas del mostrador estarán surtidas de lo que se ofrece al cliente: tapas frías o para calentar, raciones de comidas, bocadillos hechos, fiambres, algunas pastas para desayuno, etcétera. El surtido del mostrador puede ser diverso y con buena presencia.

El local, si no es pequeño, mucho mejor, ya que todo negocio que funciona bien, se queda corto de espacio. El horno microondas y una pequeña plancha, es muy útil, ya que sin moverte del mostrador, el dependiente puedo servir alimentos calientes de los que tiene en las vitrinas. Igualmente, puede tener todo lo necesario para hacer bocadillos en el acto. Cuando aumenta el trabajo, una persona en la cocina preparará los bocadillos, o lo que se pidan desde la barra, con la mayor rapidez, la barra puede tener refuerzo, si lo necesita. Es parte importante para conseguir el éxito, servicio rápido, calidad y precio. En estos sectores comerciales, las ventas se producen y comienzan, una hora antes de que abran los comercios, y hasta una hora o más, después de cierran estos. La afluencia de ciudadanos a los comercios, desaparece cuando cierran estos.

LOCAL PARA BOCADILLOS EN SECTOR TURÍSTICO. 73

A veces se ven locales tan pequeños con este tipo de negocio, que parece imposible que puedan ganar dinero. Aun siendo pequeños, con frecuencia son necesarias varias personas para atender la demanda. Algunos de estos no suelen tener mesas, por falta de espacio, todo lo venden en el mostrador: otros tienen mesas, que el cliente la utiliza después de haber recogido y pagado lo que ha pedido en la barra, los envases de los alimentos, por lo general, son de papel o plástico. En estos sectores se vende mucho si los precios son normales sin ser competitivos. Casi todo lo que se pueda vender deberá estar en las vitrinas a la vista del público, o en carteles representativos de lo que se ofrece. La plancha estará a la vista, por que todo el local es uno. Cuando hay mucho trabajo, lo mejor es que haya una persona fija en la plancha, haciendo cuanto le piden los dependientes (o se lo prepara el mismo dependiente que hace la venta).
El trabajo en serie facilita la labor, el trabajo lento pierde ventas, y el negocio va a menos. El público es muy agradecido, y cuando ve dinámica en el servicio, vuelve. En algunas zonas de veraneo, la temporada de trabajo suele ser breve, en otra como en Tenerife o el sur de Las Palmas en Canarias, suelen ser de turismo todo el año. También sucede esto en las zonas turísticas con monumentos históricos, como pueden ser, cerca del Pilar de Zaragoza, los aledaños de la catedral de Santiago en Galicia, la Alambra en

Granada, en España etcétera. En las cercanías de estas, este tipo de negocio funciona todos los días del año. Así como los restaurantes y artículos de regalo. En estos establecimientos de paso, el surtido debe ser generoso y sin complicaciones, puede haber bocadillos calientes para hacer en el acto, de carnes, hamburguesas, salchichas, y fiambres, quesos, etcétera. Se venden bien patatas fritas, servidas calientes, en cucuruchos de papel.
Deben tener un buen surtido de bocadillos que se puedan hacer con rapidez, y otros de diversos fiambres y embutidos, dispuestos para llevar, así como bebidas, cervezas y refrescos en lata, helados, etcétera. Aunque haya gente consumiendo en el mostrador, se le sirve a los que están situados detrás de esos clientes, para que recojan los alimentos y bebidas, paguen y se los lleven. Estos establecimientos trabajan como en las ferias, entregan la mercancía y piden que le paguen, si no fuese así, sería un malísimo negocio, la gente se iría sin pagar; así que, servicio entregado y servicio cobrado. Este sistema está implantado en todos los lugares de mucha afluencia de consumidores.

BAR, CON COMIDAS, EN SECTOR TURÍSTICO. 74

Los turistas somos aves de paso, que andamos mucho por las calles y cuando vemos un sitio o negocio a mano que nos parece bien, a buscar la primera mesa y silla, para descansar y tomar algún refrigerio. Algunos de estos negocios disponen de terrazas con mesas en el exterior. También los hay que tienen un comedor interior con servicio de comidas. Los precios no son competitivos, suelen ser de aceptables a caros. Los clientes de paso, aparentemente parece que son de un día, no lo pienses, pueden venir para varios días y volver otros años.

El buen trato y el buen servicio no lo olvidan fácilmente: ¿Sabes lo que olvidan?, olvidan el precio, si la comida y el servicio fueron buenos. Sin embargo, nunca es bueno cobrar precios abusivos, fuera de la lista prevista. Los menús pueden ser muy simples para trabajar con rapidez y menos complicaciones, y algún plato combinado.

El negocio es como una cosecha, que se recoge todos los días, y si no siembras, no tendrás nada que recoger.

Los precios puede ser caros, pero si hay una lista de precios a la vista y cobras lo que marca, no engañas a nadie, lo malo es cobrar más de lo que marca la lista de precios, o que cobres a unos más y otros menos, y al final vendrá la confusión. Si se cobra a ojo, produce un desorden en el cerebro, y cuando entra un cliente, a veces no recuerdas lo que le cobraste por una cerveza la vez anterior. Si te parece que algún artículo lo vendes bajo de precio, cambia éste en la lista, y cobra siempre lo mismo a todos los clientes. Si dispones de mesas, puedes servir comidas. Los platos combinados se tienen a medio hacer y son rentables, (lee en el capítulo de cafetería). Aun así, puedes tener algunos de comida caliente guisada, para servir en el acto. Lo que no es negocio, si se tiene trabajo y poco espacio, es el servicio a la carta, se emplea mucho tiempo, para vender lo mismo.

El objetivo de estos negocios es vender mucho en poco tiempo. Si se hacen comidas muy entretenidas de elaborar, y no se han preparado con antelación y son fáciles de retener en las cámaras, el negocio no irá lo suficientemente bien, como para poder justificar la campaña tan breve de verano de algunos lugares. En todo cuanto manipules o vendas, beberás de pensar cómo si fueras fabricante en serie, y no como un artesano. Con el primero ganarás dinero, y con el segundo lucirás tu pericia, y obtendrás menos beneficios. Claro que no hay regla sin excepción.

LOS CAMAREROS EN ZONAS TURÍSTICAS. 75

El sueldo de los camareros debe ser el normal con seguros sociales. Una comisión sobre la venta es una forma de hacer más recaudación y conseguir que los empleados aumenten el sueldo. Si los empleados cobran un buen sueldo con las comisiones, los empresarios no se harán pobres. Si el sueldo de los empleados es sustancioso y no cobran comisión, trabajarán como en un restaurante a la carta, en el que lo más importante es la atención al cliente, y la dinámica aminorará. Cuando se trabaja con excesiva rapidez, por que así lo requiere el negocio, y la comanda se toma en un solo acto, incluido desde el primer plato hasta el café y el postre, esta operación será altamente beneficiosa para el negocio. El servicio se ejecuta en poco tiempo, so levanta un plato y se le sirve otro, y el cliente cuando se ha dado cuenta ha terminado. Las mesas se quedan libres antes y se pueden ir repitiendo clientes.

La rapidez en el servicio no ha de modificar para nada, el buen trato que se le debe dar al cliente. Cuando terminen y se marchen, se emplean no más de 10 o 15 segundos en un afectuoso saludo, y tal vez los vuelvas a ver al otro día. Los turistas están fuera de su entorno y, si en algún lugar los trata con amabilidad, vuelven. La toma de comanda en un solo acto. Este es un trabajo en el que se muestra la habilidad por parte del camarero. En ese momento el cliente tiene ganas de comer, y puede hacer un buen pedido, cosa que no hará si se le va tomando nota cada vez que come un plato, como si fuera a la carta. Si no se toma la comanda total en el primer acto, después de que han comido los primeros platos, puede que no le queden ganas de comer más. Es por eso que en muchos negocios no venden, ni muchos platos extra ni muchos postres.

BARES DE CLIENTES FIJOS. 76

En bares de clientela fija, ésta se va consiguiendo poco a poco; suele ser el lugar de paso algunas veces, de expansión y cercano a su trabajo o a su domicilio. En estos bares, el dueño debe ser muy inteligente, y llevarles la corriente a todos los clientes. No deberás identificarse como partícipe de ningún partido político, ellos –los clientes que hablen de lo que quieran, y tú, a lo tuyo, que es el negocio. Mientras te mantengas neutral, conseguirás una amplia clientela. No des rienda suelta a tus ideas, tú estás trabajando y te debes a tu trabajo. Para ti todos los clientes son buenos, y a todos les has de sonreír, de lo contrario, el negocio te irá mal. ¿Quieres que te funcione bien, verdad?, ya sabes lo que te conviene, cuando hablen de ideales, retírate a otra parte de la barra, y ni le confirmes ni le critiques sus ideas. La pregunta más frecuente de algún cliente puede ser, ¿qué opina? Contestas, "A mí lo que me gusta es jugar a la pelota o pescar, lo demás, no me interesa", desvía el tema con cautela a otro asunto, y tendrás clientes de todos los colores.

BAR DE BARRIO. 77

Son muchos los clientes que están esperando la hora que abre el bar, para tomar su cosita, leer el diario y demás, y no le puedes fallar. En estos bares, se suelen tener algunas tapas, sin pasarse. Alguna repostería individual envasada al vacío y algunas otras cosas que habrás visto en otros establecimientos. Aunque hay barrios tan importantes, que los bares son verdaderos grandes negocios y sus instalaciones son a la última. Es por lo que hago referencia a distintos tipo de negocios dentro de este gremio. El negocio de bocadillos, funcionará en cualquiera de estos negocios, si los precios son prudentes y competitivos, y tienes la lista de precio a la vista. La plancha y el horno microondas dan lugar a que puedas servir a los clientes, sin dejar la barra sola ni un momento. Si el bar lo requiere, puedes tener una vitrina frigorífica cerrada y a la vista del público, donde puedas tener fiambres, algún postre de la casa, bebidas, etcétera, algunas latas de conservas de pescado, de atún, almejas y cualquier otra, limitándote a las necesidades que vayas descubriendo. Cuando sirvas alguna ración o tapas, que lleven salsa, acostúmbrate a poner unas cuñas de pan y no los cobres, si las cobras, te tacharán de tacaño, y las puedes haber incluido en el costo del producto. Los clientes de barrios son más difíciles, no son de paso y pueden venir todos los días, o sólo venir un día y no volver. Aunque sea un bar pequeño, la limpieza, el precio y el servicio es tu arma de lucha; empléala con acierto.

LAS MESAS EN ESTOS BARES. 78

Es de todo punto obligatorio tener mesas en estos bares, ya que son muchas las personas que toman su consumición sentados, a la par que leen el periódico, que lo debes poner a disposición de los clientes, y mejor que tengas un periódico de izquierdas y otro de derechas, no te preocupes por el gasto, habrá más de un cliente que acuda sólo por leer ese periódico, claro, que con la obligación de consumir, si alguno acudiera sólo a leer y no consumiera, se le dice claramente que esto no es una biblioteca pública.

Recuerda, que donde no hay ganancias, las pérdidas son seguras.

También en las mesas echarán partidas de cartas, éstas son un atractivo de afluencia. En algunos sitios se juega al dinero a lo tapado, y por cada jugada o partida el bar recibe una cantidad: En otros cobran a tanto la hora de la mesa, aunque sean juegos de entretenimiento. Nunca aconsejaré que consientas juegos prohibidos. En las mesas de juego habrá consumiciones que se pagarán al final, o cuando cada uno quiera, hay que anotar bien, claro, lo que toma cada cliente, y no te fíes de tu memoria. También te puedes hacer fijo a un número de la lotería, y puedes vender participaciones o décimos. En una pizarra puedes poner todos los días el número premiado de la lotería, el de la quiniela, etcétera, etcétera. Con estas historias de lotería o quinielas, irás atando a la clientela como adictos a tu negocio. Se puede hacer una peña de quinielas para atraer clientes fijos. El negocio te irá descubriendo las necesidades y los servicios que les puedes prestar a los clientes. Todo lo que sea bueno para que acudan los clientes aumentará las ventas.

LA TRADICIÓN DEL CAFÉ. 79

En estos bares el café es tradicional, haz un buen café a un buen precio, y venderás bastantes, y no pienses en que ganas poco, ya te irán compensando los clientes con asistir a tu establecimiento. Pero, por mucho que te explique, cada negocio pide una forma de actuar, con esto sólo te recuerdo lo fácil que es atraerse a los clientes. Si hay espacio, puedes tener algún billar, que te lo pondrán gratis las casas explotadoras de juegos y a porcentaje, o comprar el billar. Tu inteligencia ha de estar en continuo desarrollo, para ver lo que conviene o no conviene al negocio.

BAR EN SECTOR COMERCIAL DE LA CIUDAD. 80 Los bares en estos lugares funcionan bien, siempre que las personas responsables sean diligentes y objetivas

. Estos sectores son el centro de afluencia de una mayoría de los ciudadanos de la ciudad; se desplazan a estos lugares porque saben que encontrarán lo que necesitan. La concurrencia de público a tu establecimiento será continua, si los precios son normales y el servicio es bueno. Las ventas comenzarán una hora o más, antes de que abran los comercios de las cercanías. Los mismos comerciantes son los primeros clientes que te visitarán, es bueno acudir un tiempo, antes para preparar lo necesario y abrir con todo previsto, como puede ser la repostería del día, bollos, pastas, etcétera. La plancha debe estar caliente para hacer tostadas, y la cafetera caliente y a punto. Se pueden hacer torrijas, con el pan que te quede del día anterior, algunas tortillas de patatas y algún mini-bocadillo. Según el sector, igual conviene abrir mucho antes.

Los primeros clientes del día. Como te dije antes, estos pueden ser los mismos comerciantes del sector. Debes abrir el establecimiento preparado para vender, y no le vengas con disculpas de que la repostería no la han traído, que la cafetera está fría, o que no hay tortilla para servir un "pincho", porque se marcharán y no volverán; Ellos ya tenían antes de que tú pusieras el bar, otro sitio para desayunar, que será donde vuelvan.

Tu misión es hacer clientela, quitándosela a otros y haciéndola feliz con un buen servicio. Estos clientes de las primeras horas, en parte, son comerciantes de otros productos, y les puedes enseñar bastante poco de negocio. La clientela viene a tu establecimiento, por que confían en desayunar, antes de abrirse negocio, y si todo funciona como explico, se acostumbran a venir. A lo largo de la mañana se irá la afluencia de clientes va aumentando, en la cocina ha de haber alguna persona que prepare lo que le pidan desde la barra.

SERVICIO DE COMIDAS AL MEDIODÍA. 81

A mediodía, al trabajo rutinario de un bar le baja la venta, pero, si sirve algunas comidas, el trabajo continúa. Puede haber un abreviado menú de pocos platos y el servicio de platos combinados, que se juntará y prolongará con los servicios de café para los clientes del sector. Por la tarde se irá vendiendo, y el sector estará animado mientras el comercio está abierto. A las dos horas después de haber cerrado los comercios, bajarán las ventas, y, dependiendo del trabajo que haya, se verá si es rentable servir cenas.

Cada negocio se inclina por las horas más fructíferas de su sector. Si por la noche no hay negocio, las cenas las pueden vender otros. Será bueno madrugar, y mejorar el servicio cada día. Cualquier bar, por pequeño que sea, debe tener previsto servir alguna comida, para que aumente la recaudación del día. Las recaudaciones por comidas. Hay una máxima que se debe llevar acabo sin ninguna duda: "hacer buena caja todos los días". Cuando sirvas las primeras comidas, comprobarás que hay un buen futuro. El gasto que puede hacer en comida un solo cliente en media hora o poco más, puede ser el que hagan en la barra en el mismo tiempo, cuatro o cinco personas.

El 50 % de la recaudación de un día en el mostrador, con la participación de tres personas, puede ser muy similar a la recaudación que hagan las mismas personas en el horario de comidas de mediodía. Si se disponen de doce o catorce mesas, y las empleas para servir comidas, las ventas habrán aumentado en más del 50 % cada día, y seguirán aumentando; esa es la diferencia de servir comidas. Esta experiencia, puede ser, la que te abra el horizonte sobre el negocio de los restaurantes, si es que lo desconoces. El mayor volumen de recaudación y beneficios viene de las comidas.

EL COSTO DE UN MENÚ POPULAR. 82

La obtención de un menú a un buen precio, dependerá de los productos que emplees. Supongamos un primer plato de legumbres, pasta o verdura. Lo primero que has de saber son los precios de costo de los ingredientes para cada comida. De un kilo de legumbres salen diez platos suficientes, si le agregamos otros ingredientes de alguna verdura, y los demás condimentos.

El costo total de esa ración de legumbres dispuesta para servir, no será superior a la de multiplicar por dos el costo de esa ración de las legumbres en seco. Si éstas llevan verdura, pasta, arroces, o patatas, aun saldrá más económico. Otro primer plato puede ser de macarrones o tallarines, este producto es él más barato del mercado; la ración de macarrones, con su tomate, queso y demás, puede salir por menos de la mitad del precio de las legumbres. No se ha de olvidar la paella de arroz, - si se hace buena-, o el arroz blanco con huevos fritos. Estos platos son, además de rentables, bien admitidos por el público.

Segundos platos. Con estas explicaciones, no pretendo enseñarte a guisar, pero sí hacerte comprender, como futuro emprendedor, la manera de ganar dinero. Los segundos platos se han de manejar entre los huevos, la carne de cerdo, de ternera de precio intermedio, el pollo, y pescado de calidad y costos moderados. Por supuesto que hablamos de comida popular. Las guarniciones de algunos de estos segundos platos no deben de ser complicadas, pueden ser, verduras salteadas, purés, arroz blanco, y otros muchísimos platos de poco costo, que saben hacer los profesionales.

AL INICIAR ESTE NEGOCIO. 83

Al principio irán entrando clientes, comparando calidad y precio con los otros bares que vienen visitando antes de que estuvieras tú. Recuerda que las alianzas y acuerdos con tus colegas del mismo gremio y del mismo sector serán perjudiciales para el negocio. Tu amistad con esos competidores podría impedirte mover los precios con libertad. Rebaja los precios del café un 25 % sobre los precios de cualquier otro establecimiento.

Un buen café, lleva diez gramos, más el azúcar y la electricidad. El pecio lo puedes comprobar en este momento. Dobla el precio de costo de un buen café, y ese será el precio total. De costo Incluidos los gastos previstos. Dar calidad y precio puede ser tu caballo de Troya para hacerte con una buena clientela. La competencia no verá con buenos ojos que bajes los precios, pero ellos ya tienen su clientela y tal vez su patrimonio, y tu empresa aún debe ganarlo. Si un día no puedes hacer un pago, no pienses que ellos te lo van a pagar. Tú con lo tuyo deberás hacer lo que más te convenga. Si luchas y eres competitivo serás un ganador, y si les sigues la corriente a tus competidores, serás un perdedor. Si quieres tener amigos del gremio cercanos, te estarás comprometiendo a llevar los precios unificados, estarás coaccionado y no tendrás libertad para luchar.

El café sale muy barato y una bebida alcohólica se puede comprar a buen precio para competir a la hora del café. Bueno, siempre se ha de trabajar con beneficios. Las hermanas de la caridad no son ni los bares no los emprendedores. La agresividad en la competitividad ha de ser determinante, para que tu patrimonio se supere así mismo. Se irán encadenando ingresos y beneficios; y si no tuerces el camino de la agresividad como buen competidor, conseguirás sacarle el mejor partido a cualquier producto o negocio que caiga en tus manos. Si empleas estos métodos, puedes tener la seguridad de que, llegarás hasta donde te propongas.

EL SECRETO DEL ÉXITO Y EL DE LA SUERTE LO LLEVAS EN TU CABEZA. 84

No puedes olvidar, que serás el responsable de tu negocio, y de que tus clientes vengan a tu establecimiento como incondicionales. En tu negocio, no dejes el protagonismo en manos de otros, la labor que hagas con tu originalidad nadie te la debe arrebatar. Con tu astucia encontrarás el camino de la suerte. Recuerda que una persona sola no tiene tiempo de ganar dinero. Aun así, nadie debe traspasar los límites de tus dominios ni de tus secretos del éxito. Los muchos pocos, son más beneficiosos, que los pocos muchos.

¿PUEDE SER NEGOCIO VENDER VASOS DE VINO? 85

Todo lo que está bien estudiado puede ser negocio. En muchos bares tienen pavor a los alcohólicos, los que, cuando descubren un bar que vende el vino a buen precio, acuden como moscas, todo dependerá de cómo lo organizas y a qué precio lo vendes. Un amigo, se preparó un congelador, exclusivamente para tener copas heladas dispuestas para servir, cuando el cliente pedía un vino, se le preguntaba a éste: "¿Frío?" Si lo quería frío, se lo servía en la copa helada y el vino del frigorífico. Al principio, cuando servía un vino en una copa helada, se podía observar en el cliente su cara de admiración, después se acostumbraba, y traía a sus amigos. Estas copas, igualmente valían para servir otras bebidas. Con el vino, e incluido en el precio, alguna vez se obsequiaba alguna tapa de bajo costo o unas aceitunas. El vino nunca lo vendía a un precio inferior al de una cerveza de precio medio. Era un vino normal, tirando a bueno.

Estudia el precio de lo que compras. Si pones tu inteligencia a trabajar en todo cuanto haces, habrás dado un paso de gigante. No olvides que el éxito te lo traerán las ideas que manen de tu cerebro. Los hombres que consiguieron grandes éxitos, emplearon el 10 % de trabajo físico y el 90 % de trabajo intelectual. Aunque nunca hay nada fijo en porcentajes, debemos tener conciencia de que todo es cuestión de que usemos nuestra intuición e inteligencia. El dinero se ganará con tu ingenio, y la aportación física de otras manos... O lo harás todo tú, hasta que tengas empleados. Una observación sobre los consumidores. Hoy día, la mayoría de los ciudadanos que acuden

a los bares tienen casi de todo en su casa. Acuden a un bar por simples razones, unos por costumbre o por inercia, para entrar al servicio o para encontrarse con alguien.
Lo importante es hacer que entren, y mucho "aun más importante", que vuelvan. Si vuelven, con ello te harán ver que tu negocio vale. Un saludo agradable a cada cliente que entra, puede ser un bálsamo que lo relaje y lo haga encontrarse como en su casa. Si les recibes con frialdad, muchos no volverán. Todos los seres humanos necesitamos afecto y respeto, aunque no haya intimidad.

ATRAER A LA CLIENTELA. 86

Al iniciar el negocio, sería bueno que repartas algunas invitaciones en las que diga: "La casa le invita a un café". Esta invitación las repartirás en los establecimientos cercanos a tu negocio, que no sean de hostelería, y los pondrás en los buzones de las casas del sector; esto dará lugar a que conozcan tu negocio futuros visitantes, que no harían la tal visita, si no fuera porque es una invitación gratis. Ellos ya tienen su lugar favorito como clientes donde toman el café. Si en tu negocio la calidad es buena y el precio es más bajo, estarás haciendo la labor de captación. Rebaja los precios del café y del licor más corriente, con respecto a los precios de otros establecimientos: la competencia echará chispas, mientras tú te ganas la vida. Da a conocer tu establecimiento con publicidad, con esa o con otra, pero que se enteren de que tu negocio existe. Invita a los clientes. Así te harás clientes fijos. Por ejemplo, un día puedes invitar a los clientes por ser tu santo, o el de alguno de tu familia, lo que toman siempre, y, personalmente, les dices a la hora de cobrar.

"Hoy le invito, por ser mi cumpleaños, o el santo de mi hijo o de mi esposa". Cada año puedes hacer lo mismo, con eso te estarás afianzando en el negocio. Te lo agradecerán, cada vez que acuden a tomar su café. Recuerda lo que te cuesta un café. En todos los negocios pasa lo mismo, hay que ser ambicioso, pero no egoísta. Eso es parte de la publicidad, necesaria para crecer. Invéntate e día del cliente. Piensa que todo cuanto hagas te servirá de publicidad. ¿Crees que la coca-cola, después de casi cien años en el mercado mundial, necesita publicidad? Si, por que su consigna es, que nadie le olvide, por eso gastan tanto dinero en publicidad.

OTRAS MENUDENCIAS BUENAS PARA UN BAR. 87

Puedes agregar a tu bar, la venta de otros artículos, y no por lo que se gane, sino por el servicio que se presta al cliente. Se pueden tener aspirinas, mecheros, boletos de quinielas –los impresos-, bolsas individuales de aperitivos, como pueden ser almendras, avellanas, cacahuetes, alguna lata en conserva de pescados, chicles, chocolatinas, etcétera. Algún cliente se acostumbrará a llevar algo a sus niñitos, o a los que les acompañen algún día. El tiempo enseña, y se irá viendo lo que pidan los clientes, dentro de lo razonable. En alguno de estos artículos puede que se obtenga poco beneficio, pero, como consecuencia, se venderán otros muchos. Nunca cierres las puertas, a la oportunidad.

EL BUEN CARÁCTER DEL DEPENDIENTE. 88

Es buen carácter del dependiente, es imprescindible para que un negocio triunfe. Un dependiente o dependienta pueden ser más o menos guapos, pero lo que no puede ser mal educado, estar desaseados o ser antipáticos con el público. Este tipo de personas son las menos adecuadas como dependientes, porque espantarían a la clientela, y como queremos triunfar, hemos de tener como trabajadores a los mejores. Un cliente puede pasar sin ir al bar, pero un bar no podría existir sin clientes.

CAPÍTULO 3º   89

INSTALACIÓN DE UNA CAFETERÍA. DE LUJO Y NORMALES. 90

Existen diferentes tipos e instalaciones de cafeterías, que resumiremos. Unas lujosas para determinado público, y otras funcionales, destinadas a toda clase de público. Todos los negocios de hostelería tienen su categoría asignada, tú puedes solicitar la apertura de uno de estos establecimientos y pretender que asignen una categoría determinada, El distintivo son tazas para cafeterías y tenedores para restaurantes, pero serán los técnicos del departamento oficial correspondiente, y después de comprobada y verificada su instalación y los servicios que prestan, los que deciden la catalogación.

Son muchas las empresas de hostelería, en los que la categoría asignada es inferior al servicio que prestan, cosa que no es posible a la inversa. Establecimientos de lujo. En estos establecimiento, todos los preparados comestibles y de uso que consumen o utilizan los clientes, han de ser de la mejor calidad. Sus instalaciones guardarán relación entre sí.

Los servicios y precios son superiores a los de una cafetería normal, ya que su competencia se basará en que sean los mejores en todo, y el precio carecerá de importancia hasta cierto punto, ya que esta clientela exige la mejor calidad. Las cafeterías de primera, deberán ser dirigidas por profesionales capacitados y experimentados. En estos negocios "especiales" se necesita mucha inversión. No se pueden ni deben correr riesgos innecesarios, poniendo estos trabajos de dirección en manos de personas desconocedoras de la profesión. Estas han de ser de reconocida solvencia profesional.

El emprendedor creador de este tipo de negocio, y que aporta el capital, no está del todo obligado a ser un profesional. Se puede encontrar en el mercado laboral un buen directivo de hostelería en esa especialidad. El inversor que desee dominar el negocio, se habrá de integrar en éste, sabiendo lo que cada empleado desarrolla en su cometido, participando en la dirección administrativa, y en poco tiempo a conocerá su funcionamiento total. Su participación directiva será del todo imprescindible para que el negocio se afiance en su funcionamiento y como buena inversión.

Hay un refrán que dice: La hacienda que su amo la atienda, o que la venda. Es un dicho popular, pero hoy día, puede funcionar bien, con la participación del emprender, y la indispensable colaboración de un experto como empleado o asociado.

INSTALACIÓN DE UNA CAFETERÍA NORMAL. 91

Si deseas instalar una cafetería y desconoces la profesión, se busca a la persona idónea que conozca bien la profesión, se le hace un contrato por el tiempo necesario, y con tu ayuda y su colaboración comenzará a funcionar bien desde el primer día. No es necesario, ningún tipo de asociación con ningún empleado, se buscan profesionales que no sean muy mayores, ya que la hostelería se basa en su dinámica constante. En poco tiempo este emprendedor, siendo persona absorbente de cuanto ve, habrá aprendido lo suficiente para ir desenvolviéndose con habilidad en el negocio. Aun así, no corras en deshacerte del personal que te sea útil, una persona sola no será empresa, será un autónomo que se gana la vida para ir viviendo.

La hostelería necesita manos suficientes para dar un buen servicio. Siempre que pienses en un negocio, lo has de hacer pensando en crear puestos de trabajo. Al iniciar una pequeña empresa, se puede comenzar con el mínimo de personal, pero, a la larga, tu patrimonio no crecería, y no podrás decir, si no tienes manos que participen en su desarrollo. : "Tengo un negocio que produce".

¿QUE CUÁNDO SE EMPIEZA A GANAR DINERO? 92

Todo a su tiempo. Al principio, todo son gastos. Si el local está en buen sector, las ventas irán aumentando y pronto se verán ganancias. Ya hemos hecho unos cálculos sobre los gastos y las ventas en el capítulo anterior. Hay algo importante que aclarar: ¿qué fue antes, el huevo o la gallina? Si planificamos un plan de ventas en un nuevo negocio, que no sabemos cómo va a resultar, tendremos la duda de si ponemos empleados antes o después de saberlo. Se ha de iniciar con suficientes manos para servir, desde el primer día de su inicio. Será después de ver su funcionamiento, cuando se podrá decidir, si sobra o falta personal. Como mínimo, los primeros quince días se ha de tener un buen equipo de trabajo, para no hacer el ridículo y quedar mal ante la futura clientela. En ese periodo de prueba sabrás si el negocio se acomoda a menos o a más empleados.

Los posibles clientes esperan la apertura de un nuevo establecimiento, y la primera impresión ha de ser la mejor, aunque en estos comienzos no se obtengan muchos beneficios. No se ha de olvidar, que el público que no lleva prisa, se sienta, pero, ojo, hay que atenderlo inmediatamente, por que si se tarda en servir, igual que entra, se marcha sin consumir. Lo mismo que a los que se les sirven en el mostrador. El dependiente estará esperando para, que nada más que entran, le pregunte que desean tomar.

El publico puede perder el tiempo en el bar o la cafetería, pero no antes de que le sirvan, si no después de servido. El emprendedor se ha de preocupar de que el negocio funcione, y de vender sus servicios o sus artículos no sólo al mejor precio, sino con calidad, buen servicio y rapidez... Sobre el trabajo o la especialidad, todo se aprende. Hay profesiones o trabajos que, cuando los descubres, te das cuenta de que son rutinarios y que hay que verlos de cerca para aprenderlos.

CAFETERÍAS POPULARES. 93

Éstas están dirigidas a las grandes masas de población. La diferencia de unas y otras podrá estar en el sector, en la inversión de la instalación, la capacidad del local y, en cierto modo, en la elección del público al que va dirigida, aunque todo es muy relativo. La clientela decide ella misma si ese establecimiento es de su gusto, por lo tanto, el servicio, la calidad y el precio han de guardar relación con la instalación del mismo. No vale un chiringuito instalado de cualquier manera, servicio deficiente, y mala calidad, y querer cobrar como en cualquier otra cafetería bien instalada y con mejores servicios en general. Para hacer funcionar estos negocios, se debería hacer una buena instalación funcional, moderna y sin lujos. Buenos profesionales jóvenes, e impondría servicio de limpieza y eficacia desde el primer día. El local debería ser de espacio suficiente. La competencia se basaría en, calidad, servicio, y precios justos. En este libro encontrarás otros capítulos de hostelería, que deberás consultar y cotejar entre sí, para sacar las mejores conclusiones.

NEGOCIO DESCONOCIDO. 94

¿Desconoces el gremio de la hostelería? Si no lo conoces, no te preocupes demasiado, sólo lo justo. Son muchos los emprendedores que desconociendo un negocio tuvieron la valentía de acometerlo, y con constancia y entrega en el trabajo, llegaron a ser profesionales competentes. Supongamos que quieres iniciar este tipo de negocio: Primero has de buscar el lugar donde lo quieres instalar. Cualquier sitio no vale para todos los negocios. El local idóneo sería amplio, y con suficiente paso de peatones por delante de la puerta. El contrato de alquiler que sea indefinido, y si no lo consigues, por 15, o 20, años, a más.

Alto. Antes de firmar el contrato de compra o de alquiler, busca un arquitecto técnico que te acompañe a verlo, y que después se informe en el Ayuntamiento, o el departamento correspondiente, si para esta actividad de negocio hay algún impedimento. Si es positivo el informe, puedes ir a tu abogado para que redacte, modifique o negocie, las cláusulas más convenientes para ti, del contrato que te presenta el propietario del local.

DISTRIBUCIÓN GENERAL. 95

El técnico te hará un anteproyecto, y con él podrás discutir la distribución, y sugerirle ideas que creas conveniente (ese anteproyecto es para que des el visto bueno de que así lo quieres), o retocar lo necesario, antes de ser presentado en el centro oficial correspondiente para su aprobación, Se han de tener en cuenta las leyes municipales, porque, si se presenta un proyecto para su aprobación y solicitud de apertura, y no se han respetado el reglamento municipal, éste es rechazado. La persona más preparada pera llevarlo a cabo es el arquitecto técnico, él conoce las leyes, y, de las que duda, se informa.

REPARTO DE UN LOCAL DE 200 METROS CUADRADOS. 96

Hablamos de un ejemplo. Las partes más importes de un negocio de hostelería serían; el espacio para el público la cocina y los servios. Reparto de espacio Salón para público y barra, 120 metros cuadrados; cocina 20 metros cuadrados; aseos públicos para señoras. 8 metros cuadrados. Para caballeros 8 metros cuadrados; aseos y vestuario de empleados; ocho metros cuadrados, para señoras y ocho para caballeros; almacén 10 metros cuadrados; despacho 8 metros cuadrados; pasillos perdidos 8 a 12 metros cuadrados. Este reparto o distribución es aproximativo, y con la intención de que quede buen local para el público consumidor .Los espacios servicios y aseos, se podrá reducir, a criterio del técnico. El "negocio" se hace en el espacio para los clientes, y en la cocina, donde se preparan los alimentos.

INSTALACIONES OBLIGATORIAS. 97

Hay instalaciones obligatorias en hostelería, que no se pueden evadir en el proyecto, como la salida de humos, salida de emergencia, el espacio reglamentario de los servicios y aseos, y que éstos guarden relación con la capacidad de las plazas del establecimiento, así como las dimensiones de la cocina y sus desagües, y poco más. El cumplimiento de estas normas será determinante para que concedan la apertura del mismo. En las instalaciones generales, su distribución y otras, le corresponde hacerla al arquitecto técnico sobre planos. La instalación de elementos de trabajo y decoración del proyecto no son obligatorias. El propietario puede ordenar su modificación, después de contactar opiniones, bien sean de técnicos de hostelería o del tipo de negocio al que se adapte el local, y de los técnicos que participen en el acondicionamiento de la instalación.

Un ejemplo: el técnico prepara el proyecto con una anchura determinada de la encimera del mostrador, la situación de los estantes y muchos otros, que el propietario puede modificar, ya que estos pueden ir en los planos como figurativos En los planos de distribución, solo cuenta las instalaciones de obra en los planos, aunque en estos figuren otros propios del negocio. Quiere decir que lo que no son instalaciones fijas, quien paga puede hacer las que crea convenientes, y que se adecue a sus métodos de trabajo. Las obras, las puede realizar el mismo empresario o la empresa que más le interese.

Cuando el proyecto está terminado con tus sugerencias de modificación si fuesen necesarios. Este será presentado por el técnico en el colegio de arquitectos para su visado. A los pocos días te comunicarán que puedes pasar por el referido colegio a pagar los honorarios del técnico. Ya tienes pagado el arquitecto, tanto si realizas el proyecto, como si no lo realizas. El pago no tiene retorno.

LA BARRA O MOSTRADOR. 98

El mostrador, que sea tan largo como se pueda, para que quepan muchos clientes al mismo tiempo. La forma de la barra será la más conveniente, con arreglo al trazado del local. Cuando se planifica la distribución de una barra de bar o cafetería, se hace pensando, que, en caso de que en un momento determinado haya un solo dependiente y muchos clientes al mismo tiempo, éste pueda controlar el servicio y el cobro con eficacia. Si un local es grande, se podría estudiar que la barra tuviera forma de U, y conectada por la parte abierta con la cocina. De cualquier manera que se haga el mostrador, es muy conveniente que esté comunicado con la cocina, para que le puedan suministrar directamente cuanto se necesita.

La sugerencia de forma < U > es por la facilidad de servicio, la cercanía a los clientes, a los frigoríficos, a la cafetera y todo lo necesario para el buen funcionamiento. Los estantes estarían en el centro del hueco que hace la U, y zonas de trabajo en las partes bajas del centro, o debajo del mostrador. Según qué negocio, puede interesar tener lo mínimo de barra y el resto mesas de servicio, y que éste fuese retirado del mostrador por los mismos clientes, una vez abonado el importe. Esta forma de funcionar se está imponiendo y es positiva, ya que no hay que estar pendiente del cliente, que ha de pagar cuando esta sentado en su mesa y servido por el camarero. Con el servicio de mesas por camarero, se necesitan más empleados. Todo va relacionado con la categoría del negocio, a mejores servicios, precios más altos, o viceversa. Salida del mostrador, para el servicio de mesas. Esta, estará en un extremo de la barra, para causar las mínimas molestias a los clientes, y donde quedará un espacio reservado para el servicio de camareros. Para el servicio de los clientes puede haber algunos taburetes, pero sin pasarse, y que haya espacio para clientes de pié. En principio, un taburete por cada dos metros de mostrador será suficiente y, según se vea la necesidad, se puede poner alguno más.

VITRINAS EN EL MOSTRADOR. 99

Todos los alimentos que se exponen de cara al público, necesitan estar resguardados del aire, del aliento de los clientes, y que no los puedan tocar. Estos alimentos se suelen tener en vitrinas frigoríficas de mantenimiento, cerradas a la parte del cliente y abiertas con correderas por la parte del camarero. Suelen ocupar el cincuenta por ciento de la anchura del mostrador, y la parte restante es la que sirve para que los clientes la utilicen para su servicio. Los clientes tienen delante de sus ojos lo que hay en las vitrinas, y son ellos los que se animan y piden los aperitivos y tapas que contengan éstas. Las vitrinas hacen doble servicio, sirven de mantenimiento y a la vez de escaparate y publicidad. Es muy importante que las vitrinas siempre estén resplandecientes, tanto sus contenidos como los cristales de las mismas. Las vitrinas se han de limpiar todos los días. Se saca su contenido, y se limpian por dentro y por fuera. Es parte del escaparate del negocio y se venderá según estén presentadas ¿Por qué algunos establecimientos no disponen de vitrinas?
El negociante sabe que con las vitrinas se tiene control de lo que consumen los clientes y hay más sanidad. También la municipalidad lo exige en algunos lugaretes. Hay regiones que no las ponen por el motivo que sea. Todo dependerá del enfoque del negocio y al público que se dirige. Si un mostrador no dispone de vitrinas, los clientes cogerán las tapas, se las comerán y el dependiente tendrá que preguntarle ¿Cuántas ha tomado? Éste cobrará según lo que declaran. Será un acto de confianza; éste sistema funciona así, por el aumento de la venta, y por la oportunidad que tienen algunos clientes de comer mucho y pagar menos.
El empresario sabe quién es el oportunista, pero le conviene el tumulto de ventas, mientras la caja de cobro funciona. Es un acto psicológico, que puedan coger libremente y tenerlos vigilados. Los contenidos de las vitrinas. Unos serán alimentos para consumir directamente y otros pueden estar preparados para calentar en el

horno microondas en el momento que los piden. Otras vitrinas pueden ser para pastelería, repostería, fiambres, etcétera; igualmente se gradúa la temperatura para mantenimiento. Estas se pueden encargar a medida, pero las más económicas, prácticas y de buen funcionamiento, suelen ser las fabricadas en serie, que están pensadas para ello.

....
DIMENSIONES DEL MOSTRADOR. 100

La altura puede ser entre 115 y 120, centímetros, desde el suelo, y la anchura podría ser, sobre 50 o 55 centímetros. Estas medidas son aproximativas, ya que será el emprendedor el que decida altura y anchura, después de haber visto muchos mostradores en otros establecimientos

Parte interior del mostrador. A la altura de las manos (o a unos 80 centímetros desde el suelo), habrá encimeras de trabajo, fregadera de poza y escurridor, cámaras frigoríficas de botellería, refrescos y otras muchas cosas. Con lo botelleros que se abren por la parte superior se pierde menos tiempo en servir y se aprovecha todo el espacio. Los que se abren de frente con puertas, su espacio interior no se aprovecha tanto, pero la parte superior se utiliza para zona de trabajo, como cristalería, vajilla y otras herramientas. Los más prácticos para las ventas masivas son los de apertura por la parte superior y uno puede ser así. Como comparación, en un banquete podríamos llevar pajarita y zapatos de charol, pero si queremos, ir a la "guerra" hay que ir con botas ligeras y bien atadas, para atender a miles de consumidores en poco tiempo.

UN LAVAVAJILLAS. 101

Puede ser pequeño, para el servicio de mostrador, e ir fregando al mismo tiempo que se va despachando cuando el trabajo no es muy abundante. La fregadera a mano se empleará cuando el trabajo de venta sea lento y de poca afluencia de público. Si fuera un negocio de mucha actividad, la vajilla puede pasar a la cocina o en el lugar más idóneo de la barra, donde se pueda poner un lavavajillas industrial, de más capacidad. En tiempo de trabajo, la vajilla utilizada se va poniendo en el cesto del lavavajillas que se tiene en la encimera de trabajo, y va directo al lavado. Esto no siempre es igual en todas las cafeterías, ya que se ha de tener en cuenta el espacio a disponer, el personal empleado y la frecuencia de trabajo.

CERVEZA DE BARRIL. 102

Si instalamos cerveza de barril a grifo, tendremos previsto
un lugar, que bien pudiera ser el centro del mostrador, para su mejor servicio. Debajo del mostrador habrá un espacio destinado a los barriles de cerveza, en el que por lo menos quepan dos, aunque haya otros más en distinto lugar, y otro espacio para el compresor de los mismos. Cerca de los barriles podría ir una pequeña puerta, para entrar los barriles directos al lugar.
Los distribuidores de la marca de cerveza, se encargan de hacer la instalación completamente gratis y reparar las averías que se ocasionen por su cuenta. Los fabricantes de cerveza se disputan como acto de competencia, la instalación de su marca de cerveza, en los grifos que se instalan en los establecimientos de alguna importancia. Es costumbre, que cuando se inaugura un establecimiento en el que creen que van a vender mucha cerveza (porque está situado en un buen lugar), que los primeros veinte o treinta barriles que vaya consumiendo este establecimiento, la empresa suministradora los regale.
Los fabricantes se aseguran un cliente por obligación, y el empresario contrae el compromiso de consumo con esa marca de cerveza. Los grifos son fabricados con su marca, y no sería correcto vender otra marca que no sea la que dice el grifo Es posible que tengas ofertas de refrescos de colas, cítricos y otros a grifo Lo instalan y reparan gratis. Hay opiniones para todos. Cuando se vende una caja de cerveza o de algunos otros refrescos, podemos saber lo que ganamos. Cuando vendemos de los barriles de otros, tenemos que confiar en ellos, y en su contenido. En estas cosas, cada uno tiene su opinión. De un contenedor de jarabe de cola concentrado pueden salir doscientos refrescos, una vez unido el agua oxigenada que se agrega automáticamente para llenar un vaso. La cantidad de concentrado la regulan los que la sirven. No podrás saber los vasos que salen por que no hay un contador, Como puedes comprobar, es cuestión de confianza. Bebidas en cristal hay muchas, y también se suelen romper alguna que otra.

DE LA INSTALACIÓN DE LA CERVEZA DE BARRIL 103.

.Cuando se hace el proyecto del mostrador, se ha de tener prevista la instalación del grifo de la cerveza en el mismo. Llamas por teléfono a la fábrica de cerveza de más consumo o más popular (la que más se vende), y le dices al jefe de ventas que pase por tu negocio. Cuando se presenta, le comentas que otra marca (la que sea su competencia), te ofrece varios barriles gratis, si pones el grifo y su cerveza, y has pensado, que, en las mismas condiciones, no te importaría poner la de ellos. En ese momento paras de hablar, está todo hablado, este mismo agente comercial te dirá que deberías poner la suya, y tal y tal. Te puede preguntar que cuántos barriles te regalan. No contestes, dices, que muchos y que estudiarás la mejor oferta. Esto se llama negociar con el as en la manga. Además de los barriles, le puede pedir un toldo de fachada, si lo necesitas, mesas y sillas para la terraza o para el interior, quitasoles para las mesas, copas, vasos, posavasos, servilleteros, etcétera.

Estas empresas tienen un apartado en la administración de su empresa para publicidad, y todo cuanto hemos referido entra en éste. Este, en el momento crucial de sacarles gratis lo que puedas. No es un chantaje, aunque lo parezca, es una negociación fructífera, a la que no debes renunciar. No admitas la primera oferta que te hagan, tal vez consigas algo más.

LA CAFETERA. 104

Para la cafetera y el molinillo se necesita un espacio de un metro o metro y medio aproximadamente. Todo depende de lo grande que sea. Las hay de un grupo, de dos o de cuatro, aunque el fabricante es libre de fabricar los grupos que quiera, y el empresario instalará la que le convenga. En algunos establecimientos puede haber una de cuatro grupos; en algunos otros puede haber más de una, como sucede en sitios de zonas turísticas importantes, cafeterías, restaurantes de carretera y autopistas, o en establecimientos grandes de mucha afluencia de clientes. Un negocio que sirva muchos cafés necesita la maquinaria correspondiente. En lo del café, el cliente lo quiere ya, pedir y servir con rapidez.

CONSUMO DE CAFÉ Y MOLINO DE CAFÉ. 105

Según el lugar en el que esté situado el negocio, será necesario un mejor equipo de cafeteras. Cuando entran en el establecimiento muchas personas al mismo tiempo, por haber parado algunos autobuses de viajeros, como podría suceder en un bar o restaurante de carretera, puede ocurrir que 60 u 80 personas pidan café al mismo tiempo, El café en un artículo de mucho consumo y de precio asequible. Conviene venderlo por su reducido costo; un buen café se hace con 10 gramos de café molido; de un kilo salen 100 buenos cafés, divide el precio de costo de un kilo entre 100, súmale el azúcar y el gasto de electricidad, y el precio será mínimo. Este lleva un dosificador, que regula la cantidad de café que quieras poner.

El café en grano, el que se va reponiendo en el molinillo, se va moliendo con intervalos, según se va necesitando. El molido intermitente de pocas cantidades, inunda el ambiente del aroma, y es bueno para seguir haciendo adictos a más clientes. Este estará situado junto a la cafetera. Un buen lugar para la cafetera. Puede ser una parte la pared que hay a la espalda del dependiente, cuando éste está de cara al cliente; al público le gusta ver cómo cae el café a la taza. La cafetera lleva un vaporizador, que vale para calentar líquidos, hacer chocolates Express, e infusiones. También lleva un grifo para sacar agua caliente para cualquier otra que se necesite, como puedan ser infusiones Las tazas para el café suelen estar encima de la cafetera, se mantendrán calientes y conservaran el calor del café al ser servido.

IMPORTANTE SOBRE LA CAFETERA. 106

En estas, hay una llave de entrada del agua conectada desde la red. Cuando se abre esta llave de paso, se va reponiendo el agua que se consume en el depósito contenedor de la cafetera... El depósito lleva un visor de nivel del agua, al que hay que vigilar, para que a esta no le llegue a faltar. Al estar metiendo agua, no se debe soltar la llave para hacer otra cosa. Es frecuente el olvido si se deja abierta, y si se llena demasiado, habrá que sacar algo de agua para que quepa la presión del vapor, y la cafetera se quedará fría. Hasta que recupera su estado normal de trabajo con la presión necesaria que puede tardar un

tiempo, se habrán marchado muchos clientes sin tomar café, y alguno puede que no vuelva. Cuando se va metiendo agua, igualmente se vigilará que no se llene del todo, y no pierda del todo la presión, para poder seguir trabajando. Si se atiende algo de urgencia en ese momento, se cierra la llave, y ya se llenará más tarde.
También será buena idea tener dos cafeteras medianas, todo depende del volumen del negocio, pero si una se estropea, nunca se le dirá a un cliente que no hay café por reparación. En lugares que pueda haber cortes de agua, se suele tener un bidón de suficiente capacidad, en un lugar alto, para que se pueda ir llenando esta cuando no haya agua en la red. También puede valer, para contener y suministrar agua a la cafetera cuando la de la red no sea de suficiente calidad. Según en qué lugares, ponen filtros y purificadores de agua conectados entre la red y la cafetera.

CAFETERÍA ORIGINAL. 107

Una cafetería que hacía muy buenos cafés y con rapidez... El local no era muy grande, pero tenía un mostrador muy largo para servicio a los clientes. Como el consumo era desmedido por el precio y la calidad, en la parte interior del establecimiento había un depósito gigante, revestido de aislante, conectado a la red y éste, a su vez, a la cafetera. El referido depósito tenía en su interior unas resistencias eléctricas con las que el agua siempre estaba casi a punto de hervir. El agua que iba necesitando la cafetera se suministraba del depósito y la cafetera no perdía la más mínima presión. Dirás, eso se puede hacer con un termo eléctrico, pues sí, pero de tipo industrial, y de cien litros por lo menos. Esto parece una simpleza, es como el huevo de Colón, todo el mundo lo sabe poner de pie, dándole un golpecito sobre la mesa, y después de verlo. Como puedes ver, explico negocios de vender mucho y ganar dinero. También se puede poner por debajo del depósito de la cafetera, un calentador de gas, butano o de ciudad. Y cuando hay mucho trabajo o se va la luz, nuestro negocio sigue dando un servicio, que tal vez, otros no lo puedan dar. Todas estas ideas están basadas, en como ser el mejor, y la forma de proceder, "para llamar a la suerte". La suerte es consecuencia, de un cúmulo de intuiciones y experiencias, que en adelante, estarán contigo.

COMO HACER PARA VENDER MUCHOS CAFÉS. 108

El café se consume a cualquier hora del día, y con los precios más bajos que cualquier otro establecimiento del sector, las ventas se multiplicarán día tras día. En un sector comercial, y haciendo buen café, solo, con leche o como se quiera, te puedes hacer rico en unos años. ¡Alto! cuando hablamos de precios bajos, no nos referimos a vender en mesa sentados. Al servicio por camarero en las mesas, se le cobrará un suplemento del en la consumición, sobre el precio de venta en el mostrador. También encontrarás en otra parte de este libro cómo se pueden vender muchos chocolates. Ya sabes lo que el público quiere: calidad, precio, y servicio. Mostrador bien largo.
El establecimiento del que te hablo, tenía un mostrador bastante largo; esto daba lugar, a que se vendiera sin parar, ya que los clientes que toman de pie, el tiempo que emplean es el mínimo. El dinero se gana haciendo la competencia sin contemplaciones. No siempre es determinante la bajada de precios, a veces se hace una buena competencia, con "buenos servicios en generar", incluidos los aseos. Los muchos cafés o desayunos que se pretenden vender, según el apartado anterior, los podemos complementar con algunos mini bocadillos de panecillos especiales, y a un precio bien estudiado. Las pastas de repostería del día anterior que sobren, al final el día, se pueden congelar. No se sacan a la venta de nuevo para los clientes. ¡Qué pena no poder aprovecharlas! Se destinan para que el personal que trabaja en la empresa, que coma cuantas quiera, por que de no ser así, comerán las del día. Las pastas o bollería del día anterior se pueden comer una vez descongeladas, y, o abiertas, untadas de margarina puestas en las plancha a tostar. El jefe debe ser el primero que dé el ejemplo, comiéndolas igualmente
Ojo, con el pan de hacer bocadillos que quede del día anterior, se pueden hacer torrijas. Lo más caro de las torrijas puede ser el aceite de freírlas, y el pan se habría de tirar o moler para pan rallado.

ELABORACIÓN DE TORRIJAS. 109

El pan congelado del día anterior, lo cortas en rebanadas de poco más de un centímetro de espesor,- (una especie de chuletas),- remojadas en leche y puestas en un plato sin amontonar. Las vas mojando en huevo batido, a la vez que las vas echando al aceite bien caliente, le das la vuelta y las sacas de la sartén con rapidez. Se ha de freír, solo el huevo que las envuelven, y cuanto mas caliente esté el aceite y menos tiempo en la sartén, menos aceite tomará. Después se hacen rodar en azúcar grano, y se van poniendo en la bandeja con una sola capa. (Nunca, unas encima de otras. Una chispa de canela y a la venta.). Otras se pueden remojar en vino, y se terminan igual que las primeras. Todas se venderán, si el precio es acertado. El precio normal puede ser, igual que el de la repostería, pero como te las fabricas tú, puedes ponerlas algo más económicas y les haces la competencia a las pastas de repostería, -si te conviene-. Hay que llevar la máxima de que aquí no se tira nada. Predica con el ejemplo, porque si no lo haces tú, los demás harán lo que te vean hacer... ¿Sabes lo que decía mi tío y que hizo buena fortuna? ¡Que dando o tirando, nadie se ha hecho rico! Y tú, no creo que estés para perder el tiempo y el dinero tirando, ¿verdad?

.

EL PAN Y LA REPOSTERÍA. 110

Que se necesita para al día siguiente, se pide por teléfono la noche anterior, exige que te lo traigan a primera hora, y tenerla cuando abres el negocio, si no fuese así, te buscas otro proveedor, o vas a recogerla antes de que llegues al trabajo si fuese necesario. Los obradores trabajan de noche. O la compras congelada y a medio cocer, y la terminas con el horno que tendrías para el caso. Los preparados para desayunos que se hagan en la cocina, como tortillas, mini-bocadillos, torrijas, etcétera, se suelen vender a esas horas; este trabajo será, lo que haga el primer empleado que empiece a trabajar en la cocina. Si a esa hora no dispones de cocinero, aprendes, y madrugas el tiempo que necesites, y antes de abrir, y el asunto estará resuelto. Abrirás dispuesto para la guerra y con munición. Si quieres ser uno más de las peores cafeterías, acude al trabajo a la hora de abrir, sin nada preparado, y te morirás de pena hasta que tengas lo necesario para servir desayunos. Ya tendrás tiempo de no ser tan esclavo, como dicen algunos.
Con estos sacrificios crecerás económicamente, además, te servirá para valorar el tiempo y el dinero. También aprenderás a valorarte a ti mismo Servir un croissant del día anterior puede ser fácil, si se

abre por medio y se pone a la plancha con mantequilla. Pero lo más grave sería, que un cliente dijera con mal semblante: "¡Oiga!, ¡esto no es de hoy! Ojo, ese cliente está a punto de perderse. Si hubo un error, pídele disculpas, retira esa pasta y ponle una del día, si no lo quieres perder. Tampoco se hará un bocadillo con pan del día anterior. Si no haces lo que recomendamos, todo este castillo se derrumbará...

Aquí de lo que se trata es, de coger al público en su punto más débil, y ganarnos a él, y a su bolsillo. Con buen servicio, calidad, precio y simpatía, te puedes conquistar una ciudad. Si defraudamos a los clientes, no volverán. Si la creamos la adicción a nuestros servicios, tendremos un establecimiento con muchos clientes incondicionales, que aumentarás día tras día.

LAS TOSTADAS DE LA CASA. 111

Las tostadas de pan de molde salen muy caras, con ellas no se puede hacer una competencia feroz. Se pueden y deben de tener con el pan de molde, dosis o tarrinas individuales de mantequilla y mermelada, a su precio normal para los clientes que las prefiera. Las tostadas para competir son otras, a precios más económicos, hechas de pan de hogaza o de barra. Los hornos de pan, suministran panes de hogaza cortados a máquina, para el pan con tomate y jamón, popular en Cataluña. Este pan puede ser útil, tanto para con jamón, que para tostadas, cortada a un tamaño uniforme, además del pan de barra o de panecillos. Se tienen preparadas para hacerlas en el acto, según las piden.

Te dejo lo de las tostadas de pan normal, para que pienses; ahí hay dinero a ganar, si se estudia con inteligencia. Estas se hacen con rodajas o trozos de pan normal, no muy pequeño, y como arma competitiva. Elaboración: Una barra de pan, se corta en rodajas en diagonal, de poco más de un centímetro, y antes de ponerlas en la plancha, se untan con un pincel con margarina derretida la cara que se va a tostar, después, se le unta por la cara de encima y se le da la vuelta. La margarina se tendrá en un plato o recipiente, junto a la plancha o sobre ésta, para que esté tierna o casi derretida. Cuando las tostadas están hechas, se la unta con mermelada; ésta se compra a granel, en latas de 3 o 5 kilos, de tipo industrial de las que utilizan los obradores de pastelería. De estas mermeladas se pueden tener dos o tres sabores, para que los clientes puedan elegir. Esto de elegir sabor de la mermelada por parte del cliente, es para darle a este algún protagonismo. Es la parte psicológica del tema, para distraerlos, y no quieran hacer modificaciones.

Si el industrial ha hecho sus cálculos económicos para vender un artículo competitivo, puede llegar un cliente muy listo y querer modificarlo. En este caso, al que pide más de lo que se le ofrece a buen precio, se le cobra un suplemento. Unos buenos precios en tostadas o unas determinadas pastas de repostería podrían tener gran éxito, y dar mucho juego, y beneficios. Lo que pueda fabricar cada uno, siempre será más rentable que lo que se compra hecho, y se podrá vender más barato. El público lo quiere grande, bueno y barato. Si está servido con elegancia y destreza, hasta los que más exigentes pedirán las tostadas de la casa. Aunque se haga la competencia en precio, nunca se debe menospreciar esas ventas por el poco beneficio que puedan tener. Es como servir una buena comida con mantel de tela o de papel. El precio bajará, por la economía del mantel, la calidad puede ser la misma y bajar el precio. El objetivo ha de ser que los clientes noten la diferencia, con los precios de otros establecimientos, y vuelvan todos los días. El comercio ha de ser una lucha continuada, y no solo para no dejar de vender, sino para vender cada día más.

Las grandes o pequeñas empresas, hacen la competencia en alguno de sus artículos, para despertar ganas de compra. Los negocios cercanos se han acostumbrado a obtener buenos beneficios, con un trabajo de ir haciendo, y no verán con buenos ojos a los nuevos competidores. Ellos seguirán con sus precios y sus servicios, y cuando se quieran dar cuenta, tendremos montado un negocio, que parte de sus clientes se harán nuestros.

En otros casos, cuando este trabajo se domina y planifica en serie, no es necesariamente ser un gran experto en hostelería, ya que se puede convertir es un servicio rutinario. Esta forma de negocio tan especial, y una vez aprendido, el segundo que se instala, funcionará perfectamente, ya que lo difícil ha sido instalar el primero. Si un negocio te funciona, sea de lo que sea, no te lo pienses mucho y repítelo en otro lugar adecuado. Así se comienzan las cadenas de establecimientos. Cuando se decide duplicar el negocio en otro lugar, ya tendrás la experiencia y el personar adecuado, y hecho a tus costumbres. Cada negocio que se instala, nos tenemos que asegurar, de que funciona con nuestras ideas, estando personalmente en él, el tiempo que fuese necesario.

ABRIR LA CAFETERÍA POR LA MAÑANA. 112

Cuando se abre el negocio por la mañana, la cafetera no puede estar fría. Cuando se cierra el establecimiento al finalizar el día, se hará la limpieza general de todo, la cafetera se llenará de agua, no se desenchufará de la red eléctrica y seguirá caliente durante la noche; por medio del termostato se mantendrá caliente con poco consumo eléctrico, igual que un termo doméstico. Abrir el negocio y decir a los clientes que entran cuando piden un café: "¡Lo siento, señor, es que la cafetera está fría!" lo dirás con mucha educación pero le estas perjudicando al negocio más de lo que crees. Sería una tragedia para el negocio, los clientes dirán adiós, y no los verías más, y todos los días perderás algún cliente. Y si es lo contrario, todos los días ganarás alguno, que seguirá viniendo. ¡Ah!, con el beneficio de los dos primeros cafés que vendas por la mañana, habrás cubierto el gasto de electricidad consumida durante la noche. Para que la cafetería funcione bien. Desde el primer momento, o a las horas de afluencia de público, la cocina ha de ser el complemento del dependiente que atiende el mostrador.

La persona de la cocina tienen como misión, además de ir preparando las comidas que se han de ir sirviendo a lo largo del día, elaborar con la mayor rapidez lo que pide el dependiente y ponerlo a la mano de éste, para que pueda servir con rapidez. El servicio ha de ser tan dinámico, que la espera por parte del cliente sea la mínima, los clientes por la mañana no van a verte la cara ni a darte los buenos días y a charlar, van al trabajo o vienen de él, y lo que necesitan es un servicio rápido y eficaz. Si por la mañana no hay nadie en la cocina, para eso está el horno microondas y la plancha. La inteligencia hay que explotarla al máximo.

Al mediodía o a las horas de las comidas Se servirán comidas, platos combinados, tapas, raciones, bocadillos y demás. Se puede tener un breve menú de dos platos de primero y dos de segundo, a elegir uno de cada grupo, a un precio acorde con el negocio. Lo más rápido de servir, consumir por el cliente, y lo más rentables para el negocio, pueden ser los platos combinados. ¿Qué como haces los platos combinadas? Ya lo sabrás más adelante.

DE LOS HORARIOS DEL PERSONAL. 113

Si el negocio se tiene abierto todo el día, lo ideal es que haya dos turnos de trabajo, aunque haya el mínimo de trabajadores. El primer turno comenzará a primera hora de la mañana y terminará cuando se terminan las comidas de medio día, o los platos combinados que pueda haber. El segundo turno, comenzará antes de que empiecen las comidas, al público, y terminarán al finalizar la jornada. Es frecuente que los camareros coman en la empresa, cuando su jornada cae dentro del horario de comida.
El segundo turno entrará al trabajo entre las doce, o las doce treinta, - si se les da la comida, comen y seguidamente relevan a los del turno primero, para que estos coman- - también podrían venir comidos y entrar a trabajar a su hora convenida. En la hostelería, el personal de turno en horarios de comida, desayuna, come o cena por cuenta de la empresa. Si no se les diera la comida, comerían lo que quisieran cuando no los ven y saldría más caro, además del menor apego a la empresa. No se puede estar trabajando con comida y no comerla. Puede haber un correturnos que cada semana se iría cambiando, para que todos puedan hacer el día de fiesta entre semana. Cada semana se hacen los turnos de trabajo en un papel y se ponen a la vista del personal, sin ser partidista y no favorecer a nadie en días determinados. Se deben de ir corriendo los días, para que todos tengan mañanas o tardes libres cuando les toque.
Cuando el establecimiento no se cierra ningún día de la semana, se tendrá algún empleado más, para que cada uno, pueda hacer su día de fiesta entre semana. Si hay oportunidad de que un empleado haga fiesta en domingo, se irán organizando para que a todos les toque ese día por turno. El favoritismo con algún empleado, creará rencor entre el resto. Para que el empresario no pierda el control, deberá aplicar equilibrio y equidad, consiguiendo un buen ambiente entre el personal y la empresa. Después de estas explicaciones, tú, como emprendedor, renovaras mis ideas para mejorarlas.

CAFETERÍA POPULAR. 114

 Una cafetería puede ser modesta dentro de un orden, pero es imprescindible que en la cocina haya como mínimo una persona conocedora de su profesión; básico para su buen funcionamiento. Habrá servicios que se puedan hacer en la barra, mientras el trabajo vaya despacio. El personal de la cocina siempre tendrá trabajo de preparación. Los platos combinados son rápidos a la hora de servir, pero se necesita su tiempo de preparación. Estos no se improvisan en el momento en que los piden. Estas comidas se han de tener preparadas hasta mitad de su elaboración, y se terminan y sirven en el momento en que las piden.

Nota: Antes de instalar una cafetería o cualquier otro negocio de hostelería, sería conveniente estar algún día en alguna ciudad importante y acudir a comer a cafeterías o restaurantes populares céntricos. Es necesario llevar una cámara, para hacer fotografías de lo que puedas. Estas excursiones pueden serte muy instructivas, donde verás infinidad de platos de comida, sistemas de venta e instalaciones que te sirvan para tu idea. También haz de saber, que aunque hable en algo de cocina, no te enseñaré a guisar por que este libro se ha escrito, en como organizar el negocio para que se venda mucho, y lo de la cocina lo dejaremos para el profesional.

No obstante, si no eres del gremio, cuanto explico te servirá, para que no vayas de ignorante total, ya que el primer paso es contratar a un profesional. Haz de estar convencido, de que el dinero se gana con la cabeza. El organizador llegará hasta donde quiera, y tú haz de ser uno de ellos.

PLATOS COMBINADOS Y OTRAS COMIDAS. 115

Los servicios de los platos combinados y el menú, puede suponer más del 60 % de la recaudación diaria del negocio. La composición de los platos combinados, no está descrita de manera fija u obligatoria, cada empresario se los inventa, los copia de otros establecimientos o de libros de cocina. Se preparan con la colaboración del cocinero hasta cierto punto, ya que el empresario mira el negocio, y el cocinero podría pensar sólo en su lucimiento y menos en las ganancias. Se hacen tantos platos como se quieran.

Lo mas práctico sería entre ocho y doce, que puede ser un número suficiente para ofrecer diferentes comidas. De estos se pueden hacer fotografías para publicidad mural en la puerta del establecimiento, y las mismas fotografías en pequeño, para la carta que se presenta al cliente. A simple vista esto puede parecer muy caro, pero es determinante para hacer ventas rápidas y eficientes. Las fotografías de cada plato, se numeran, para evitar errores y agilizar el trabajo. Si se pone una fotografía de cada plato numerado en la pared de la cocina, los cocineros trabajarán con más rapidez y eficacia, ya que no tendrán que preguntar nada para conseguir el plato igual al de la muestra.

SUPUESTOS Y COMPUESTOS DE ALGÚN PLATO COMBINADO. 116

Un ejemplo de plato. Puedes preparar un plato que lleve un bistec a la plancha, judías verdes salteadas o arroz blanco, rodajas de tomate y un huevo duro. El arroz estará hervido, escurrido y guardado en la cámara, para que puedas calentar cada ración, en tanto que la carne estará cortada en bistec, en la cámara frigorífica, y dispuesta para asar. Las judías verdes, estarán hervidas y preparadas, para dar él último toque de arreglo o calentamiento, rodajas de tomate, que se cortarán en ese momento; Los huevos duros, algunos pelados o descascarillados, en el frigorífico.
Cuando se recibe el pedido en la cocina de cualquier plato, primero se pone la carne en la plancha, y mientras se cuece, se prepara el resto del plato.

Los alimentos base de cada plato pueden ser; Pescado, carne de cerdo, de ternera, de pollo, o fiambres. Las guarniciones o complemento para realizar y terminar el plato pueden ser; arroz blanco a punto de calentar, croquetas a punto de freír, tortilla francesa a punto de hacer, huevos fritos por hacer espárragos en conserva dispuestos en el frigorífico, pimientos preparados para freír, rodaja de jamón cocido cortadas y en el frigorífico o de jamón serrano cortadas y en el frigorífico, de embutidos o fiambres igualmente cortadas, queso por cortar en ese momento, un poco de lechuga, purés hechos de antemano calientes. Etcétera, etcétera…y así seguiríamos enumerando. De todos estos, algunos alimentos puede estar preparados, y otros a medio hacer o por preparar. Siempre se han de utilizar alimentos sin riesgo de que se pierdan. Tenemos de nuestra parte, al mejor aliado, "La Congelación" si se hace buen huso de ella, no se tirará nada. No todos lo enumerados, han de ser los que elijas para tus platos. Después de haber visto otros en diferentes cafeterías, sabrás los que te conviene Se podrán preparar muchos platos en poco tiempo, si todos los alimentos se tienen previstos con antelación. Si llevan fritos, igualmente se tienen listos para echar a la freidora; conclusión, el alimento que más tarda en hacerse, se prepara el primero, cuando este ya está hecho, el plato está terminado.

Mi participación es la de asesorar como se gana el dinero. Este párrafo es una aclaración para el emprendedor La otra, la de la cocina, es parte del cocinero, con la colaboración imprescindible del emprendedor, tanto en el proyecto de pequeñas cosas, como de grandes El cocinero es el técnico en los preparados. El emprendedor, es quien decide precio, y cantidad de cada plato, y es el economista, aunque sus estudios no sean universitarios

CARTA DE POSTRES Y CAFÉS. 117

Puede estar juntas a las del menú, o separadas. Si no han pedido postre en la primera toma de la comanda, cuando se ve que están terminando, y antes de retirar los platos del servicio anterior, sin preguntarles, -sin quieren tomar postre-, se le pone la carta de postres en las manos del cliente Luego se retiran los platos y se vuelve con la libreta, o se toma nota en ese mismo momento y después se retiran los platos. ¿Qué se pretende con esto? No perder la oportunidad de apuntar los pedidos, cuanto antes. Se anotan estos, y al mismo tiempo el café, la copa, o lo que sea. El tiempo es importante y no son menos las ventas. La misión del dependiente o camarero ha de ser, apuntar y tomar nota del pedido sin dilación."

En la hostelería, la toma de pedido es de oportunidad y rapidez, los clientas a veces, y si piensan en lo que les cuesta, pueden decir que no quieren postre. En este caso, hay que evitar que piensen mucho, a la hora de tomar nota. Con este argumento, no se pretende engañar a nadie, solo se persigue vender más, al precio justo... Un buen vendedor, en los postres, puede aumentar la recaudación del día, en un 15 por % o más.

FOTOGRAFÍAS DE PLATOS COMBINADOS. 118

Para hacer las fotografías, habla con un fotógrafo conocido, las hará mejor que tú, si no eres profesional. Que haga varias copias, y te guardas el negativo, éste te hará falta para renovar las fotografías. También puedes hacer fotocopias en color y guardarlas. Las fotografías, cuando pasa un tiempo, se descoloran, entonces las quitas y pones otras nuevas. En algunos establecimientos se ven estas fotografías tan descoloridas, que rebajan el negocio. Igualmente puedes hacer fotografías de copas de helados, o de cualquier postre que se quiera vender, como especialidad de la casa. Hay empresas de suministros de hostelería que tienen fotografías de platos combinados, postres, bocadillos y otros, que pueden servir, pero serán iguales a los de otros establecimientos. Si quieres que tu negocio sea distinto, deberás hacerte las tuyas. Las fotografías de los platos y demás alimentos son buenas vendedoras por sí mismas, y si están puestas a la vista de los viandantes mejor.

LA TOMA DE LAS COMANDAS. 119

Este es un trabajo de inteligencia, de habilidad y rapidez. En pocos segundos, el cliente puede cambiar de opinión y desistir de pedir extras, de postres, etcétera. Es recomendable dar una comisión a los camareros, en su conjunto, para que trabajen en equipo. Las comisiones son muy diversas y depende del empresario, de su punto de vista sobre el negocio y del sector. Podría darse comisión por cada cliente, a partir de una cantidad determinada. Puedes estar seguro, que las ventas se duplicarían fácilmente con esta fórmula

PRECIO DE COSTO Y DE VENTA DE PLATOS COMBINADOS. 120

Como todo lo que se vende en este establecimiento, los precios de venta al público los decide el propietario... Para calcular el precio, se suma el coste de los productos que lleva el plato, y el resultado lo multiplicas por tres, o alguno y tal vez por más. Ese puede ser el precio de venta, aunque no hay una regla fija, a veces puede ser algo menos. El empresario debe de saber, el costo de lo que compra, y no debe ignorar la cantidad de piezas que entran en un kilo de fruta o de bistec, o los vasos o copas de líquido que salen de una botella de un litro o de tres cuartos. Cada uno de los productos que se manejan, deberá conocer bien su precio de costo, y en poco tiempo te convertirás en un experto. Cuando se hace la valoración de los platos combinados, se ha de estar muy alerta. Una persona que haga los cálculos de los precios de venta, que no sea el propietario, podría hacerlos menos competitivos, para regular la afluencia de clientes.

Cuando los cálculos los hace -el que los debe de hacer-, el emprendedor-, no regula la afluencia de clientes, la libera hacia la competitividad, para que acudan más clientes cada día. La cantidad de clientes los podría regular, alguna persona que no quiera que se trabaje mucho en la empresa, entonces se vendería menos, y a trabajar tranquilos. ¿Entiendes lo que no se puede hacer? Estas explicaciones se han de tener en cuenta
El pan, las bebidas, y el postre. Todo cuanto pida el cliente, aparte del plato combinado, se cobra, salvo que se ofrezca un menú con todo incluido o parte. El buen vendedor (camarero), con las bebidas el postre y demás, puede doblar la venta. Mucha habilidad es lo que se necesita para tomar buenas comandas. El momento de aumentar la venta depende de unos segundos, y se necesita la astucia inmediata.

LA COCINA EN LAS CAFETERÍAS. 121

Si la parte de la cafetería de atención al público es importante, la cocina y la persona responsable de ésta no es menos. Si la cocina no funciona bien, indiscutiblemente, el negocio en general no irá bien. La cocina debe estar equipada con la herramienta necesaria para que se pueda trabajar con rapidez; Es imprescindible la salida de humos, la que se colocará antes de adquirir o tomar en arriendo el local. Si no hubiera salida de humos, se ha de poner en el contrato la autorización para instalarla. El técnico en obras y antes de firmar, dirá si se puede hacer y por donde. Si es posible instalar la chimenea, se hará constar en el contrato. (Que el inquilino está autorizado, para que pueda instalarla la salida de humos, por donde sea más conveniente).

HERRAMIENTAS EN LA COCINA. 122

Un lavavajillas, cortadora de fiambres, batidora manual y trituradora, fregadera amplia de dos pozas, estanterías sólidas para platos-vajilla y cubertería, otros estantes necesarios, hornilla de varios fuegos, horno, termo para agua caliente, alguna olla Express, mesas de trabajo, cazuelas, sartenes y demás herramientas, un buen frigorífico industrial de mantenimiento y congelación, y algunos otros elementos necesarios, un espacio para el cubo de la basura, etcétera......,Hablamos de lo básico, después hay otras herramientas que podrían o no ser necesarias. La herramienta que necesites la encontrarás en los establecimientos especializados del ramo. Ellos te podrán orientar sobre la clase de vajilla en general y las herramientas necesarias, mesas, sillas y demás complementos de cafeterías, bares, restaurantes, etcétera. Los proveedores de bebidas, cuando se inaugura un negocio, regalan copas, vasos, sillas, mesas, toldos de calle, carteles de fachada, etcétera. Todo lo que regalan lleva su anagrama o su marca. Si tu negocio no es de mucha categoría, no importa, mientras sean gratis. Ah, si tu local está situado en un lugar de mucho paso de gente, más regalos obtendrás, por la publicidad de sus marcas.

VENTILACIÓN DEL LOCAL. 123

Ya tenemos la salida de humos en la cocina, en el local estaría bien la ventilación por aire acondicionado frío y caliente, a veces, una simple ventana al fondo del negocio, que pueda dar a un ojo de patio, o a un jardín, puede ser suficiente para que corra el aire, y algunas veces forzado por un ventilador, y otras por propia inercia. Hay que procurar que no salga humo por esa conducción por la ventana, ya que los problemas con la comunidad no se harían esperar. Mejor que salga el aire a la inversa. Si tu negocio funciona bien, cuídate de los vecinos del edificio, siempre habrá alguno al que no le parecerá bien nada de lo que hagas, y no parará de intentar crearte problemas.

Al inaugurar el establecimiento, invita a los vecinos a tomar alguna cosa. Todo dependerá de tu esplendidez. Con esto no los chantajeas, sólo que si hay alguien que se molesta por cualquier pequeñez, tal vez el resto de los vecinos no le tengan en cuenta. No hay que dar la oportunidad para que puedan hacer reclamaciones caprichosas. Son muchas las personas que no duermen bien, si otras solo piensan en trabajar y ganar dinero. Todo el mundo es bueno de palabra.

PLANCHA PARA ASADOS Y OTROS. 124

Deberá haber una pequeña plancha en la encimera de trabajo de la barra o en el sitio más adecuado, para servicios rápidos, como podrían ser tostadas, asados de carnes para bocadillos etcétera (ojo, Se ha de limpiar bien la plancha, para que los distintos sabores no se mezclen). Con la plancha se producirá humo, y, para eliminarlo, sería conveniente poner un pequeño extractor encima de ésta. Cuando se emplee la plancha, se pone en marcha para que el humo salga por la chimenea, de lo contrario, el humo molestaría a los clientes. Esta plancha se utilizará con más frecuencia, cuando no haya nadie en la cocina que nos haga el encargo del cliente. Como venimos diciendo, los clientes son el rayo de sol, que no debe de faltar ningún día del año; ellos serán los autores de nuestro crecimiento y prosperidad, y hay que cuidarlos.

HORNO MICROONDAS. 125

Se puede tener un horno microondas en la cafetería, para calentar toda clase de alimentos o bebidas de servicio rápido. Una ración de las bandejas que se tienen hechas en las vitrinas del mostrador, se puede calentar con rapidez, mientras se le sirve la bebida al cliente. Cuando el trabajo es abundante en la barra, la cocina puede ser el tercer brazo de los dependientes. Concretando, tanto la plancha como el horno microondas en la barra hacen un gran servicio, y, en determinadas horas, se puede prescindir de la cocina.

GRANIZADOS. 126

La venta de estos productos es frecuente en todas las cafeterías, estas máquinas han de estar en sitio visible del mostrador. Durante el día, estarán en movimiento: su misión es tener la limonada o el producto, que contenga, granizado. Digo el producto, porque puede haber horchata, café, naranja, limón y cualquier otro. Estos aparatos llevan aspas que dan vueltas, raspando a su vez las paredes congeladas, las que producen el granizado. Al mismo tiempo, sirve de publicidad y llama la atención del cliente. Al cierre, del establecimiento por la noche, estas limonadas se recogen en un recipiente y se pone en la cámara frigorífica; la máquina se limpiará y estará preparada para el día siguiente. A la mañana, se hecha la limonada en la máquina, se pone en marcha y comienza de nuevo el granizado, que en ese momento se encontrará frío y liquido.

El granizado de café, algunos establecimientos no lo hacen popular, porque no lo programan para ganar dinero. La materia prima no es cara, el aparato está trabajando, y, si el precio de venta no es atractivo para el público, el aparato sigue y sigue trabajando, da poco beneficio, porque se quiere ganar mucho en muy poco tiempo. Recuerda un dicho que dice: Que lo "lo continuo" es lo que muele. Debes llevar la máxima de que la caja de cobro se ha de llenar todos los días, y mejor con muchos pocos continuos, que con pocos muchos espaciados. Con los primeros aumentarás las ventas y con los segundos las disminuirás. Cantidad de café para el granizado.

Es cuestión de inteligencia, un café hecho en la cafetera Express, con dos veces más de agua, y bien de azúcar, puede salir a muy buen precio. Si se pone un cartelito anunciando el precio, para que el consumidor lo vea, se venderán muchos granizados. La copa de servir este producto, debe ser de apariencia y de capacidad moderada. El granizado de café es, café azucarado y aguado. Se pueden tener vasos de plástico para llevar, -todo se ha de planificar de antemano-. Ninguna batalla se improvisa, y en los negocios hay que hacer igual, ¡planificar! El café para granizados se hace la noche anterior, el agua que se añade puede ser fría o del tiempo, una vez preparado el café para granizado, se mete dentro de la cámara frigorífica, y al día siguiente por la mañana, se pone el granizado líquido en la máquina granizadora, para que vaya trabajando. Durante el día, según se va necesitando granizado de café, se van reponiendo del que temems hecho en la cámara frigorífica. Estas granizadoras serían muy lentas en producción, para dedicarse en exclusiva a vender granizados.

DIFERENTES JARABE   PARA EL GRANIZADO. 127

Venden jarabe concentrado de limón, naranja, horchata, grosella, fresa y muchos más, en almacenes mayoristas de alimentación y de bebidas, o en proveedores de confiterías. También puedes mirar las hojas amarillas de teléfonos y llamar a fabricantes o mayoristas de jarabes concentrados, más de una tendrá representante en tu ciudad y lo comprarás a más bajo de precio. En España, Valencia. Hay fabricados de cítricos, que con tres cuartos de litro de jarabe concentrado y 500 gramos de azúcar, puedes fabricar 10 litros de líquido para granizar. No obstante, puede hacerlos de mejor calidad, poniendo más jarabe y menos azúcar. Pero para vender mucho y hacer la competencia a cualquier refresco, debes de hacer una calidad media, a su justo precio, y bien frío.

El mucho frió en el refresco, no se consigue con los aparatitos que dan vueltas a la vista del público. Se ha de hacer como ya explico. Frío directo al envase contenedor, y que salgan escamas de nieve cuando raspas las paredes. Cuando algunos clientes te digan, que el granizado está muy dulce, contéstale, ya veremos de mejorarlo, y sigues con lo tuyo. Hay quien los hace con naranjada o limonada de bajo precio, de botellas de dos litros que se venden al público, con las que se puede probar. Para hacer una prueba, elige una de precio medio, agrégale azúcar, prueba el sabor hasta que esté bien dulce, y granízala, te sorprenderás del precio de costo. Para reponer liquido preparado en la granizadora, y que esta no pierda frío, deberá estar hecho y en la cámara frigorífica para cuando se necesite.

PENSAR COMO FABRICANTE ES MUY BUENO PARA EL NEGOCIO.128

Cuando el industrial de hostelería adquiere la mentalidad de fabricante, es cuando empieza a ganar dinero. Si quieres hacer un producto popular, elige uno de consumo corriente (que se venda mucho), ajústate a un margen de beneficio prudente y anúncialo en tu establecimiento con un cartel atractivo, que diga: "Vaso de esto, tanto dinero". Si trabajas con buenos precios venderás más, mientras que los gastos generales son los mismos. Es más, tendrás más beneficio, porque en lo que sobrepasa de la venta normal, ya no hay gastos, generales, estos han sido cubiertos con las ventas normales que venías haciendo hasta ahora.

HELADOS. 129

Cualquiera de los establecimientos de hostelería vende helados, puedes tenerlos por unidades, que es lo más práctico. Y también la crema de helado a granel, con la que se pueden preparar copas muy lustrosas. Compra unas fotografías –en los comerciales de hostelerías - de copas y postres de helados, cuenta el costo del producto que lleva cada copa preparada, márcale el precio de venta con un margen suficiente Olvida a los del gremio, no les sigas en los precios; actúa con tus propias ideas y lo que copies mejóralo. De las fotografías de las copas de helado, haz como los demás platos. Los productos de adorno para los helados, láminas de chocolate y otros, los encontrarás en los proveedores de pastelería.

COMPITE CON LOS HELADOS. 130.

La libertad de precios es el mayor invento para ganar dinero. La calidad y el buen servicio son complementarios de cualquier actividad mercantil.

Si estás en una calle de mucho paso y el contenedor de los helados está a la vista del público, venderás mucho más que si lo tienes en el interior del local. Las ventas unitarias y esporádicas de algunos viandantes no son rentables, a no ser que se sirvan los mismos clientes y pasen a pagar al mostrador, entonces valdrá la pena tenerlos. Por otra parte este frigorífico de helados deberá estar situado a la mano de dependiente, para poder vender desde dentro del mostrador, porque si hay que salir de este a servir un helado, la barra se desatiende, y puede que esas ventas no sean tan beneficiosas. Se pueden obtener buenos ingresos, inventando la copa de la casa, bien pomposa, para servir tanto en el mostrador como en mesas.

CAJA REGISTRADORA. 131

Debe estar alejada del público, y quede a mano del dependiente Un buen sitio, es la pared a la espalda del dependiente, cuando está de cara al público. Antes de abrir el negocio por la mañana, la noche anterior, se deberá preparar cambio de monedas y billetes de todas clases, para no tener que salir a buscar a las horas del trabajo. Debe expedir el tique correspondiente de la consumición con la fecha del día, y entregarlo al cliente al cobrarle.

Botellas de licores. Estas suelen estar situadas en estantes sólidos y decorativos, a la espalda del dependiente (en la pared) y bien a la vista del público. Esta pared puede ser de cerámica fácil de limpiar. Este frente de botellería contendrá las bebidas que se van empleando en servir al cliente y algunas otras sin empezar. El estante y sus botellas se han de limpiar todos los días, ya que el cliente los tiene a la vista cuando está tomando en el mostrador. Se puede considerar, que este frente representa en parte al negocio, a primera vista. Si está ordenado y limpio, el cliente, dice para sí: "¡Aquí hay limpieza!", y el negocio funcionará bien, por esa parte. La limpieza es muy fácil, se retiran las botellas del estante cada día, se limpian las paredes, se limpian las botellas con un paño seco una por una, para quitar las huellas de los dedos y del polvo que puedan recoger, y se van colocando en el mismo lugar, una vez que están limpias.

LICORES PROGRAMADOS. 132

Los licores más comunes, y los que más se consumen, son con los que puedes hacer la competencia. Con los que más garantía tienes de obtener beneficios son los que coloques en dosificadores. Como habrás visto alguna vez, son aparatos muy simples, sujetos a la pared en los que se depositan las botellas boca abajo, pudiendo regular la cantidad de licor que deseas que salga. Con sólo poner la copa debajo y empujar un resorte, la copa se llena de la cantidad que has programado. Si la idea de los dosificadores es aceptable, empléala con otros licores más. Para los licores de buenas marcas, se suele poner el líquido en las copas, a ojo del dependiente, y es muy fácil perder dinero. Esto se puede resolver de la siguiente manera: el tamaño te la copa, grande, y que estén grabadas con rayas decorativas, para que se sepa, hasta dónde se deben llena.

REPUESTO DE BOTELLERÍA Y OTROS. 133

En la parte de la pared frontal, y debajo de las botellas de licores de servicio, pueden estar la cristalería y vajilla para servicio, y en la parte inferior, puede haber repuesto de las botellas de consumo diario, que en caso de necesidad, evitará dejar solo el mostrador.

Siempre se ha de evitar que los estantes a la vista del público, contengan paquetes u objetos poco decorativos, estarán más presentables desocupados, que con cualquier cosa que moleste al buen aspecto visual. Este almacenillo de botellas del estante inferior se repondrá todos los días, después de cerrar el establecimiento. Para que el dependiente no se confunda de precio al servir una copa de licor, de vino, o de cualquier otro producto, además de la lista de precios al público, debe haber otra en el interior de la barra, para consulta rápida en un momento de duda, de todos los artículos que se venden

LISTA DE CONTROL. 134
Se tiene una lista interior de lo que lleva cada bocadillo... Alguna modificación por parte del cliente se puede admitir, y se le cobra suplemento, cuando sea necesario. Los elementos que llevan estos bocadillos deben estar preparados en la cámara frigorífica de la cafetería y cerca del trabajo. Si se programan buenos precios para vender mucho, los artículos se han de tener muy a mano para servir con rapidez, y sólo poner la cantidad que se haya estudiado, para que el negocio sea rentable. Hay fotografías de bocadillos que también pueden servir como publicidad. En algunos establecimientos tienen bocadillos diversos de los más populares, expuestos en las vitrinas, y dispuestos para servir. . Bocadillos y otros. Se han de estudiar una determinada cantidad, para que cuando el cliente pida uno, el dependiente no dude, del contenido y la cantidad que contienen.

MÁQUINAS TRAGAPERRAS. 135

En las cafeterías es corriente ver máquinas de entretenimiento o de juego con dinero. Éstas las suelen poner empresas explotadoras legalmente constituidas, como explicamos en el Capítulo anterior, que garantizan su funcionamiento. Las empresas reparan las averías y las cambian, cuando lo creen necesario, sin cargo alguno para la cafetería. Ellos son los recaudadores.
Contrato con la empresa explotadora. El acuerdo de contrato puede ser el de un cincuenta por ciento para cada uno, cliente y dueño de la máquina, de la recaudación total. El reparto es muy fácil, el recaudador de la empresa propietaria, al sacar el dinero de la máquina, lo cuenta, con la contadora de monedas, delante del

industrial, y se reparte entre uno y otro. Al contratar con la empresa instaladora, hay que tener en cuenta que las máquinas de entretenimiento apenas tienen impuestos, pero las de juego a dinero, tienen un fuerte impuesto. Este es el momento de dejar constancia, en un contrato por escrito, de que ese impuesto lo paga la empresa explotadora. Si no se pone en el contrato, la hacienda pública cargaría contra el tenedor de la máquina, en un supuesto de investigación de impuestos. Por otra parte, estas empresas hacen préstamos a cuenta de la recaudación, a los emprendedores que lo necesitan.

VENTA DE TABACO. 136

Por lo general, las máquinas de tabaco las han venido poniendo los propietarios de las cafeterías. En algunas cafeterías, las máquinas las van poniendo los estancos proveedores, que siempre deberán ser los más cercanos a nuestro establecimiento; ellos se encargan de acudir todos los días a reponer mercancía y recoger la recaudación. El empresario y el proveedor (estanco o tienda que suministra el tabaco), llegan a un acuerdo, tal vez 50 por ciento de los beneficios que se obtienen en la venta del tabaco a máquina. Para el empresario de la cafetería, esto puede ser bueno, no se tiene que preocupar de nada y todos los meses, o cuando acuerden, recibe una cantidad de dinero, libre de gastos, salvo el de electricidad. Más información complementaria, en el capítulo anterior.

ALMACÉN GENERAL. 137

El almacén general debe estar cerrado con llave, de estar abierto a cualquier hora, no habría control de mercancía y otras... Ésta llave puede, estar en la caja registradora, o en el bolsillo del responsable, él sabrá cuándo y a quién se la puede dejar. En este almacén se puede tener la botellería, productos de alimentación y demás mercancías que se desee tener controladas y que no estén a la mano de cualquiera. Será necesario controlar lo que sale del almacén, para tener plena seguridad de las existencias. Tener controlada la mercancía puede ser determinante, para que no quede ningún artículo sin reponer. Cuando hay una falta de mercancía, porque se saca sin control, y no hay un responsable, nadie será culpable de esa falta. Si hay espacio, se puede tener un arcón para almacenamiento de productos congelados. Cuando traen mercancía, ésta se recoge en la puerta del almacén, o en sitio conveniente. Toda la mercancía se recibe con la presencia de una persona de la casa, y ni a los repartidores ni personas ajena a esta.

OFICINA DE CONTROL. 138

Una habitación pequeña puede ser el lugar idóneo para la administración del negocio, la que debe estar igualmente cerrada con llave, cuando no está el responsable. Puede haber una o dos mesas y alguna silla, archivo, máquina de escribir u ordenador, dos taquillas y lo que se crea necesario. Se puede poner una pequeña caja fuerte, empotrada en la pared o en el suelo, disimulada, para que no la vean los que puedan entrar y que no lo sepa nadie donde está, que no sean los propietarios de la empresa. Cuantas menos personas sepan su lugar, mejor.

En cualquier negocio suelen ocurrir imprevistos desagradables sobre ese tema, y siempre ocurre, por que alguien tubo acceso a la oficina. El dinero en efectivo, con el que efectúes pagos de facturas o nóminas, no lo saques de la caja delante de nadie. Mejor es pagar con cheques, pero, si no fuera así y tienes que sacar dinero de la caja, y tienes presente algunas personas, invítalas a lo que quieran tomar en la barra, que enseguida te verás con ellos. Siempre, ciérrate por dentro cuando abras la caja y, aunque no tengas nada de valor en ella, que este sea tu secreto. Evita los posibles problemas. Para que no lleguen a mayores, (que siempre llegan), en la oficina no tengas ni reuniones ni hagas pagos ni nada de nada. Para cualquier cosa, siempre habrá una mesa o un rincón del establecimiento donde se pueda hacer. Tu cabaña es solamente para ti. Estos consejos son muy interesantes. No hagas caso y lo sentirás. Además de planificar la cosa administrativa en tu oficina, podrás hacer los cálculos de precios de todo, componer nuevos platos combinados y pensar, te digo "pensar", porque ese será el tiempo más rentable que dediques al negocio. Cualquier negocio de éxito se mueve con la inteligencia del jefe y la colaboración física de los empleados. El éxito y la suerte, es puro producto de la imaginación y el pensamiento.

ASEOS Y LAVABOS. 139

Ya nos hemos referido a ellos en el capítulo anterior. La instalación siempre se atendrá a la capacidad del negocio y la cantidad de clientes que puede haber en un momento determinado. El técnico sabe como deben de ser estos servicios... Los aseos, en general, se deben vigilar de vez en cuando, por las anomalías que puedan surgir como en cualquier espacio público.

Hora de cierre. .Llegada lo hora de cerrar el establecimiento. Mientras el negocio está abierto al público, se ha de estar atento de que se mantenga limpio dentro de un orden normal. Cuando ya sea tarde, un ayudante puede ir reponiendo las cámaras de botellería, si a eso hora aminora el trabajo. Después de cerrar la puerta y terminar la venta al público, se le hecha la llave a la puerta y no se deja entrar a nadie después de cerrado. (Es buena hora, para que entre algún indeseable o un atracador). Se recogen las tapas y se llevan a la cámara de la cocina; al día siguiente, el cocinero sabrá lo que se pueda hacer con ellas. Éstas se sacan al mostrador, después de los desayunos, y cuando el cocinero las haya revisado, puesto en nuevos platos limpios, tras haber suprimido o renovado lo que crea conveniente, estas serán las tapas nuevas del día.

LIMPIEZA GENERAL Y REPOSICIÓN DE SUMINISTRO. 140.

Se repone la mercancía consumida en las cámaras frigoríficas, se recogen los envases vacíos y se ponen en sus cajas;

Se colocarán los nuevos refrescos debajo, para que el género no se vaya retrasando, y los que se vendan, sean los más antiguos. Se ha de limpiar a fondo la cafetera, el lavavajillas, la plancha, toda la vajilla debe quedar limpia y en su sitio; si tenemos termos de leche o chocolate, lo que quede, se recogerá en los recipientes convenientes, y estos se guardarán en la cámara frigorífica cuando se hayan enfriado, para gastarlos al día siguiente. Se limpiará toda la maquinaria y la herramienta empleada durante el día. Se limpiaran mostradores, encimeras, vitrinas, etcétera, y el local ha de quedar totalmente limpio cuando se sale del establecimiento. Vigilancia de niveles del agua de la cafetera y los termos.

Durante las horas de trabajo, igual que el agua de la cafetera, se vigilaran, los niveles de agua de los termos. Como podrás saber, el recipiente del contenido de leche, de chocolate y otros, estos son extraíbles para su lavado. En el interior del termo, están las resistencias eléctricas que lo mantienen caliente cuando esta lleno de agua. Solo se enchufarán a la red eléctrica, cuando tiene el agua correspondiente, Estos depósitos de agua, se van evaporando por el calor que producen las resistencias; Si este depósito se queda seco y sin agua durante el trabajo, las resistencias se fundirían. El agua de su interior, se quita, se limpia por dentro y se vuelve llenas de agua limpia. Ese trabajo, se realizará todos los días. Si se funden las resistencias por falta de agua, llamarás al técnico que lo repare, habrá un tiempo perdido de no poder utilizarlas, además de la factura correspondiente. Igual que el de la cafetera, olvidar la vigilancia de los niveles del agua, traerá problemas y pérdidas de dinero.

DE LA CAJA DE COBRO. 141

En el momento del cierre del establecimiento, el jefe o responsable, lo primero que debe de hacer es caja, y retirar el dinero una vez contado, anotar la venta, descontar los cambios, etcétera. La recaudación coincidirá con el total de ventas que dice la cinta de la máquina. Se quita el rollo de papel que guarda la máquina de cada venta, lo llevas a la oficina, para poder consultar las horas de más venta y otras conveniencias, al final ni se mira, pero eso lo sabes tú solo, y los demás creerán que les vigilas con la cinta,- cosa que puedes hacer-, ya que el horario del dependiente de turno y la cinta, coinciden en la hora.

Por la noche, antes de marcharse del negocio, se dejarán los cambios de todas clases de monedas, para empezar a trabajar sin dificultad. Dejando la misma cantidad de cambio cada día, y cuando se hace caja por la noche, no hay duda del dinero que tiene que haber, además de la recaudación por las ventas.
Si a lo largo del día (cosa muy frecuente), el responsable del negocio, o el jefe, tendrá siempre suficiente cambio para facilitar al dependiente cuando lo necesite. Así se evitará ir mendigando cambio a otros establecimientos, cuando más falta haga. El jefe o responsable, irá recogiendo billetes de caja, haciendo un recibo de tal

importe, para que cuadre al hacer caja. Ese dinero se anotará en la libreta personal del que lo retira, parta que coincida con los vales de caja al finalizar la jornada. La memoria en estas cosas no funciona bien, te puedes confundir. También es el momento, de retirar las monedas, y reponer cajetillas de tabaco.

LAS TAPAS AL FINAL DE LA TARDE. 142

Hay tapas que no se guardan muy bien, después de estar hechas desde la mañana; estas podrían servir para incrementar las ventas al final de la tarde. Cuando se vea el momento oportuno, se van repartiendo a los clientes, una tapa gratis por consumición, de las que sabemos, ya que para el día siguiente no valen, o no tienen buena presencia. Se les invita, a la vez que se le sirve el pedido del cliente. Con esta fórmula, evitamos servir tapas al día anterior, que posiblemente no tendrían buen aspecto, aunque estuvieran en buenas condiciones de ser consumidas. Además de ser publicidad, el obsequio de tapas a esas horas, aumentarían las ventas del final del día. El empresario tiene la misión, de, además de fomentar el trabajo, que el negocio no pare de aprovechar todas las oportunidades.

LA IMPORTANCIA DE VESTIR CON UNIFORMIDAD. 143

Todo el personal empleado debe de ir uniformado y bien aseado. En hostelería, por lo general la ropa varia muy poco de unos a otros establecimientos, camisa blanca, pantalón o falda negra, un ligero chaleco en invierno, zapatos negros, corbata o pajarita o el cuello abierto sin nada, siempre dependerá del clima. Esta ropa es una sugerencia, aunque la empresa puede crear uniformes a su gusto, pero lo clásico es lo más acertado en estos casos. ¿Quién paga la ropa? Por lo general se les paga una cantidad mensual, con la nómina para vestuario, y los camareros están obligados a aportar su ropa clásica de blanco y negro. Si un empresario quiere que el personal lleve un vestuario a su gusto, será el empresario el que lo pague como extraordinario.

LO IMPORTANTE DE LAS CAFETERÍAS. 144

Es servir todo lo que sea de cocina recién hecho, salvo que sean guisos o tapas, que están elaboradas y dispuestas en las vitrinas, para servir o ser calentadas en el microondas. El público cuando pide algo de las vitrinas que tiene delante, espera que esté bueno y en buen estado. Por lo tanto, el cliente ha de ser servido con distinción y esmero; él es el que nos ha de llenar la caja todos los días y, si le gusta el servicio, el artículo y el precio, volverá y volverá, y recomendará a sus amigos por lo bien que le sirvieron. El cliente que vuelve al otro día o después de algún tiempo, puede haber olvidado el precio, pero nunca olvida el servicio y la calidad.

UN ERROR AL PEDIR UNA CONSUMICIÓN. 145

Cuándo el cliente comete un error, al hacer la petición, y al servirle le dice al dependiente: "¡OH!, "esto no es lo que yo quería", si ya está puesto, se le retira y se le dice no se preocupe, se le pone lo que en verdad quiere y sólo se le cobra una consumición; esto dará lugar a que vuelva, y el próximo día nos habremos recuperado de esa pérdida y no habremos perdido el cliente. Si le hubiésemos cobrado dos consumiciones, habiendo tomado una, no volvería más. Sin un cliente rompe un vaso. Tal vez sin poderlo remediar, o lo haya hecho queriendo, se le pone otra consumición, y sólo se le cobra una, en la próxima vez que vuelva, nos pagará las pérdidas del vaso y de lo que se derramó, con el gasto que haga. Ese cliente seguirá viniendo; en estos casos, el orgullo y las tripas se las traga uno para adentro. Este cliente y todos los demás, te ayudarán a que tu patrimonio se fortalezca. En el supuesto de que lo dejen caer como una gracia, y se rompe contra el suelo, no pierdas los nervios, haz como que no lo has visto; estos serán los menos y la trifulca que se armaría sólo traería perjuicios para el negocio. Algunos aprovecharían para irse sin pagar. Además, tanto a ti como a cualquier otro emprendedor, lo que le importa es ir ganando dinero, ¿verdad? Pues ahí es el momento de emplear la inteligencia y la serenidad. ¿Quién sabe si esos clientes han pretendido crear un incidente para aprovechar un descuido del que se puedan beneficiar? No sería el primer caso. Recuerdo algo sobre el atraco a un banco. Prendieron fuego a un edificio un poco alejado del banco, para que las fuerzas de seguridad en funciones estuvieran ocupadas, mientras atracaban.

Déme una botella de tal bebida" pedía un cliente. No es muy normal que pidan una botella y se sirvan ellos mismos, pero podría ocurrir que en ese lugar donde tú resides sea costumbre. Si es así, se le pone la botella sin empezar, siempre se puede ver lo que ha consumido, si se deja la mitad más o menos, se le cobrará como si fuesen copas servidas de lo que han consumido. Se podría implantar un sistema de venta; servir un litro de sangría o de cerveza de barril, en una jarra para dos o tres personas. Esto es normal en muchos lugares, ¿y por qué no implantarlo en ese lugar que tú resides, si no existe tal costumbre? Hay que tenerlos previstos y cobrar lo justo, sin pasarse, y a precios competitivos para que esa clientela venga expresamente a consumir en este establecimiento desde otra parte de la ciudad.

Igualmente se podría estudiar unas tapas incluidas en el servicio. También se tendrá un precio estudiado especial para el cliente que pida una botella para llevar. Esa botella puede dejar menos beneficio que copas, pero menos beneficio tendrás, si no la compra por cara de precio, y la compra en otro establecimiento.
Si los clientes saben, que bebidas para llevar y no ser consumidas en el establecimiento le salen bien de precio, comprarán más de una vez.

ENCARGOS PARA LLEVAR. 146

Si una cafetería dispone de personal suficiente en la cocina, igualmente se pueden hacer ofertas de comidas o tapas para llevar. Por ejemplo, la paella es un plato apetitoso y muy rentable. Se preparan platos o envases cerrados de plástico para llevar. Asimismo, se deberán tener vasos para refrescos, café, alguna cucharilla de plástico, algunos vasos de un litro para cerveza o sangría para llevar. Es difícil tener la paella lista, pero se puede hacer por encargo, y servirla en una paellera directamente, cobrando una cantidad en depósito por la sartén. A veces, mientras se toman una cerveza, se le puede hacer la paella para llevar. Amigo emprendedor, son muchos los artículos de un negocio, que si los estudiamos a fondo, tal vez descubramos algún tipo de negocio interesante. Cuando hablamos de comidas para llevar, hay que estudiarlo todo muy bien para no defraudar a los clientes. Además, hay que hacer la correspondiente publicidad, con carteles a la vista. Además, en otro capítulo hablamos de comida para llevar, como un negocio más.

CAPÍTULO 4º 147

RESTAURANTE DE COMIDA PARA LLEVAR. 148

El servicio puede ser comida para llevar, y si hay espacio, comedor para servir menús y bocadillos. El servicio de venta de comida guisada, está actualizado en muchas partes del mundo. Cada día, son más los consumidores, que se acostumbran a consumir estas comidas, por carecer de tiempo. Acaban comiendo cualquier cosa en cualquier lugar.
<u>TODO PEQUEÑO NEGOCIO, PUEDE LLEGAR A SER GRANDE, APLICANDO</u> originalidad, y aquí vamos a intentar, no ser otro más del gremio, sino distinto, y si se puede, de los mejores.
Las comidas a servir en esta clase de negocios, son las populares, que cualquier cocinero o ayudante de cocina conoce.

LOCAL Y LUGAR. 149

Es importante el local, y su lugar de ubicación. Se entiende por buen lugar, aquél por el que pase mucha gente, en la zona más comercial de un barrio, de un pueblo, o un determinado sector de la ciudad. Las clases de instalaciones, siempre irá en proporción y en consonancia con el enfoque del negocio. En este caso, será suficiente, que sea simple y funcional. Un local situado en un lugar estratégico para la venta, será más caro de alquiler, pero mucho más rentable que aquel que por barato no pase nadie por delante de la puerta. Un local económico, poco dinero a pagar, y poco a ganar. Si estás experimentado en los negocios como para planificar otros nuevos en sitios dudosos y te crees capaz de hacer venir a la gente a tu establecimiento, aunque no esté en el sendero habitual de personas, eso será cosa tuya. Estos lugares de riesgo, van bien para negociantes con experiencia, y cuando su economía se lo permite, pero un nuevo emprendedor ha de ir a lo seguro.

DISTRIBUCIÓN DEL LOCAL. 150

Los negocios en hostelería todos son parecidos en lo básico, los alimentos. Los locales se distribuyen con arreglo al negocio programado, y el formato del local. Para este caso de comida para llevar, pueden ser suficientes, unos cincuenta o sesenta metros cuadrados. Algunos se ven con locales muy pequeños, en lugares muy buenos para la venta. En este negocio de comprar y llevar, no se necesitas aseos para el público, pero sí para el personal empleado como sabemos por capítulos anteriores. Puede haber un mostrador de servicio que sirva de separación, entre el público comprador, y el resto del negocio. Los servicios básicos, como la cocina, aseos, vestuario del personal que trabaja, en la empresa, almacén, oficina, y la zona para la comida y la venta al público. En el supuesto de que se sirvieran comidas sentado en salón comedor, además de la de llevar. Se necesitaría como mínimo, desde 90 metros en adelante.

La distribución siempre estará supeditada, a la forma del local. Reparto aproximativo: 10 metros, para cocina; 12 metros para aseos públicos de caballeros y señoras. 12 para aseos y vestuario del personal empleado. 8 metros para almacén. 6 metros para oficina, y el resto de local, para departamento de venta y recepción de clientes. Hemos hecho una distribución aproximada, ya que la última palabra la tiene el técnico que haga la distribución, con el visto bueno y orientación del propietario, y con arreglo a las leyes que dicte el municipio. También se puede tomar un bar en traspaso, y acondicionarlo para nuestro objetivo.

INSTALACIÓN EN GENERAL. 151

El producto a vender estará expuesto en vitrinas expositoras y de mantenimiento, cerradas por la parte del cliente, y abiertas por la del dependiente Un horno microondas para el servicio al cliente cuando se necesite, Una balanza con caja de cobro incorporada, que, marcando el precio de lo que se pone, expenda el tique con el importe, el precio por kilo y el contenido en gramos de lo comprado. Una cortadora de fiambres. Estantes para productos, como botellas, pan y otros. Una cámara frigorífica para vender botellas grandes o pequeñas de bebidas frías. Un mostrador que separa al público con el resto del local, donde van las vitrinas contenedoras de alimentos, con estantes inferiores para herramientas, envases con su tapa, bolsas de plástico y demás utensilios necesarios para el negocio. Las paredes deben estar pintadas a la cola de colores claros. Los colores fuertes de las paredes, los artilugios y extremismos, denotan vulgaridad, y en este negocio no encajan. Como hemos aconsejado en bares, las partes bajas de las paredes pueden ir de cerámica.

LOS PRODUCTOS Y LA VENTA AL PÚBLICO. 152 El cliente, al entrar al establecimiento, se encontrará con espacio suficiente, para que quepan varias personas al mismo tiempo. Un mostrador frontal de vitrinas acristaladas, con las bandejas contenedoras de comidas guisadas y dispuestas para servir a la vista de los clientes. Puedes varios tipos de ensaladillas, de guisos, de pollo, de pescado, etcétera….y las comidas mas populares que se vendan en esa región. Cada bandeja contenedora, llevará el precio por kilos o por gramos. Las bandejas de guisos calientes, descansarán en las vitrinas de mantenimiento caliente, o en frío, dispuestos pera calentar en el microondas, a elección de los clientes. También puede haber, carnes empanadas, o frescas, pescado, croquetas, y algunos otros empanados de elaboración rápida, que el cliente pueda elegir, para freír en el acto, y que salgan de la cocina en pocos minutos. Puede haber quesos, jamón de diferente gusto, y algunos otros fiambres con su precio, dispuestos para cortar, pesar y servir. En alguna parte de la cámara fría a la vista, habrá postres de la casa como pueden ser, flanes, arroz con leche, o yogur, etcétera. Alguna clase de pan del día, y otros de molde.

Estos servicios, pueden ser diferentes en cada situación y lugar, y todo quedará a criterio del emprendedor, y lo que vea vendible. En parte, en esas vitrinas refrigeradas puede haber platos de fiambres o ensaladas, preparados y dispuestos para tapar pesar y llevar, las ensaladas se tendrán sin aliñar, haciendo saber al cliente, para que se puedan aliñar o no al servir. "Las ensaladas sin aliñar, las que no se vendan ese día, se conservarán bien en el frigorífico... Todo lo que se vende irá metido en envases cerrados y pesados con su tapa, así venderemos los envases al precio de la comida, todos los comerciantes así lo hacen, salvo los que sea envuelto en papel, envases unificados, o de precio determinado por unidad. Hay infinidad de alimentos apetitosos de venta fácil. Un cartel que ayuda la venta puede ser. Los productos por terminar o freír, se harán en el acto, a petición de nuestros clientes. O algo parecido.

LA COCINA PARA ESTA ESPECIALIDAD. 153

Esta he de estar cerca del servicio de mostrador. Es primordial y de necesidad, la salida de humos por encima del tejado, según la ley. Tener buena entrada de agua, y desagües. Un frigorífico industrial suficiente, que no necesariamente debe de estar en la cocina, por lo del calor de esta, con suficiente espacio de congelación, con varios estantes. Una hornilla con varios fuegos, que bien pudiera ser mixta, a gas y eléctrica, para trabajar seguro, y poder hacer varios guisos al mismo tiempo. Asimismo, debe haber freidoras, una para el pecado, y otra para carnes patatas y otros. El frito de chorizos u otros sabores fuertes, se pueden hacer en una pequeña sartén. La separación de los fritos, no dará lugar, a que el público diga, que toda la comida tiene el mismo sabor, esto ocurriría si se fríe todo en la misma sartén.

Debe haber una fregadera suficiente, para que se puedan fregar ollas y marmitas. Un horno industrial para el asado de pollos, carnes, pescados, pizzas, pastas y muchos otros, y mesas para un trabajo cómodo. Hay que prever un espacio, para el cubo de la basura con fácil apertura, donde menos estorbe. Cazuelas, sartenes y demás herramienta de cocina, algunas ollas de cocción rápida, estantes para otras necesidades, bajilla y cubertería suficiente si damos comidas en mesas.

ORIENTACIÓN DEL NEGOCIO. 154

La clase de comida y su calidad determinan la clase de público a la que le vendemos. Para conseguir grandes ventas con este tipo de negocio, se ha de ser consciente de que el público consumidor que acude a estos establecimientos será de clase media a popular, aunque siempre es posible tener algún cliente ocasional de mayor poder adquisitivo. Puede ser comida buena casera, de precio moderado, y que su elaboración y presentación, sea de la mejor calidad. No es lo mismo echar de comer, que servir la comida. La diferencia está en eso tan importante que todos queremos cuando nos sirven, limpieza y gran esmero en el servicio, además de una buena elaboración. La vestimenta y el aseo de las personas que sirven comida han de ser impecables. El público come más con los ojos que con el bolsillo. Todos los días, delantal, bata, camisas, o chaquetilla blancas que son las más usuales y perfectamente limpias.

ACTUACIÓN DE LOS CLIENTES. 155

Cuando el cliente entra en nuestro establecimiento, echa una ojeada a todo local sin fijarse en nada en concreto, va hacia las vitrinas contenedoras de la comida, hasta que se fija en la variedad y precios. En ese momento calculará la cantidad de alimentos que le interesa comprar, y a veces, la cantidad de dinero que quiere o puede gastar. Si ponemos un cartelito, que, además del precio por kilo, debajo diga; "Ración individual de 200 gramos, tantos euros", el cliente puede pensar, que por raciones puede componer un menús más variado. En todos los negocios hay que pensar como comprador, o lo que desearíamos para uno mismo. Sobretodo, ¡Pensaríamos en, calidad, variedad, y dinero a gastar! Cuando elige el cliente, la dependienta va poniendo lo que le van pidiendo. Según pide este, lo pone en su recipiente, lo pesa lo tapa y anota donde convenga el importe, sigue poniendo, y apartando en un lugar reservado para ello. Si piden alguna comida por terminar de hacer, como pudiera ser pescado o carne por terminar, se pasa a la cocina con rapidez, para que lo terminen de inmediato.

En la cocina siempre se tendrá aceite caliente dispuesto para freír, o la plancha para asar. Una vez pesado y valorado el pedido, se pone en una bolsa de plástico con asas, se le entrega al cliente junto con el tique del importe total, para el pago en el acto.
Si ponemos un cartel en la pared que diga: "Señores clientes, pueden degustar la comida que deseen", algunos que tengan duda sobre una comida, la probarán, y compren o no compren, la publicidad ya está echa... Esta invitación se compondrá de una "cucharada" de la comida que elija, puesta en un platillo, y un tenedor o cucharilla metálica.

Este gasto, es "parte importante de la publicidad" y ayudará a que aumenten las ventas. Los días precedentes, habrá clientes que sólo por ese detalle, vuelvan. ¡Ojo! En el negocio, bien sea el cocinero o el mismo responsable, probará todas las comidas antes de sacarlas a la venta. Ahí no valen las disculpas, no puede haber una comida sin condimentar con exactitud. Más vale que esté falta de sal, que salada. Si un cliente lleva la comida falta de sal, se la come o la puede arreglar. Si está salada, el cliente cuando se pone a comer, maldice a todos los demonios. Puede traértela para que le devuelvas el dinero y que no venga más. O tirarla y no lo vuelvas a ver. Si ocurre esto con frecuencia, ese día será el comienzo de tu derrota.

Cualquier dependiente deberá estar obligado a probar la comida antes de sacarlas, como un responsable más. Y ojo con que no estén quemadas, o se peguen al fondo de la casuela, ahí no hay arreglo, se tiran y que sirva de escarmiento. Las comidas tienen que estar en perfecto estado, de presentación, calidad y sabor. Algunos clientes vendrán acompañados, y tal vez sea necesario, poner algunos asientos para los que esperan. Todo cuanto recomendamos, es para ser diferentes y competitivos. Ser competitivos no es sólo bajar los precios, que a veces conviene mantenerlos. Lo importante es dar un buen servicio en general.

Es muy común, que algunos emprendedores, por el hecho de ser buenos cocineros, crean que es suficiente, para que su negocio marche bien. Lo más importante de cualquier negocio es, que los clientes vuelvan. La primera vez, pueden entrar por curiosidad, pero la segunda que entren y las que le sigan, será por que quedaron contentos con el precio, el servicio, y la calidad.
 Un ejemplo bien claro lo tenemos en los cantantes, o en los especialistas de cualquier actividad. Un libro, una canción, etcétera… pueden conseguir el éxito, pero en las siguientes, se tendrán que mejorar, por que de no ser así, se le acaba la gloria. El público consumidor de cualquier producto, quiere la mejor calidad, al mejor precio. Servido con agrado. Pero no un día si, y otro no, lo quiere todos los días. Sorprende a tu clientela con nuevas ideas y diferentes comidas de vez en cuando.

LO QUE EL CLIENTE VE MIENTRAS LE SIRVEN. 156

Cuando un cliente está haciendo un pedido, está observando la comida que le ponen, la limpieza que le rodea y la forma en que el dependiente manipula ésta. Éste, o ésta, ha de ser un verdadero actor, la cámara visual del que compra esta grabando todo lo que ve. Si el dependiente no va bien aseado, el cliente lo nota, si los estantes o alguna parte del sector en el que se manipulan los alimentos no están ordenados, presentables y limpios, el cliente lo está asimilando.

Alguna que otra vez, el responsable del negocio y los dependientes deberán ponerse en el lugar del comprador, y mirar si todo está limpio y en orden, los cristales de las vitrinas y las bandejas de los alimentos completamente limpios y bien presentados.

LA HABILIDAD DEL DEPENDIENTE- 157

En todos los negocios que interviene la balanza para servir un producto, el cliente está acostumbrado, que la cantidad a pesar no suele ser justa, siempre puede pasar un poco. Las comidas guisadas que son al peso y a tanto dinero el kilo, el cliente sabe, que la cantidad es casi justa, y que no se le cobra de más, ya que la balanza calcula lo que hay en el recipiente. En las fruterías, en un kilo de fruta, si se buscan las piezas que hagan los mil gramos, se tardaría mucho tiempo, y más si se trata de varios artículos: lo resuelven cobrando lo que pase de su peso. En estos casos de la comida sería igual poner un poco más que menos. Si las pesadas no son justas y pasan un poco, el resultado al final del día sería, haber vendido varias raciones más. El dependiente deberá tener en cuenta, que si la bandeja contenedora de la que sirven los alimentos queda mojada con líquidos de esta, o está mal trazada por el manejo, es mejor pasar ésta a la trastienda, cambiarla de bandeja, y parecerá de estreno.
Para el cliente, el efecto de la limpieza, lo puede hacer cliente incondicional. Cuando hablamos de que los precios estén siempre bien a la vista del público, le estamos demostrando, sin más explicaciones, que la casa es de fiar. No tener los precios a la vista, según la mayoría de los compradores, es una forma de engañar al consumidor, porque aunque no se le cobre de más, el comprador siempre tendrá sus dudas y evitará comprar donde no están los precios a la vista. Los precios bien claros y a la vista, pueden multiplicar las ventas. Y nadie dudará de la honradez del establecimiento.

EL MANEJO DE ESTE NEGOCIO. 158

Las comidas que se vendan, desde el primer día, han de estar elaboradas en perfecto estado y por persona conocedora de la profesión. Para elaborar comidas muy ricas, no es necesario comprar los productos más caros del mercado. Ya que un profesional sabe

como conseguir lo mejor, a buen precio de costo. Si se piensa llevar este negocio en plan familiar, y no experto en esta profesión, se le aconseja que contrate a un cocinero o cocinera con experiencia, que sepa hacer este trabajo.
Cuando hemos aprendido lo suficiente, si no se necesita ese empleado, se prescinde de él. También se puede contratar para poner el negocio en marcha a un profesional, y después ir valiéndonos de un buen libro de cocina para ir innovando, pero si hay un empleado cocinero, su puesto ha de ser la cocina, y el contacto con el público, dependientas buenas vendedoras, el mismo interesado.

Comidas tradicionales de esa región. Las comidas pueden ser populares y tradicionales, y en dos o tres meses habrás aprendido suficiente. Hasta aquí todo bien; pero si has de tener un empleado o empleada, la cocina debe de ser su puesto. Un cocinero, puede que cuando termine su trabajo diga adiós. Con una cocinera se estará mejor servido, ya que con el trabajo de la cocina se ha de entender, que cuando se termina de guisar todo ha de quedar recogido e impecablemente limpio. Si el negocio, por su volumen de trabajo lo requiere, se pueden tener ayudantas de cocina en la que su misión al terminar el servicio de comidas al publico,, sea dejar la cocina en prefecto de limpieza. Ojo, en los contratos de trabajo hay que especificar el trabajo de cada empleado para que no haya dudosas interpretaciones.

El puesto de la cocina es muy importante, "pero no lo es menos, el trato con el público y la caja". El emprendedor de este negocio, o la persona que atiende al público, han de ser vendedor, que siempre estará más predispuesto a tolerar, el mal humor o mal talante de algún comprador. Como ya dije antes, el vendedor es un actor que representa un papel, y que lo tiene que hacer a la perfección. La clientela es el fondo comercial que mantiene al negocio y nadie mejor para atraer a los clientes, que un buen vendedor interesado en el negocio como propietario, y si son dependientas, estimulando la venta, con una pequeña comisión. Esto que digo es cierto a medias, ya que hay dependientas muy buenas vendedoras. No olvides, que un buen vendedor, vende lo que le pongan en las manos, fundamental para que el negocio vaya bien. Un mal vendedor, puede arruinar cualquier negocio.

ENVASES PARA ALIMENTOS. 159

Los envases para los alimentos, suelen ser de plástico y ligeros de peso. En el mercado, hay variedad de envases diferentes, ya que cada fabricante tienes sus modelos. Se pueden tener varios tamaños de envases para comida, de distinta capacidad, con su tapa correspondiente (en ellos caben desde un café hasta un pollo asado). Unos pueden ser más hondos para guisos o líquidos, y otros más llanos para ensaladas y entremeses. El envase se vende al precio de la comida, así que no hay problema por el gasto, se recupera con ganancias. También se tendrán bolsas para llevar los envases de comida, y algunos otros envases que se irán improvisando, según las necesidades.

HORARIOS DE VENTA Y TRABAJO. 160

En la hostelería, como cafeterías o bares, los horarios de venta son muy amplios. En el resto, cada especialidad escoge el horario que más le conviene y esté autorizado. En este negocio en concreto, se podría atender al público a partir de las doce de la mañana hasta las cinco de la tarde. Todo depende de cada país y sus costumbres... Por la noche la venta disminuye bastante, y según sea invierno verano puede haber un horario u otro. Son pocas horas, para hacer muchas ventas, las que hay que aprovechar lo máximo. Si después de cerrar, algún cliente que no ha podido venir antes llama para que le sirvan, además de ser una oportunidad de vender de lo que haya quedado, si se le sirve, ese cliente volverá. Aunque habría que idear una ventana para que no entre ese cliente en el local. Tampoco se ha de tener la puerta cerrada sin llave, se puede meter un intruso y fastidiar el día.

Cuando se aproxima la hora de cerrar, las ventas habrán ido bajando, se va recogiendo y limpiando lo que se pueda Cuando se cierra el establecimiento para la venta al público, comienza una nueva batalla, la limpieza en general. En la hostelería es tradición, que el negocio por la noche se quede limpio, y las comidas guardadas en el frigorífico o en el congelador. En el autoservicio hemos explicado como se guardan las comidas, y en este caso es lo mismo, los alimentos se congelan como ya sabemos, para el día que tengamos esa misma comida a la venta ¿Qué se hace con la comida que sobran cada día? Estas se guardan después de hervidas y enfriadas. En otro capítulo complementario de este, y el de párrafo de (Autoservicio de restaurante etcétera...,) y en; Bandejas especiales para congelación, encontrarás el tratamiento más idóneo, para estas comidas.

DESPACHO, OFICINA Y OTROS. 161

Los útiles y muebles necesarios para tener los documentos de administración, listas y cálculos de precios etcétera, etcétera... una mesa con cajones, alguna silla, una taquilla metálica, estantes para carpetas, además de otras cosas que habrás leído en los capítulos de hostelería, y que puedas necesitar.
Almacén. En esa habitación se pueden poner estantes, para productos de alimentación, bebidas, y la mercancía necesaria para el buen desarrollo del negocio. También puede caber un arcón congelador para alimentos. Y tener el control de la mercancía, para que no falte nada cuando se necesite.
Aseos, Los aseos y vestuario para el personal trabajador de la empresa. Salvo que sirvamos comidas en comedor, entonces se necesitarán servicios para el público. Esto siempre estará de acuerdo con las leyes municipales. Que se explica en el capítulo de cafetería.

DÍA DE LA APERTURA. 162

Cuando se abre un negocio de este tipo, el primer día, el público que pasa por la puerta, mira a su interior, para averiguar de qué se trata o qué venden. Si ven el local bien iluminado, espacio suficiente para el público, las vitrinas resplandecientes, entrarán para ver su contenido. Mirarán todo, se fijarán en las comidas, sus precios y presentación, Los compararán con otros similares que tienen vistos, sopesando si hay más surtido y mejores precios. Unos puede que compren, y otros no.

MOMENTO CRUCIAL, CON LA VISITA DEL CLIENTE. 163

En ese momento en que el cliente parece que lo ha visto todo, el dependiente tiene unos segundos para dirigirse a él y preguntarle si quiere degustar alguna comida. No esperes que digan sí, o no. Debes decirle con una buena sonrisa. "¿De cuál quiere degustar?" Es una manera psicológica de invitarle, para que no pueda rechazarla. Un platillo y cucharilla con dos cucharadas de esa comida, y en un vasito pequeño, un poco de vino o de refresco, y una bandeja para poner los útiles de servicio. Si ese día se termina toda la comida, que además de vender, en su mayor parte, han sido invitaciones. Ese día habrá sido: "Un gran día". Y si se tiene el valor de poner un cartelito en el exterior, que diga: "Hoy, degustación de nuestras comidas elaboradas, gratis", ese día entrará mucha gente, aunque sea por curiosidad. Ya sabes lo de las moscas, acuden a la miel y quedan atrapadas.

La cocina tiene que estar bien suministrada de alimentos casi para terminar", y manos para trabajar, ya que hay imprevistos que si no se resuelven en ese momento, quedamos mal con el público, y doble mal, con nosotros mismos. Las comidas para vender, se tienen frías para su mantenimiento. Ese día, se tienen una cantidad de cada comida para las invitaciones de degustación de guisos, que estarán calientes. Otras visitantes elegirán algún tipo de ensaladilla fría, que se servirá, como se vende. La ensaladilla, es un menú muy vendible, y puede haber gran variedad, en pocas cantidades cuando así convenga. Las bandejas de presentación pueden estar hasta la mitad, haciendo creer al público o al que las mira, que se ha ido vendiendo.

PUBLICIDAD Y VENDEDORAS. 164

La publicidad forma parte del plan de negocio Habrá algunos clientes que compren, y otros no, pero no importa, el local estará haciendo una campaña de publicidad positiva. Esos primeros días, debes tener ayuda de alguna amiga que sepa vender, o dos dependienta-es como empleados, hasta que veas como va el negocio. Lo importante es atender a todo el público que entre a la invitación o a comprar, y no hacer el ridículo.
Ojo, todo dependiente que atienda al público, debe de llevar el atuendo clásico de blanco impecable. El efecto que haga el vendedor, será de suma importancia para que el negocio arranque con buen pié. Si invitas, que no te falte comida. A cada cliente, le vas dando tarjetas del negocio agradeciendo su visita. Al día siguiente entrarán algunos de los que no estuvieron en la degustación, a los que

puedes invitar igualmente. Serán muchos los que entren a comprar de los que estuvieron el día anterior. Si hay algún comprador dudando de qué comida llevar, en estos casos, puedes ofrecer la degustación. Las comidas calientes, por lo general, se mantienen frías en las bandejas de venta. A los clientes, se les puede preguntar, si alguna de las comidas que se llevan las quiere calientes. Las que están por calentar, serán las primeras que despaches, y mientras se calientan en el microondas, terminas el resto del pedido.

NOMBRE COMERCIAL. 165

El nombre del negocio, mejor que sea breve y fácil de retener, para que los clientes lo recuerden con más facilidad ("Comida para llevar, tal"). Puede ser un nombre corto que pronto se haga popular, sobre comida. Lo puedes inventar para que formen una o dos palabras pegadizas, que recuerden con facilidad. Un poco de publicidad acertada, y pronto comerán con tu nombre en los labios, los consumidores de estos productos.

SERVICIO DE RESTAURANTE EN COMEDOR.166

En el supuesto de servicio en mesas. El impuesto de pago será el mismo. Si tenemos suficiente local en el que se puedan tener mesas para servicio, tendrá que haber por necesidad, un servicio de aseos públicos, según el reglamento de hostelería. En las mesas se podrían servir pedidos en platos normales de piedra, o parecidos, y cubiertos de acero, ya que volver al plástico para este servicio sería perjudicial. En todos los negocios se presenta la oportunidad de vender, y es cuestión de saber aprovechar el momento. Las comidas podrían ser las mismas de las de llevar, y algunas otras si conviene al negocio. "Del mismo menú que se tiene para vender al público de llevar, pero servido en mesa"
Este servicio puede ser económico hasta cierto punto, ya que al servirlo calientes y con esmero, se le realza su categoría. La oferta podría ser, la de un menú a elegir entre dos o tres platos de primero y otros tantos de segundo, un postre normal, (una bebida de vino o agua), -o cualquier otra bebida que se encuentre a un buen precio-, una ración de pan, y un precio bien estudiado, para no perder el tiempo, estando parados y sin producir. Podría haber una carta donde

además del menú del día, una relación de platos extra, como pudieran ser entremeses, ensaladas especiales, postres, cervezas refrescos y otros muchos, con su precio.
En un restaurante normal que sirve menú de la casa, le incluyen un ¼ de vino o agua. ¿Y porque no habríamos de ser diferentes? Claro, que si le ponemos una cerveza en el menú comprada a buen precio, y queremos ganarle como lo hacen en otros establecimientos, el negocio no iría como programamos. Ejemplo: Si otro restaurante sirve como hemos dicho, vino o agua en el menú, y nosotros sin alterar el precio, servimos cerveza, o más cantidad de vino, aunque no sea de inferior calidad, estaremos haciendo la competencia. En este, como en todos los negocios, antes de decidir una oferta, se ha de estudiar muy bien, para que si nuestros competidores alteran y cambian los precios, que seamos capaces de resistir, y continuar.
 Una idea que me viene a la cabeza para machacar mas a la competencia, y aumentar las ventas, podría ser: Los huesos de ternera, de pollo o retales de estos, etcétera…, y algunos restos de verduras en buen estado, pueden ser los componentes de un buen caldo, además de sus condimentos correspondientes. Si cuando están servidos los clientes del comedor, o han hecho su pedido, (y no antes), se pasa con una jarra, ofreciendo "gratis", una taza de caldo especialidad de la casa, iremos asegurando clientes. Si produces suficiente caldo para vender en comida para llevar, a un precio módico, (esto sale a muy buen precio,) prepara algún envase apropiado que no se derrame, porque que venderás bastante. Este caldo, la mejor forma de conservarlo y dispuesto para servir, sería, ponerlo en un termo de leche, (como explicamos en cafeterías), con su grifo correspondiente. Algunos clientes pueden pedir otra taza de caldo. Hay que prever, y hacerlo saber al cliente sin molestar, que la segunda taza que pida valdrá un precio. Si en la carta ponemos, taza de caldo de la casa, (x céntimos), estamos cubiertos.

No olvides, que ganarás mucho dinero, si sabes interpretar la idea. Los muchos pocos hacen granero. Todo hay que programarlo y planificarlo con inteligencia. Un cliente que entra a tomar un menú, si es en autoservicio, ya sabe cómo funciona, como verás en el capítulo correspondiente. En este caso de comida para llevar, el impacto que recibe el que va a comer, no es el mismo que el que va, por comida para llevar. Tiene que haber una diferencia de forma. Si la comida se le sirve humeante y apetitosa, el cliente verá un buen servicio.

Para asegurarnos un buen servicio aunque les demos la misma comida, se puede inventar un sistema diferente. Si tenemos las comidas repetidas en el interior de la cocina, al cliente que se acerca al mostrador para hacer el pedido, se le toma nota del menú completo, se pasa a la cocina y se le sirve caliente. Esto son deliberaciones.

Otra idea sería, que a continuación del mostrador de comida para llevar, le siga el mismo mostrador para consumir en mesas, tal y como se explica que debe colocarse en el autoservicio. Sería un servicio más y con más oportunidad de vender otras cosas. Es un tema para que piense el emprendedor. No olvides que has de pensar como cliente que compra, antes que como empresario que vende, aunque todo está relacionado, y siempre será la consecuencia de que aumenten las ventas. Ya sabes, con un buen servicio hacia el cliente, tal vez la caja de cobro, dobles la recaudación del día.

ASADOR DE POLLOS, VISIBLE AL PÚBLICO. 167
Hay quien tiene un asador de pollos de pared y de cara al público, pero desde el mostrador hacia dentro, a la vez que hace publicidad. Esos asadores, suelen ser, a gas o eléctricos. Su manejo es fácil. También se puede haber algunos pollos asados en las vitrinas dispuestos para vender. Se ofrecen pollos, como cuartos, medios, o enteros. En la cocina y en el horno templado, puede haber otros calientes dispuesto para servir. Son diferentes métodos de trabajo, que cada emprendedor elige a su conveniencia. La empresa AVIDESA de Valencia, o cualquier otra empresa, con distribuidores por toda España, suministra pollos congelados en cajas de cartón de ocho, o diez unidades. Son pollos limpios, dispuestos para asar y comer. Las unidades son de medio kilo, de tres cuartos de kilo, de kilo y de algún otro tamaño. .Son cómodos para el trabajo y fáciles de acoplar al negocio. Servicios parecidos puede haber en cualquier lugar. También puede haber otro servicio de pollos, más económicos y con más trabajo. Los pollos asados que puedan quedar del día anterior, se congelan y al otro día se podrán vender. También pueden valer para ensaladilla de pollo, empanadas de pollo, para mezclar a la

masa de las croquetas y muchas otras cosas, que los cocineros saben hacer. Aquí no se tira nada.

BANDEJAS ESPECIALES PARA CONGELACIÓN. 168

Algunas bandejas de plástico, de seis a ocho centímetros de altas, de una medida manejable, que se puedan poner unas sobre otras, con comida en la cámara... Éstas llevarán cada una su tapa, y se podrán meter y sacar con facilidad en el frigorífico. Cuando se termina el día de trabajo y quedan comidas de ese día en perfecto estado para consumir, se hierve, se enfría con ayuda de agua corriente por fuera de la olla, y una vez fría, se pone en una de esas bandejas apilables de las que hemos hablado. Se pone en la bandeja, se etiqueta con la fecha y el contenido, y se mete al frigorífico de congelación, Estas se aguantarán bien, unos días, hasta que se vuelva a repetir esa comida, después se saca, se da un ligero hervor si conviene, y se prepara para su venta, siendo el primero que se venda de su clase, y sin mezclarla con la comida del día, que pueda ser igual.
Otros alimentos también se podrán congelar. El cocinero puede saber lo más conveniente en cada momento. Es imprescindible tener buenos frigoríficos, ya que éstos toman su parte importe de protagonismo, para que haya una buena economía. Piezas de pescado, aves o carnes que no tengan buena presencia pero que estén perfectamente comestibles, se congelan como hemos explicado y se tienen dispuestas para hacer otros preparados, como pueden ser croquetas o rellenos de empanadillas y otros, y lo que no tiene acoplo, al caldo de la casa. Hay algo determinante para conseguir el éxito, como el lugar y la elección del local. El tema de locales y la manera de conseguir un buen contrato de alquiler, lo puedes leer, en
la primera parte de el -libro electrónico- del libro.

CAPÍTULO 5º 169

RESTAURANTE, Y CAFETERÍA EN AUTOSERVICIO. 170

Este servicio es fácil de entender. El propio cliente elige las comidas que les gustan, entre las que ofrece ese día este restaurante. Coloca su pedido en una bandeja, pasa por caja, donde abona su importe; a continuación, se va a una mesa, se sienta, come, y, una vez que ha terminado, se marcha. Esta explicación es suficientemente explícita y real. Como decimos en el título, se puede poner una cafetería o un restaurante con el mismo sistema, que puede brindar ese servicio a cualquier hora. Estos restaurantes se instalan en lugares de mucha afluencia como pueden ser, carreteras, autopistas, lugares de veraneo, centro comercial en ciudades o poblaciones de muchos movimientos de ciudadanos, donde viven muy ocupados, o que disponen de poco tiempo.

Con la instalación de un autoservicio, la empresa puede servir más comidas en menos tiempo, y, si las tareas se desarrollan con dinámica y eficacia, se consiguen buenas ventas. En otras clases de negocio el horario para vender es muy amplio. En este caso en concreto, el periodo de atención, por muy largo que sea, se limita a las horas las comidas de costumbre, salvo que se quiera tener un servicio continuo, hagan servicio de desayunos. En el resto del tiempo, al igual que en las cenas, las ventas son lentas y no es él más favorable para hacer buena recaudación como en la comida principal.

. Es por lo que en este negocio, y en esas horas clave, se ha de trabajar con la dinámica correspondiente. La actividad de los dependientes en las horas la comida más importante, se ha de multiplicar su actitud, para poder atender toda la demanda que pueda haber, y hacer una recaudación aceptable.

La afluencia de público por las noches, y si se trata de restaurante popular, será bastante inferior a la de mediodía, aunque todo depende del sector y la categoría del negocio. En los restaurantes populares de las grandes ciudades, el horario de las cenas comienza a la caída de la tarde-noche, ya que es hora propicia para determinado sector de la población que no come en su casa, y que al día siguiente va al trabajo. Y a otros que no madrugan, y también le puede ir bien. Estos restaurantes deberán estar instalados en el sitio adecuado, es decir, en zonas comerciales de mucha afluencia. No necesariamente ha de estar en primera línea comercial, pero sí muy cercano a estas.

En lugares de veraneo, en las cercanías de estaciones o donde convenga, el horario de comienzo y terminación del servicio puede ser impuesto por el propietario. El empresario se ha de acomodar al lugar en el que esté situado el negocio, y a las costumbres del lugar. A veces las modificaciones y cambios de horarios pueden ser bien acogidos por la población, todo depende de la visión del emprendedor y su adaptación. El horario de restaurantes es muy amplio, y este negocio, podemos poner el horario que más le convenga.

EL AUTOSERVICIO, SIMPLE ESPECIALIDAD. 171

El funcionamiento de este negocio como autoservicio es bastante más simple que el de un restaurante normal. No existe el servicio personalizado de los restaurantes a la carta, y los platos que se ofrecen cada día, pueden ser diferentes a elección del empresario y de acuerdo con el cocinero. El público que acude es muy diverso. Unos son ocasionales y otros habituales, por lo práctico, y muchas veces, por los precios. El precio, la calidad, el servicio y la rapidez son determinantes para el éxito de este negocio. También hay personas, a las que les gusta ver la comida antes de comer, y, por supuesto, buscan este servicio por rápido, dentro de un precio justo. El futuro emprendedor ha de saber, que si están en lugar apropiado, se vende mucho. Remarco lo del lugar, por que si te equivocas, pierde la partida. Al eliminar el servicio personalizado de los camareros, se reduce la mano de obra. Eso no nos quitará que debamos tener una plantilla de personal que cubra todas las necesidades. Si está en el lugar adecuado, la frecuencia de viajeros de otras ciudades y del mismo lugar, será continua.

LA PUBLICIDAD. 172

A estos restaurantes acuden muchos clientes de otras partes.
La publicidad con un mural en la vía publica, o con algún otro medio en el sector urbano, es muy eficaz. Es bueno, que la población en general, sepa que establecimiento existe este, siendo eficiente, para que cuando personas de fuera o de otra parte de la ciudad pregunten

por un autoservicio, cualquier ciudadano les pueda indicar dónde se encuentra. Primera recomendación; que todos los ciudadanos sepan que este negocio existe. Y segunda, mantener un buen servicio en general desde el primer día, y mantenerlo.

CLASE DE COMIDAS QUE SE SIRVEN. 173

La variedad de menús que se ofrecen cada día pueden ser, dos o tres platos de primero y otros tantos de segundo a elegir por el cliente uno de ellos. Aunque esto puede ser relativo, y según el movimiento del negocio, puede haber muchos más. El cliente no puede elegir otra comida que no sea la que encuentre a la vista, o en las listas correspondientes. Si fuese obligatorio tener un menú del día, es el empresario el que decide cuál corresponde ese día.
Estos menús obligatorios, estarían compuestos, de un primer plato, un segundo, pan, y una bebida a elegir, entre agua mineral y ¼ litro de vino, y un postre simple, todo incluido en el precio anunciado. Bueno, este suele ser obligatorio en los restaurantes normales. Sen este tipo de negocio, y si no salen otras normas, el cliente puede elegir libremente cuanto quiera, ya que en la caja le cobrarán lo que lleve en la bandeja. El emprendedor ha de conseguir que se elaboren comidas de costo intermedio, bien elaboradas y con buena presencia.

RESPONSABLE DEL SERVICIO EN GENERAL. 174
Debe haber una persona responsable, que controle todo el movimiento del negocio; ésta probará cuantas comidas se elaboren, y no tolerará de ninguna manera, que de la cocina salgan alimentos que no estén en perfecto estado. Hay que evitar que una comida esté salada o falta de sal, con sabor a quemado o con mala presencia; si esto ocurre, esa comida se corrige o se elimina. El cocinero responsable de la cocina, sabe lo que hay que hacer cuando ocurre un percance como este. El emprendedor no tiene que tener dudas, cuando una comida no está en condiciones, si es necesario, se tira. Hay algunos empresarios de restaurante, que con las comidas sobrantes, o desperdicios, crían cerdos en algún lugar, ya que el producto de éstos, se suelen aprovechar para el negocio. Si como emprendedor, no tienes experiencia en la hostelería, no te preocupes, si le pones entusiasmo a todo cuanto haces, aprenderás rápido. Además, puedes estar seguro de que estás en el buen camino, y estas

tocando la suerte. Cuando termines de leer este libro, estarás preparado para emprender cualquier negocio de los que explico, con pleno conocimiento.

CONSUMIDORES POPULARES. 175

Está bien aclarar, que la mayor parte de este tipo de restaurantes en autoservicio son de calidad media, para un publico entre medio y popular, ya que es, el sector de población de consumidores más alto y con el que más garantía se consigue el éxito. También puede haber un restaurante de autoservicio en el que todo sea de la mejor calidad, y el precio guarde relación con el servicio y la instalación. Estos suelen estar en los hoteles de alto grado. En este tipo de negocio, podemos equivocarnos, si el sector no corresponde con la orientación del negocio. Si se quiere ir a las grandes ventas, hay que preparar comida para las mayorías.

La ubicación del negocio, no ha de estar por obligación en los locales más caros y más céntricos de la ciudad, pero sí han de estar situados, en las cercanías o inmediaciones, del gran tráfico de peatones, o en los aledaños de sectores de grandes concentraciones de personas en movimiento. Es este caso lo que más importa es hacer comidas poco complicadas y de costo moderado. Un cocinero experimentado sabe hacerlas. Ya habrás leído en este libro cómo hay que actuar cuando se desconoce esta profesión.
Sobre el personal, además del buen organizador, es parte importante un buen cocinero; los demás puestos de trabajo son más fáciles de cubrir. Tu actuación será la de estar en todo los sitios y en ninguno fijo, así conseguirás que la maquinaria funcione de verdad, y sepas lo que hace cada uno en cualquier momento. Sabiendo lo que hace cada uno de los empleados, en poco tiempo tú serás el maestro. El jefe debe entrar y salir a la cocina cuantas veces quiera, colaborar en todo cuanto sea necesario y en todo momento, para el buen funcionamiento del negocio. No vale delegar en una persona, y desconocer sus movimientos.

EL CLIENTE ENTRA AL ESTABLECIMIENTO. 176

Cuando los clientes entran por primera en esta clase de restaurantes, y todos, sabe lo que van a encontrar. Verán un estante con bandejas, de las que tomará una, para ir poniendo lo que encuentra al paso; cogerá los cubiertos, que deben de ir metidos en bolsitas de papel de celofán o envueltos en servilletas de papel, cogerán el pan que necesiten, (los panecillos también se cobran), puede haber pan normal e integral. También habrá, para que se provean servilletas de papel, o un servilletero en el centro de la mesa, cosa por estudiar si las bandejas son de las dimensiones de las mesas.

MOSTRADOR DISTRIBUTIVO. 177

Este estará constituido por varios muebles en hilera, contenedores de alimentos, de cara al cliente, cuando va pasando y para que vaya sirviéndose la comida y bebida que desea tomar. Los de mantenimiento caliente, llevan debajo de las bandejas de la comida, una especie de depósitos de agua que se calienta mediante resistencias eléctricas. Para las comidas frías, mueble frigoríficos, adaptados a esta necesidad. Esto es una ligera explicación.
Si llega a interesarte este negocio, pregunta por instaladores de esta especialidad. ¿Dónde? En las Hojas amarillas de telefónica, busca en, construcciones de cocinas industriales y de hostelería, o en los distribuidores de herramienta para la hostelería de tu misma población. También puedes mirar instalaciones comerciales. Ellos te pueden hacer la instalación completa. Será conveniente ver restaurantes de este tipo y en funcionamiento, en grandes ciudades. Ese tiempo de ve otros establecimientos funcionando, será definitivo para hacer una buena instalación.

ESTANTES, Y DESPLAZAMIENTO DE BANDEJAS. 178

A lo largo de la barra de distribución, y a la altura de las manos, habrá una repisa, que bien pudiera ser una especie de rejilla, de listones metálicos o de madera, en la que el cliente pueda arrastrar su bandeja e ir recogiendo las comidas que le apetezcan y quepan. Cuando el cliente tiene ganas de comer, todo le parecerá rico, y, si está bien presentado y es apetitoso, llenará la bandeja. Antes de empezar a comer, todo nos parece bueno, después de recogida la comida, pagada y llevada a la mesa, ya está vendida y no se devuelve.

PASILLO DE RECOGIDA DE ALIMENTOS. 179

Entre la barra de servicio de la comida y el resto del comedor, y a la distancia de un metro veinte centímetros, aproximadamente de ésta, habrá una especie de barrera que al cliente le impida entrar en la zona de las mesas con los alimentos, sin antes haber abonado en caja el importe de lo que lleva en la bandeja. Esta barrera, que forma un pasillo, puede estar constituida por una barra horizontal a la altura de setenta u ochenta centímetros del suelo. Puede ser de acero inoxidable o de madera, como si fuera unos pasamanos cualesquiera. También se pueden colocar unos pequeños postes, con cadenas decorativas, con cuerdas gruesas, etcétera, ideas hay muchas, la cuestión es que el poste no se caiga, y que queden bien, con poco dinero. Estos postes, que no hacen ningún trabajo de peso, se podrían tener sujetos al suelo con tacos y tornillos, y entre poste y poste, cadena o lo que sea.

LE SEGUIRÁN PLATOS FRÍOS Y ENTREMESES. 180

Ojo con este apartado, debe haber un buen expositor frigorífico, con varios estantes de cristal a la altura de nuestras manos, y no más altos de nuestros ojos, abiertos por la parte del cliente, de los que pueda ver su contenido, y servirse con comodidad. Para que traspase el frío desde abajo, los estantes pueden ser de rejilla En estos puede haber platos con ensaladas diversas, de entremeses variados, de espárragos, de jamón, de queso, aceitunas, anchoas y otros que creamos oportunos. Estos platos de tamaño mediano e individual, serán atractivos y poco copiosos. Pueden ser un primer plato para unos, o un entremés o aperitivo para otros. En estos platos hay que equiparar cantidad y precio, para que sea similar, a cualquier primero o segundo plato, o, que el cliente lo considere como extra.

Cada uno de los platillos de no más de 20 centímetros de diámetro debe tener el precio a la vista; el cliente va mirando, y hay quien va calculando lo que se quiere gastar y lo que puede o debe comer. Para aperitivos, pueden ser platos de café o de postre. En estos casos, lo que no está a la vista no se vende. Las ensaladas no se sirven condimentadas, de esta manera se conservan mejor. En las mesas se debe tener previsto el espacio para vinajeras. A veces puede ser un diminuto estante, del que se puedan servir varias mesas. Tema a estudiar por el emprendedor.

PRIMEROS PLATOS. 181

Los clientes podrán elegir entre las comidas que va encontrando al paso.
Todos los días debe haber alguna variación en el menú, ya que a los clientes que pueden asistir a diario, no les parecerían bien que se repitan las comidas del día anterior. Aun así, alguno de los menús de más consumo, se podrían repetir con más frecuencia, como, por ejemplo, la paella de arroz, que se puede hacer los días que convengan. Los platos primeros y segundos serán servidos por raciones, y por los empleados; el cliente indica el menú que quiere, y el dependiente se los sirve, ya que la comida se ha de distribuir con orden y proporcionalidad.
Entre los dos o tres primeros platos de entrada que se sirven en un día, puede haber legumbres, verduras, pastas, arroces, guisados, y muchos otros, que no traigan complicaciones de trabajo. El público popular, prefiere un buen primer plato que le llene...Hay que estar alerta, de que se vayan consumiendo algunas de las comidas, para conseguir al final del día que queden las menos posibles.

SEGUNDOS PLATOS. 182

En los segundos platos, se ha de trabajar con carnes, como pueden ser, ternera, cerdo, pollo, pescados, y demás, con sus correspondientes guarniciones. Los alimentos deben ser de calidad y precios comedidos, ya que de ahí dependerá el precio de venta y los beneficios. Se tendrá prevista la cantidad que lleva cada ración, no obstante, si algún cliente quiere un poco más de guarnición, sin que se doble la ración prevista, se puede tolerar, ya que serán los menos. La ración del primer plato hay que procurar que no sea ruines, las patatas, la pasta, los arroces, las legumbres, las verduras, y otros muchos alimentos, hacen un buen papel. De paella hay que hacer para que no quede, ya que no se guarda bien como otras. La paella debe de estar muy bien elaborada, para que los clientes asiduos no tengan reparos en repetir otros días. Este es un plato muy aceptado y de menor costo. Sin embargo, el arroz blanco se puede tener hervido y guardado en el frigorífico.

Esto lo sabe cualquier cocinero; pone el arroz con agua al fuego, una pizca de sal, hoja de laurel y una chorreadita de aceite de oliva, vigila que no se pase, y cuando esté al diente, sin demora, se retira del fuego, se escurre el caldo, y se pone debajo del grifo de agua corriente, hasta que esté totalmente frío, después, bien escurrido de agua, se guarda en el frigorífico. Este se puede guardar dos o tres días en buen estado. Este no es un libro de cocina, para eso estará el cocinero, pero nunca estará de más algunas sugerencias.

MENÚ INFANTIL. 183

Puede haber un menú especial de media ración para los niños, cuyo precio deberá ser algo inferior al de la ración normal, y nunca bajará del 75 % del precio del menú corriente. Bueno, tampoco lo hemos de precisar ahora, el trabajo dirá lo que más conviene. No ha de faltar comida para los niños, éstos comen mejor los macarrones, el arroz, las croquetas, las hamburguesas, la carne empanada y las patatas fritas, algunos se comen muy bien las legumbres. El arroz blanco reservado en la cámara, resuelve a veces la comida de un niño, cuando no hay paella y no quiere otra cosa. Con el arroz blanco, el cocinero puede improvisar un plato apetitoso para los niños, imitando a la paella. Los empleados que reparten los alimentos, considerarán cuándo es necesario preguntar a los padres si a ese niño que les acompaña se le pone menú infantil. Con el menú del día, se puede preparar un mini plato combinado para los niños, que los conforme a ellos, (piensa, que si a los niños se les tratan bien, pueden hacer venir a sus padres alguna otra vez).

SIGUEN LOS POSTRES. 184

Estos estarán puestos en un frigorífico, de apertura libre en su parte superior, para que se puedan servir los clientes a su gusto. Pueden haber piezas de fruta, trozos de tarta o pasteles, natillas, yogures, arroz con leche. Cada unidad de postre estará puesta en un plato individual; habrá cubiertos de postre; éstos pueden estar metidos en vasos, y separados tenedores y cucharas unos de otros. Los helados, serán por unidades, situados en congelador frigorífico, con apertura superior de corredera transparente, etcétera, para que el cliente elija lo que desee. Los precios deberán estar siempre a la vista, por conveniencia para la empresa; el cliente se retrae cuando no ve los precios, y no está seguro de si le van a timar a la hora de pagar. A las cámaras frigoríficas descubiertas por la parte superior, por donde se sirve el cliente, se les pueden poner encima, y conectada al frió, una vitrina con varios estantes de cristal, y rejilla interiores en los que se pueden tener los postres con menos frío directo. Bueno, hay que ver muebles para ver lo que convendría hacer con ellos.

CONTINÚAN LAS BEBIDAS. 185

Estarán igualmente en un frigorífico abierto por la parte superior, del que puedan servirse los clientes. Habrá botellines individuales de agua mineral de cuarto y medio litro con gas y sin gas, gaseosas de medio litro, dos o tres clases de cerveza en lata, botellas de ½ litro y de 3/4 de litro de vino blanco, clarete y tinto, de las marcas corrientes que convengan por el precio y la calidad. Asimismo, zumos diversos, refrescos varios, botellines de lácteos; algunas botellas de cava y botellines individuales de ésta, etcétera. Se puede tener alguna jarra de sangría de muestra, sin hielo, como explicamos más adelante. A la vista y en el mismo mueble de las bebidas, debe haber un discreto y presentable cartelito, junto a cada grupo, del precio de cada cosa.

CUBITOS DE HIELO. 186

Tendremos en el mismo frigorífico de las bebidas, un recipiente con cubitos de hielo, vasos, y unas pinzas para que se sirvan los clientes. ¿Máquina de fabricar cubitos de hielo? Esta se puede tener en lugar en el que no haga mucho calor. Otra opción puede ser comprarlos hechos, y tener un arcón congelador para conservarlos, estos los traen a domicilio. Las máquinas de fabricación de cubitos de hielo, a pesar de que valen un buen dinero, suelen tener averías y desajustes continuos, que pueden llegar a ser bastante molestos. El mejor servicio, comprar los cubitos, si en el lugar en el que te encuentras es fácil de conseguirlos, si no es así, compra la mejor máquina que no tenga problemas, y si el agua del grifo de tu ciudad no es apta para

beber, ya te explicarán como resolver el problema los que te la venden. Si es un lugar como hemos dicho, de aguas dudosas, antes de instalarla pregunta en el gremio cómo lo resuelven.
También puede ser otra opción de negocio, fabricar cubitos y servirlos por los establecimientos de hostelería, y a los grandes mercados. Esto sería otro buen negocio por estudiar. En lugares en los que las aguas de tubería, no son muy buenas para beber, podría ser interesante, considerando, que de no ser una inmensa ciudad de clima caluroso, no se hasta que punto sería un gran negocio.

SANGRÍA PREPARADA. 187

Se prepara como sigue: en una jarra de cristal de litro o tres cuartos, se pone media jarra de vino tinto, se le agregan unas tres o cuatro cucharadas soperas de azúcar, bien disuelta, se pone la parte de un refresco de lata o de botella de limón o naranja, dos copas de coñac u otra bebida alcohólica de las más económicas. Se pela una naranja o un limón, (se quita la piel entera), el fruto de ésta se agrega a la jarra: y una o dos piezas de melocotón en almíbar, o un melocotón del tiempo, pelado y hechos trozos; La piel de la naranja o de limón, se introduce la mitad en la jarra y la otra mitad que salga colgando por fuera; dentro de la jarra se pone una cuchara de madera, para que se pueda mover el contenido. La jarra quedará medio llena; se pone en el frigorífico de las botellas frías a la vista. Y un cartelito que diga: "Sangría preparada", ¡Sírvase usted mismo! ! Llénela con cubitos de hiel ¡(y el precio a la vista).

PERSONAL ENCARGADO DE REPOSICIONES. 188

Mi recomendación es, que los empleados vigilantes de que no falte nada, sepan preparar las sangrías con rapidez, así como pedir en la cocina los entremeses y ensaladas que se vayan consumiendo en las vitrinas. Proveerán de todo cuanto sea necesario para que las ventas no se detengan. Reponer marmitas o bandejas de comida en el mostrador distribuidor, retirar estas vacías, suministrar platos limpios y cuanto se necesite para no alterar el orden del trabajo. Cuando se recogen las bandejas y bajillas de los servicios consumidos de las mesas, éstas irán directas a la cocina. Si hubiera mucha distancia desde el centro del comedor a la cocina, se estudia, si es posible abrir una ventana de recogida directa a la cocina, o a la zona de fregado. En alguno de estos establecimientos se valen de una pequeña correa transportadora, donde van poniendo las bandejas que van entrando a la cocina, y de esta forma se pueden desalojar muchas mesas en muy poco tiempo. Al terminar el día, se recogen las comidas, y se le dará el tratamiento que conocemos por el capítulo anterior.

PRECIOS A LA VISTA DEL PÚBLICO. 189

El cliente entra en estos establecimientos, y lo primero que busca con la vista son menús y precios. Conocerlos le sirve, para saber hasta dónde puede gastar, o si le llega su presupuesto. Es importante, que sepan a simple vista, el precio de cada ración de comida que se sirve ese día, así como los de las bebidas, los postres, los entremeses y ensaladas, todo ha de llevar su precio que no las conduzca a error. .El cliente se encuentra más cómodo y gasta más dinero, cuando sabe de antemano el importe de cada artículo que ha de consumir. En los establecimientos de cualquier tipo en los que ocultan los precios, no son buenos comerciantes. Esta otra versión, con la que no estoy de acuerdo, ni recomiendo es; la de los descuideros de infinidad de negocios de cualquier tipo, que no ponen los precios a la vista y después cobran a ojo, según de que comprador se trate. Cuando se dice calidad y precio, quiere decir que el precio está en relación con lo que se vende. Una calidad media no debería ser vendida a precios altos, los consumidores son expertos en consumir, (son consumidores.

EJEMPLO DE COSTOS. 190

Si ponemos de primer plato macarrones, con 100 gramos crudos de éstos es suficiente para una buena ración. Se les agrega un sofrito, una picada de jamón o chorizo, de precio económico, tomate frito, y un poco de queso rayado, y el precio de costo de esta ración, será el más económico de cuantas comidas se hagan. .Para gran variedad de pasta están los cocineros. Los arroces y la pasta son muy rentables para la empresa, y admitidos por muchos consumidores; la cuestión es guisarlos bien. No hay una regla fija de valoración, en unas cosas se gana más y en otras menos. Para una ración de legumbres serán suficientes 100 gramos de legumbres secas, súmale el arreglo, y conocerás el precio de costo y el negocio resultante. Con estas explicaciones son simples comentarios que te ayudarán a ir descubriendo, dónde radica la economía en los restaurantes.

Las comidas más convenientes por su precio, además de las pastas y los arroces, el pollo, el cerdo, carnes para guisar, picada y para empanar, pueden ser de 2ª y de buena calidad, legumbres, algunas clases de pescado de precio moderado, hortalizas verduras etcétera. Un buen cocinero sabrá hacer platos buenos y económicos, con estos y otros alimentos de costo regular, y de distinta elaboración. En poco tiempo, si el emprendedor no era cocinero cuando se inició en este negocio, sabrá inventar platos de mucho consumo y rentables para la empresa.

TRATO A LOS CLIENTES. 191

Todas las personas que entren en este establecimiento a comer, serán las autoras de una buena recaudación todos los días y serán tan importantes, los que gasten mucho como los que gasten poco. Al cliente no se le puede equivocar ni una sola vez, ni en el precio ni en la comida. La gente no es idiota, y antes de entrar en tu restaurante ya habrán visitados otros muchos parecidos. Hay negocios que se quedan con el dinero y con las comidas. ¿Qué como puede ser eso? Sirviendo raciones muy mermadas y cobrando precios que no corresponden a la calidad y la cantidad. Hay emprendedores de cualquier actividad que quieren hacer una fortuna en muy poco tiempo, y como no lo consiguen, se quejan de que no tienen suerte.

A los empresarios que les pasan estas cosas, es porque quieren ganar una fortuna en muy poco tiempo. Estos, o no son inteligentes, o han sido mal asesorados. O no han leído nada de como conseguir el éxito y llamar a la suerte. A veces, a estos negociantes que solo piensan en ganar, no les suelen ir muy bien los negocios, incluso por el afán de ganar dinero muy rápidamente, se olvidan de cosas tan esenciales como la higiene y el buen trato al cliente, siendo estas unas de las bases para conquistar clientela.

EL ÉXITO DEPENDE DE LA INTELIGENCIA. 192

La honradez y el espíritu de sacrificio en el trabajo, serán factores imprescindibles para el éxito. Confía en las personas que son buenas trabajadoras por naturaleza, éstas, por lo general, son honradas, y serán buenas compañeras de viaje en tus andaduras en los negocios, pero cada uno en su lugar, el jefe es el jefe, y los empleados son los empleados. Acuérdate, de que tú solo, no tienes tiempo de ganar dinero; actúa con inteligencia, y rodéate de los mejores colaboradores. Un empleado sin interés en lo que hace, no te sacará de la mediocridad. Tú sabrás lo que te conviene.

EL LOCAL, SIEMPRE SE HACE PEQUEÑO.193

Cuando pensamos en este tipo de negocio, hemos de contar con un gran número de plazas, sabemos que el comedor se puede llenar de clientes en la primera hora de la comida, unos se irán marchando cuando terminan y las mesas serán ocupadas por otros, aun así, si dispones de poco espacio en el comedor, tendrás pocas mesas para servir, y como consecuencia, será difícil hacer grandes ventas

LA INSTALACIÓN. 194

El comedor de este tipo de restaurante se puede instalar tan bonito como se quiera, lo más recomendable es la sencillez, dentro del buen gusto y la esmerada limpieza. No entra en mis consejos, hacer que gastes más dinero del necesario en despilfarros de instalaciones. Los lujos son para negocios, donde se cobra eso, el lujo.

MÁS MESAS, MÁS OPORTUNIDAD DE VENDER. 195

 Hay métodos que funcionan bien, para vender muchas comidas. Cuando los clientes han terminado de comer, si se le retiran los platos, se encontrarían muy cómodos, y puede que echaran la tarde de charla, y al negocio lo estarían fastidiando. Los clientes piden que se les retiren los platos, se le contesta, enseguida, pero no se le retira ningún plato, así se marcharán más pronto; esas mesas que se van desocupando son muy rentables en la hora de la comida, si se vuelven a ocupar varias veces, salvo que dispongas de tantas mesas, que te puedas permitir el lujo de que la gente se quede más tiempo del necesario.

Esta forma de proceder, podría parecer un mal trato al cliente; pero lo que no se puede tolerar es, dar un buen precio y un servicio rápido, y que se queden la tarde de charla, ya que para eso están los restaurantes a la carta de mas categoría, en los que se ha previsto en el precio que se les cobra por la comida, y el tiempo de descanso y sobremesa.

SI LOS CLIENTES PIDEN CAFÉ. 196

Los que quieran tomar café en la mesa, que pasen igualmente por la barra. En la parte opuesta a la barra de la comida, puede haber una mini barra con servicio de cafetera, licores y otros, que termine igualmente en caja, y con el mismo sistema que la comida. El dependiente que hace el café, incluirá con el servicio, un albaran sin tachaduras, especificando claramente, el contenido de cafés y anexos, ya que éste se hace a elección del cliente, y puede haber variaciones en la clase de cafés, de licores y otros. Este cliente se llevará su pedido en una pequeña bandeja, y pagarán en caja, como está regulado en el proyecto de esta empresa. El tabaco estará en máquina, y los puros los venderán en caja.

Algunos de estos establecimientos, pueden un mostrador aparte, para tomar el café, y con el fin de que desalojen las mesas cuando terminen de comer. Cuando el cliente pregunta por el café, el camarero ha de responder con la mayor naturalidad, que el café se sirve en la barra. La empresa no tiene en su proyecto, tener un empleado para este servicio de cafés de modo individualizado. Esto del café se ha de estudiar muy bien, ya que cada empresario empleará la fórmula que más le convenga.

LAS PROPINAS Y LOS CAMAREROS. 197

En la hostelería, es corriente la gratificación o propina por parte de los clientes a los camareros, cuando ellos cobran la factura. En este tipo de negocio de autoservicio, el camarero no tiene esa oportunidad. Esto, la empresa deberá temerlo en cuenta, el bote es muy sustancial para los empleados, incluso en algunos lugares, lo comparten con el personal de la cocina, ya que todos participan en la producción. Cada empresa funciona a su manera. Si el negocio está en el lugar adecuado, se producirían buenas ventas. Sería recomendable, premiar a los productores, con un tanto por ciento de comisión bien estudiado, esto les estimulará lo suficiente, para hacer que el negocio funcione mejor, y se vendan más. Con esto no pretendo premiar a nadie sin motivos, lo que se persigue es, que el negocio tenga más beneficios, al aumentar las ventas. Y no se puedan quejar entre ellos, de que no hay propinas. Tampoco sería recomendable, que ese porcentaje se basara en la venta global de cada día.

Cada negocio tiene unos gastos mínimos que se cubren con determinadas ventas diarias, o mensuales. No sería lógico dar un mínimo tanto por ciento de la venta global. Lo normal sería, dar un tanto por ciento superiores, de lo que rebasen las ventas diarias o mensuales calculadas. ¿Qué ocurre con esta formula? Que se premian con una comisión, las ventas que se hacen por encima de las ventas fijas que cubren los gastos generales. En la hostelería, está muy claro, que la venta de un postre especial, o un plato fuera de lo tradicional al cliente, o la rapidez que las mesas se queden libres, para doblar los servicios, aumentarán las ventas.

REPARTO DE COMISIONES. 198

Este porcentaje y su reparto entre los empleados, lo acuerda la empresa con el encargado y en proporción a la categoría de cada participante. También puede ser opción de la propia empresa, distribuir estos beneficios a su criterio. Todos los empleados deberían ser participantes de los beneficios del tanto por ciento. Si un cliente llega casi a la hora de cerrar, estos, los empleados, estarán más predispuestos a que entre este cliente a comer y no le digan, "Ya estamos cerrando", o: "Ya hemos cerrado". Este tema se habla con el encargado, y el responsable de cocina, para que estén involucrados en la producción de las ventas. A los empleados se les hará saber, que se pagan las comisiones por la producción.

RELACIÓN ENTRE MESAS Y BANDEJAS. 199

Las que mejor resultado dan son, las mesas de dos plazas, acoplada la dimensión de su tablero a la de dos bandejas. Estas mesas, unidas, pueden ser tan largas como se quieran. Si las bandejas son pequeñas, los clientes no podrán coger todo lo que les apetece. Un supuesto; Si la bandeja mide 45 centímetros de frente por 35 centímetros de fondo, las mesas deberían medir 45 centímetros por 70 cm., o poco

más. Esto es un ejemplo, pero son tus propias ideas, las que determinarán lo que más te conviene. Cuando un solo cliente entra en el comedor, busca mesas libres, aunque siempre estará el camarero, para indicarle donde se puede sentar. Si se espera un determinado grupo de clientes, el cliente que entra solo, se le puede indicar la mesa que mas nos convenga, aunque a veces son los mismos clientes los que se dirigen a la que quieren. Como puedes ver, son cálculos imaginarios, pero cuando se tiene un local que no es muy grande y produce mucho dinero, cada centímetro es importante. Los cálculos aproximados de un comedor y su capacidad de comensales, son de un metro cuadrado por plaza, más o menos. En los restaurantes a la carta, se deja más espacio, porque pagarán más por todo.
Una bandeja amplia, tiene más futuro para la caja de cobro. Hay clientes que toman lo justo, pero hay otros que están poniendo comida y bebida en la bandeja, mientras cabe. Después si se lo dejan, es cosa de ellos, ya lo han pagado y no hay devolución. Tenemos que contar con los platos que queremos que quepan en éstas y que no sean muy anchos. Platos de unos 22 centímetros de diámetro dan buen resultado, unos pueden ser llanos y otros hondos. Prueba sobre una mesa cualquiera, el espacio que ocupan, un entremés o ensalada, un primero, un segundo, el pan, el postre y la bebida, todo eso se ha de meter en la bandeja. También te lo dejo a tu elección. Si las mesas son diez o doce centímetros más anchas que las dos bandejas. Sobre la mesa, y entre bandeja y bandeja, siempre quedaran esos diez centímetros intermedios, que pueden ser útiles, para otros servicios, como vinajeras, sangrías, botellas etcétera. Conclusión, por una parte, podemos tener poco espacio de local, y por otra, cuanto mas pequeñas sean las bandejas, menos oportunidades tendremos de vender más cantidad. Es por lo que hemos de pensar tocan.

CONEXIÓN ENTRE LA BARRA Y LA COCINA. 200

Es imprescindible que la barra de servicio y la cocina estén comunicadas directamente. Que la barra o mostrador dé a una pared o un lateral del local, que deje la mayor amplitud al comedor, y que esté comunicada con la cocina, para poder reponer todo cuanto se necesite en la misma, sin salir fuera, consiguiendo con esto, que la cadena de producción y venta no se detenga.

SILLAS Y MESAS DEL COMEDOR. 201

El espacio que ocupa una silla es de 50 x 50 centímetros, aproximadamente. Se dejará un pasillo entre filas de sillas por donde se pueda pasar, y suficiente para que el cliente pueda retirarlas hacia atrás cuando se sienta o levanta de la mesa. Todo esto se hace con arreglo a la necesidad de espacio y el tipo de negocio. Son datos muy aproximados, para que despierte tu interés como organizador, después podrá hacer lo que más te convenga. Sillas hay de muchas clases, pero que no sean ni plegables, ni tapizadas para que no interfieran en el desarrollo del trabajo. En las explicaciones de las bandejas, hemos hablado de las mesas, su medida proporcional a las bandejas, Las mesas de madera, y cuatro patas y sin travesaños, que se puedan apilar unas sobre otras. Este tipote mesa, ha de tener sólidas patas y bien sujetas, para que no rampa con facilidad.

ESPACIO DEL LOCAL. 202

Aquí ha de entrar el empresario con sus cálculos, y el tipo de negocio. Los locales que funcionan bien son los más caros de alquiler, por estar situados en mejores lugares. A veces, es el emprendedor y el organizador del negocio con sus ideas, el que puede hacer que un negocio funcione, aunque el local no esté en sitio privilegiado. Pero, en este caso, es la experiencia la que vale. El nuevo emprendedor no se puede equivocar, ha de buscar un buen lugar indiscutiblemente, y cuando tenga experiencia, ya verá lo que hace en futuros negocios. Instalarse en el mejor sitio cuesta mucho dinero, bien sea por traspaso o por el alto alquiler. Conseguir un buen local al precio que sea para un negocio, puede ser como comprar un décimo de lotería premiado, después dependerá del uso que hagas con la suerte de disponer de un buen local. Cuando hablo de un buen local, no me refiero al local en sí, me refiero a que sea un punto clave, para vender mucho.

LA VENTILACIÓN DE UN LOCAL. 203

Para este tipo de negocio es básica la ventilación, y, sobre todo, la parte que ocupe el público, que será decisiva para el buen funcionamiento del mismo. Hago comentarios dirigidos a futuros emprendedores. Un local frío o muy caluroso, la clientela lo rechaza. La instalación del aire acondicionado es cara, pero a la larga es rentable, la clientela lo notará, y, volverá. El aire acondicionado enfría o calienta el local, que se regulará mediante un termostato. Estos aparatos de refrigeración recogen el aire, lo filtran, lo calientan o enfrían y lo devuelven al local.

Hay una forma de cambiar el aire del local de vez en cuando con la refrigeración apagada. Se instala un extractor de aire independiente en el mismo local, y cuando se quiere hacer un barrido de ambiente se pone en marcha. En tiempo normal que no se necesita aire acondicionado, el extractor puede ventilar, eliminando olores y humos, la clientela se encontraría más cómoda, y como consecuencia habría más economía de electricidad. No olvides que el mayor tesoro del negocio es el público, y a este hay que cuidarlo, él nos puede sacar de la pobreza con su asistencia.

ASEOS PÚBLICOS Y PARA EMPLEADO.204

Todos los negocios de restauración están obligados por la ley, a disponer de servicios de aseos y W. C. Para señoras y caballeros por separado. También debe haber servicios de aseos y vestuarios para los empleados de la empresa, referenciados en capítulos anteriores

DÍAS FESTIVOS. 205

Los días festivos y las vísperas, son los de más venta. Para hacer fiesta esos días, se tendrían que dar unas determinadas condiciones. Pueden hacer fiesta estos días, restaurantes instalados en un polígono industrial, o en determinados lugares que ese día no tenga clientes. Pero en un centro urbano donde esos días la gente sale de cualquier sitio, no se debería hacer fiesta. La experiencia nos dice, que se pierden clientes. Restaurantes que no cierren ningún día hay muchos, y se podría afirmar que son la mayoría. Algunos hacen fiesta los lunes. Lo más rentable para el futuro del negocio, es no cerrar ningún día. Teniendo algún empleado de más, siempre se puede haber alguno de fiesta entre semana. Todo depende del volumen del negocio. Las fiestas semanales de los empleados pueden ser rotativas, y todos pueden ir teniendo tardes libres cuando les toca.

Puede haber alguno de los empleados de fiesta, y el negocio seguirá funcionando. Ya explicamos en el capítulo de trabajos extra, como la hostelería tiene oportunidad de encontrar trabajadores ocasionales para los días festivos.

La suerte es "una imagen en nuestra mente", que se hará realidad. Si nos lo proponemos. Esto se puede conseguir, con orden y disciplina en el trabajo, pulcritud y uniformidad del personal en el vestir, servicio rápido y respetuoso con la clientela, y calidad-precio. Parece que hablemos como si se tratara de un cuartel, nada es parecido, pero si necesario para que un negocio de cualquier tipo, llegue a la meta fijada. Es muy importante estudiar bien los precios de costo al comprar, para que cargando un buen Margen de beneficio, se puedan ofrecer precios regulares y aceptables. Los clientes son los que te pueden hacer tan rico o tan pobre como quieras.

La suerte la llevamos con nosotros sin saberlo, y hemos de descubrirla, para que nos acompañe a lo largo de nuestra vida. La suerte es maravillosa, y cuado nos toca su barita mágica, los que nos conocen, dirán de nosotros, ¿pero cómo lo haces que todo te sale bien? ¿Sabes que ocurre?

Que los negociantes jugamos con las cartas descubiertas, y las sorpresas las vemos venir. En los negocios, jugamos a ganar dinero seguro. Y con los juegos de azar, nosotros no jugamos a ganar, juegan con nosotros los amos de las loterías, de los casinos o los bingos, y siempre ganan ellos.

La otra suerte, "la del juego", es otra cuestión, que aun jugando mucho, son pocos los que consiguen ganar. Pero si que existe la suerte, en los que organizan los juegos, ellos siempre ganan, la suerte está de su parte. Si quieres ganar dinero fácil, pones un Bingo o un Casino, el banquero siempre ganas.

Recuerdo un libro que leí sobre la Organización de Ciegos, el problema que tenían los administradores de sus loterías, en España era, colocar los más de mil millones de pesetas, que recaudaban todos los días.

Empresa de gran poder económico, con grandiosas inversiones en muchas y diferentes actividades, según la lectura de ese libro. Y todo ganado con el juego. Ahí la suerte fue, la de haber puesto ese negocio. Pusieron el negocio de la suerte, en la que siempre ganan.

VAJILLA Y CUBERTERÍA. 206

La vajilla en general no tiene que ser de primera calidad. Los platos vasos o copas y demás, que fueran indestructibles, sería el sueño de los hosteleros. Una vajilla acorde con la idea y que tampoco sean tan frágiles que cualquier toque los desportille o los rompa. Son preferibles los platos que se rompan, y no se desportillen. Un plato con muestras de desgaste es un signo de miseria. Los cubiertos pueden ser de acero inoxidable inalterable, porque si estos están cubiertos de un baño metálico sea del que sea, tarde o temprano se irá desprendiendo y sería otro signo de miseria. Los vasos, de cristal. Este tipo de negocio no emplea ni manteles ni servilletas de tela, los emplea de papel. Los manteles y servilletas de tela, se emplean en los restaurantes a la carta. También puede haber mesas cubiertas con un mantel de cuadros u otros, y cubiertos con un cristal y no poner manteles. Se pueden tener previstos platos con su tapa, y vasos para refresco y cafés de plástico para llevar. Siempre puede haber alguien que los pida.

LA COCINA. 207

En capítulos anteriores, encontrarás ideas suficientes para el negocio de restaurante. Hay varios capítulos de la hostelería que debes leer, cada uno te dará nuevas ideas que te ayudarán a conseguir el éxito. En la cocina es indispensable una buena salida de humos, es el requisito imprescindible antes de tomar el local, y que esté instalada o que se pueda instalar. Un espacio para la cocina de 20 m2 de superficie no estará nada mal, todo estará relacionado con la capacidad general del negocio.

Un lavavajillas industrial, una cortadora de fiambres, trituradora y batidora, buena fregadera, que se pueda manejar, marmitas y cazuelas grandes, estanterías suficientes y fuertes, para depositar los platos limpios, hornilla de varios fuegos y horno, (si es a gas, estará bien), termo de agua caliente en la cocina y en los aseos. Otros estantes, mesas de trabajo suficientes, con las encimeras de acero inoxidable, ollas grandes, algunas de cocción rápida, cuchillos, sartenes y demás herramientas. Dos freidoras para separar sabores.

Las empresas de suministros industriales para la hostelería tienen de todo. Y la herramienta de cocina que el cocinero que oportuna.. Es imprescindible tener buenos frigoríficos, ya que éstos toman su parte de protagonismo, para que haya una buena economía. Piezas de pescado, aves o carnes que no tengan buena presencia pero que estén perfectamente comestibles, se congelan como hemos explicado y se tienen dispuestas para hacer otros preparados, como pueden ser croquetas ensaladillas de estos, o rellenos de empanadillas y otros.

EL AUTOSERVICIO DE CAFETERÍA. 208

Este servicio puede ser permanente. El servicio de cafetería es igual que el de las comidas, el mostrador o barra del autoservicio se ha transformado en servicio de cafetería. Por la mañana, cuando se entra en el pasillo de servicio, el cliente toma una bandeja más pequeña que la de las comidas, y se encuentra con pastelería, piezas de repostería, porciones de mantequilla, mermeladas, bocadillos y un sinfín de alimentos vendibles a esas horas. Las raciones de tarta u otras que se crean convenientes, estarán en platos individuales, torrijas, huevos duros, sándwich variados, otros vegetales, bocadillos, tapas, raciones frías, y otras para calentar en microondas, y todo cuanto se pueda servir en esas horas de los desayunos, y en las horas intermedias entre las comidas principales. Cubiertos de postre y desayuno, que el cliente tomará los que necesite, servilletas de papel, bebidas refrescantes, zumos naturales y otros, botellines de vino de ¼ y de ½ litro de, botellines de lácteos, porciones de helados individuales y demás. Cubitos de hielo.

Al finalizar el mostrador de autoservicio, y antes de llegar a caja, estará la cafetera, un estante con licores, y el camarero dispuesto a servir con la mayor rapidez, lo que pidan. La cafetera estará cerca de la caja, para que el café tenga menos tiempo para enfriarse hasta llevarlo a la mesa por el cliente. Estas explicaciones te pueden ser pesadas y reiterativas, pero si no fuese así, ¿Cómo aprenderías de mi experiencia, para conseguir el éxito?

A las horas de las comidas, los alimentos del autoservicio de pastelería, se reducen a la cantidad, y en esos espacios, se ponen comidas ligeras como pueden ser, verduras, consomés, alguna de legumbres, raciones de croquetas, carnes en salsa o empanadas de cerdo, pollo o ternera, algún pescado empanado sin espinas, etcétera, que puedan calentar en microondas quien lo desee. Después de las comidas, estas se retiran y volvemos a lo rutinario de las meriendas, y así funcionaremos. Y a la noche, cierre, y el tratamiento que sabemos para guardar las comidas.

CAPÍTULO 6º   209

RESTAURANTE PARA BANQUETES, BODAS, COMUNIONES Y OTROS.
BANQUETES   210

Un restaurante normal, igualmente podría servir para banquetes, siempre que disponga suficiente espacio. Es necesario disponer de un local bastante amplio, ya que de la capacidad del local dependerán los servicios de banquetes y otros que pueda hacer. En cualquier boda puede haber cien, doscientos o trescientos invitados, nunca se sabe. Cuando se trata de servir banquetes, ya no es obligado disponer de un local muy céntrico, puede estar situado en el que sea cómodo y de fácil aparcamiento, ya que es más importarte la capacidad de comensales que el sector. Recuerdo un pequeño bar en una calle secundaría de barrio, cuyo dueño conocía el negocio de los banquetes. Tomó en alquiler unos locales amplios frente a su bar, y los dedicó exclusivamente al servicio de banquetes. Los demás días de la semana los tenía cerrados. Los acondicionó con el mobiliario y enseres necesarios para el servicio. Aseos, y cocina acondicionada como ya sabemos. Se anunciaban para captar clientes. Cuando estos acudían, les enseñaban el comedor, con sólo cruzar la calle. Durante varios años estuvo sirviendo banquetes para bodas y comuniones.

NUEVO GRAN NEGOCIO PARA BANQUETES. 211

Este empresario de la hostelería, ha sido inteligente, aquella experiencia le valió para lanzarse a instalar un negocio a lo grande en su especialidad. Alguna vez estuve invitado al banquete de unos amigos. Está situado en las inmediaciones de una carretera general a unos doce kilómetros de la ciudad de Zaragoza. Unos acuden en coche particular y a otros los lleva la misma empresa que sirve los banquetes, en autobuses contratados, desde la iglesia o el ayuntamiento donde se casan los contrayentes hasta el restaurante, y al final del banquete los devuelven al lugar de origen, haciendo los viajes que sean necesarios. En el exterior, se encuentra una zona privada con un parking de gran extensión, con su empleado guarda-

coches. Es una finca privada de nueva construcción para este negocio.
Cuando entras, te encuentra con un recibidor, donde sigue un pasillo amplio y suficiente, las paredes con alguna decoración, buena iluminación y algunos jardines alrededor de la casa... Según íbamos andando por los pasillos, encontrábamos puertas de entrada a comedores privados de diferentes tamaños. Había un pequeño departamento con cunas para bebes, una especie de guardería para los niños pequeños de los invitados. Este negocio funciona exclusivamente, con el servicio de banquetes para bodas y demás eventos, salvo encargos de fiestas especiales en cualquier día de la semana.

Por lo general, los banquetes de bodas que son los más continuos, se realizan, entre viernes sábados y domingos, y algunos otros festivos. En la hostelería, de no conocer este servicio de banquetes, nadie se puede imaginar lo voluminoso del negocio. En una sola sección de comidas, en varios comedores, pueden hacer más de mil, dos mil comidas o más. Bueno, no hablaré de números o cantidades de comensales, ya que si se disponen de plazas suficientes, el negocio será más que aceptable.

CÁLCULOS ECONÓMICOS, COMO EJEMPLO. 212

Los cálculos los hago a ojo, ya que no es posible acertar con seguridad. Mi pretensiones hacerle ver a un futuro emprendedor, las posibilidades de negocio. Si disponemos de una instalación de tres comedores, en los que puedan caber 600 comensales, (2oo en cada uno), y sacamos la media del 50 % de ocupación, serían trescientas personas por semana. Cuatro servicios a la semana, serían 1200.- servicios cada mes. Si calculamos una media de 50 euros por servicio, como termino medio, la recaudación de un mes serían 60,000.-euros mensuales de recaudación. Que multiplicados por 12 meses, podrían ser 720,000.- euros. Esto es una idea aproximada, de lo que puede ser el negocio de toda una vida. Hablar de este tipo de negocios, creo que se escapa de los cálculos de un emprendedor que comienza con poco dinero. Pero bien puede ser una mata a fijar, si se quiere llegar. Esta muestra de negocio, puede ser una señal, por donde podemos marcar nuestro objetivo. El pago de impuestos por este tipo de negocio es igual que un restaurante, puede que intervengan los impuestos municipales de radicación por el espacio y sector, que es normal en cualquier otra actividad.

OPORTUNIDAD DE CLIENTES. 213

El servicio de banquetes está muy demando, las iglesias sólo casan los fines de semana, los ayuntamientos o los juzgados pueden coger otros días, pero los que se casan, siempre eligen los fines de semana, para comodidad de los invitados. Por esta causa, los banquetes son, por lo general, viernes sábados y domingos. Esto resulta beneficioso, porque al haber menos días para la celebración, todos los restaurantes de esta especialidad se ocupan con mucho tiempo de antelación. Cuando se inicia este tipo de negocio, al poco tiempo de su funcionamiento, se habrá acordando tantas fechas para banquetes, que cuando te quieras dar cuenta, tendrás la libreta llena de compromisos para celebraciones, por lo que acabarás por tener todo ocupado con bastante tiempo de antelación.

ENCARGOS DE BANQUETES. 214

En algunas ciudades se han de encargar los banquetes, a veces, hasta con un año de anticipación. Bien porque no coincida la fecha de la boda con el día libre que tiene ese restaurante para hacer este servicio, o por alguna otra causa, la cuestión es, que se ha de hacer el encargo con mucho tiempote antelación.
 La visita del cliente, buscando un día libre para el festejo. Cuando un cliente se presenta en un restaurante para pedir presupuesto, estas empresas ya tienen preparadas cartas de varios menús de distinto precio y variación. De todos los que piden cartas, vuelven algunos convencidos de que les interesa. Otros esperan algún tiempo pensándoselo, y, cuando acuden de nuevo, ese día que en principio estaba libre, ya está ocupado. En esa primera visita, se les enseña el comedor, explicando cuantos servicios realizamos, diciendo de las maravillas de nuestros empleados. Si se ven interesados, se les invita a cualquier cosa de beber, mientras se les explica cómo funciona y los servicios que se les pueden prestar, como baile con barra libre y demás. Esos servicios se pueden prestar completos, pero al posible

cliente, hay que recrearle los oídos, del maravilloso servicio que damos, y convencerles, de que este, es el lugar que buscan.

FORMA DE PAGO. 215

Al hacer el encargo de un banquete, al cliente se le han de hacer saber las condiciones de pago, con claridad. Se tendrá previsto un contrato estándar, para explicar en este, el precio del menú por cubierto. Los servicios extra que se acuerden con su precio, así como la forma de pago y otros. En ese acto del acuerdo, auque hay meses de adelanto para el festejo, se abonará el treinta por ciento del importe total presupuestado, siempre mediante contrato. Otro cuarenta por ciento, se abonará diez o doce días antes del banquete.
Cuando se aproxima la fecha del banquete, Llegada esa fecha, si no han venido a confirmar el encargo, y abonar el segundo pago, se les llama para recordarles, que han de hacer la confirmación con el abono correspondiente. El treinta por ciento restantes, se pagará el día del banquete. La cuenta o factura total del servicio será el pago final, en el que se cobrará, una vez sumados los servicios extra que puedan surgir, no previstos en el precio acordado. Habrá personas mayores, que prefieran alguna otra comida diferente por régimen o cualquier otro motivo, se les servirá lo que pidan sin darle importancia. Otras peticiones que se vean claramente "extras, y que se salen del menú acordado, se le consulta a la persona que hizo el encargo, y si está de acuerdo en lo que demanda alguno de los invitados, se les sirve.
Algunos clientes pueden pedir si consultar, a el que paga la factura, a veces puede decir, que el no autorizo tal servicio. Por otra parte; cuando los comensales están sentados y comiendo, se hace un recuento de los invitados, dos veces, para no equivocarnos en la cantidad de asistentes al banquete. Y en la nota final, se especifica el cobro total de todo cuanto se ha servido. En el contrato estándar, en el margen inferior y en letras más pequeñas, se incluirán determinadas condiciones.

Que se arrepientan del servicio al poco tiempo después de hecho el primer pago. Una sanción moderada.
Cuando la anulación sea pocos días antes de realizarse el banquete, puede que ya no haya posibilidad de ocupar esa fecha por otros clientes. Esta sanción será más importante, ya que las pérdidas serán

considerables, si ese día no se ocupa. Los quebrantamientos de mesa son, los que no acudan al banquete acordado, entonces se les cobra el 10 % del importe de ese menú no servido. Si, por otra parte, pasa del número de invitados del acordado, se les cobra el precio de cada uno de los que asisten, con todos los suplementos acordados por plaza.

Si esta empresa se encarga de tarjetas de menús con el nombre de los novios, adornos florales, se les cobra su importe, con el beneficio. Se puede prevenir Refuerzo de postres, -los que repiten- se les pone un suplemento de un 10 % sobre el precio por menú. A estos precios y a toda la factura, se les añadirá el IVA que corresponda. Todo esto, ha de estar escrito en el contrato como lectura secundaria, para que a la hora de discutir el cobro de un servicio por el cliente, tenga v bien claro que está previsto en el acuerdo.

SOBRE LA FORMA DE PAGO. 216

SI un cliente decide hacer el encargo y entrega un talón a cuenta, éste se lleva al banco se ingresa o se cobra. Si eres cliente de ese banco, tal vez te interesen informes bancarios de este cliente, por si te vuelve a pagar todo con talones. En el segundo pago puedes o no admitir otro talón, actuarás según tu criterio. El tercero y último pago se le dice muy claro, que se ha de hacer pago en efectivo y al contado. Lo ideal es que paguen todo en dinero en efectivo. No son frecuentes los casos en los que se marchen sin pagar. Es un aviso para que no seamos nosotros los primeros, que no cobremos el tercer pago. Esto no es desconfiar, es prevenir. Es importante hacer este cobro final, antes de que se marchen todos los invitados. Puede parecer que soy desconfiado, pero si algo falla, o no te sale bien por confiado, yo me eximo de responsabilidad. Bueno, las cosas no son tan alarmantes, por que más que otra cosa, en las bodas, el factor invisible suele ser el orgullo, pero…, nunca se sabe todo.

SERVICIO DE BAILE. 217

Los comedores pueden tener una zona, como prolongación del comedor, como pista de baile, los clientes prefieren zonas privadas para sus invitados. Se ha de calcular que, por muchas personas que acudan a la pista, nunca serán más del 20 % de los que acuden al

banquete. Con este dato se puede prever el espacio necesario para esta zona. Al dar el precio del menú por persona, se les puede ofrecer, baile después del banquete. Este servicio tiene un precio no incluido en el menú. Se le incluye barra libre en el tiempo del baile, tanto para los que bailan como para los que están sentados. Haciendo la aclaración de que son bebidas normales, y que si piden alguna botella de champaña o cava, se pagará aparte; esta es una sugerencia, ya que según el importe de la factura, se podrá ser más o menos espléndido con estos servicios extra.
Muchas personas no beberán nada, y otras repetirán más de una vez. Los cálculos normales de barra libre pueden ser, cobrar una consumición por cada invitado. El servicio de baile lo han de confirmar al hacer el encargo definitivo con el primer pago. Al efectuar el primer pago, se les hace una nota por la cantidad correspondiente total, en la que dice el precio por menú y los servicios de balie, adornos florales, y tarjetas, si así lo desean. En esta parte del baile, habrá un mini mostrador y un camarero, para servir lo que pidan los clientes.

EJEMPLO DE UN MENÚ CORRIENTE DE BODA. 218

MENÚ N. º6

(**1º Plato**) Entremeses Variados fríos y calientes, compuestos de jamón serrano, Jamón York, ensaladilla, huevo duro, gambas cocidas, empanadilla y croquetas, etcétera. ((**2º plato**) Lubina al horno con guarnición de verduras.(**3º plato**) Entrecot de ternera en su salsa, y guisantes. **Tarta de Boda**, helado, cava, vinos selectos, café y licores.
Precio 60 €, más + IVA
 Al final de una carta con varios menús, podría decir lo siguiente.
Suplementos de grandes celebraciones.
Tarjetas de menús y adornos florales: 10 % de suplemento.
Si no desean licor, se descuenta el 5 % por menú.
Si no desean tomar cava, se descontará el 5 % por menú.
Por falta de comensal, se cobra el 10 % del precio de menú.
También se podría decir al final de una carta de menús, que se entregan a los que piden información. Adornos florales y tarjetas personalizadas a elección. Las combinaciones de menú se pueden

modificar a su elección, no dude en proponernos cualquier variación. A estos precios se añadirá el IVA correspondiente. Será bueno, tener muestras de tarjetas de mesa con los menús, facilitada por la imprenta, para que el cliente pueda elegir. El cliente indicará lo que debe decir la referida tarjeta, además de poner nosotros, el menú elegido por ellos.

SOBRE MÚSICA Y BAILE. 219

Es corriente tener dos músicos con los instrumentos precisos de piano u órgano y otros. También he visto en algún lugar una pantalla gigante, en la que se ve una orquesta tocando las canciones del momento. Todo es cuestión de tener los discos idóneos y la instalación conveniente de sonido. Las horas de baile se especifican de antemano. Lo normal es que entre comida y baile no pasen de cuatro horas. Una comida que se sirve a las dos de la tarde, puede durar entre ésta y el baile, hasta las seis de la tarde o muy poco más, ya que se han de montar las mesas de nuevo para la cena siguiente.
Se ha de tener previsto el tiempo de duración del cada servicio, ya que si por los invitados fuera, estarían horas y horas bailando, y se juntarían con las cenas.
Las que empiezan a cenar a las nueve de la noche, deben terminar sobre las una y media o dos de la madrugada. El personal empleado ha de saber de antemano cuando termina su jornada, aunque en hostelería todo es muy relativo. En estos casos, los camareros extra terminan su jornada cuando retiran los servicios de postre y dejan servido el café y licores.
Después, quedan para cualquier servicio extra, y control de servicios, los camareros fijos, que a veces con uno o dos por banquete son suficientes. Sobre el precio del invite con baile, si son músicos, se les cobra el doble de lo que se les paga a estos, ya que también hay otros gastos de servicio que no se perciben... Ejemplo: si tenemos un banquete de cien personas, cobramos cien consumiciones de la barra libre, más el gasto de músicos. Además de los extra que no entren en el acuerdo. Ese precio acordado puede ser el precio del baile con barra libre que se agrega al precio del menú. Todo es aproximado, ya que nos atendremos a las circunstancias y precios del momento.

ASEOS. 220

El espacio de los aseos lo dirá el técnico en el proyecto. Los servicios van con relación a la capacidad de plazas del establecimiento, así como los aseos y vestuarios del personal empleado. Más información, en los primeros capítulos. En las normativas actuales para servicios de aseos, están previstos como obligatorios, los destinados a inválidos. En el departamento correspondiente del municipio, informarán de las normativas vigentes.

LA COCINA. 221

Esta ha de ser suficientemente grande para poder desarrollar estos servicios. Todo lo que esté bien organizado de antemano, siempre saldrá bien, ya que a veces coinciden dos o más banquetes al mismo tiempo. Cuando se hace el encargo de una boda, ya se tiene prevista la siguiente, una se programa para las dos de la tarde, a otra se les da a las dos treinta. Debe haber las hornillas y fuegos necesarios, así como hornos para asados. Cuando la capacidad de plazas es muy grande, las herramientas de la cocina y la conservación tienen que ser igualmente en proporción. Ejemplo general: si tenemos tres banquetes a la hora del medio día, tenemos cien cubiertos, y hay segundos platos de asados de carnes, y otros de pescado, se van elaborando en el mismo día con suficiente tiempo, y guardando en cámaras calientes, para estos casos. Si se pone en las cartas: "Cordero asado en su jugo" o "solomillo asado con salsa tal, o en su jugo", o cualquier otra expresión que diga o haga entender que lleva jugo, ya tenemos la solución para la buena presentación de esa carne, aunque lleve un tiempo hecha. Estas estarán calientes, y al servirlas se las riega con su jugo, hirviendo. Esto son cosas del cocinero, y que el emprendedor acaba sabiendo por su propio interés. Cuando "se está en lo que se que está haciendo", cualquier trabajo es muy fácil. No tenemos que olvidar lo que te he dicho en alguna otra página; que el trabajo nos enseñará, y con la práctica nos haremos maestros. Lo más difícil para este interesante negocio puede ser, tener el dinero o el crédito necesario y encontrar el lugar idóneo. Lo demás es coser y cantar.

LA COCINA FUNCIONARÁ COMO UNA FÁBRICA. 222

Cuando son encargados los banquetes por los clientes, la persona que está en este puesto de recibirlos, ha de saber que el negocio se lleva mejor, si a todos los banquetes se les sirve el mismo menú. Este trabajo de convencer al cliente de la comida que más le conviene, es cosa de la persona bien aleccionada que toma el encargo. Al cocinero jefe y a la cocina en general, se le complica menos el trabajo si todos los clientes piden el mismo menú. Es muy difícil que todos los servicios coincidan, pero ahí dejo la idea. Esta explicación es sugerente, ya que con una buena organización, nada es difícil. Hemos de tener espacio suficiente, estantes abiertos, de fácil acceso con las manos, a todos los platos que pueda haber extendidos en momentos determinados.

Si tenemos doscientos platos de entremeses, o quinientos o más, no podemos poner a una persona que haga un plato completo, y otro y otro. Si llevan una loncha de jamón, se reparte a todos los platos el jamón y después a todos las croquetas, y así sucesivamente; el reparto se hace en serie, y entre las personas necesarias, pronto se han preparado. Los trabajos bien organizados y hechos en serie, se hacen todos iguales y en menor tiempo. En este tipo de trabajos, los plateros o estantes para platos preparados, son muy importantes, ya que preparar una determinada cantidad de platos, siempre se peca de espacio para ponerlos.

LOS MISMOS CAMAREROS PARA LOS MISMOS BANQUETES. 223

No te alarmes por la cantidad de servicios. En cada comedor puede haber un camarero responsable y un ayudante, que estarán pendientes de que todo se mantenga en orden, después de todo puesto en su lugar. El pan y las bebidas que no sean frías, estarán puestas en las mesas. El jefe de camareros (responsable de los servicios en general) es el que dice qué comedor se sirve primero. Este sabe los platos de cada banquete, y él será el que dará la orden de servir los platos correspondientes.

El jefe de cocina y el responsable son los estrategas del funcionamiento. Cuando el responsable le dice al jefe a la cocina: "A servir el primer plato al comedor número uno", todos los camareros disponibles, y que no hagan nada en ese momento, sacarán los primeros platos a ese comedor. En ese momento, el personal de la cocina y los camareros se convierten en autómatas. Una persona acerca platos limpios, otros ponen las carnes o el pescado y otros la guarnición, etcétera, los camareros sirven esos platos a destajo, y en pocos minutos ese servicio está terminado. Puede haber alguna persona mayor que diga que está a régimen, se le complace con agrado y se le sirve una verdura y un pescado hervido, o lo que sea, sin más comentarios. El jefe responsable y el jefe de cocina, ya habrán hablado, por lo que enseguida sacan los primeros platos del comedor número dos. A continuación se sacarán los del comedor número tres. En breve, el primer comedor ya casi habrá terminado, por lo que el jefe dará la orden de retirar estos servicios. Después vienen los segundos platos, y así sucesivamente. No hay que olvidar que la mesa que se sirve primero es la de los novios. Si es una mesa larga, y ellos están en el centro, los primeros son ellos, y a continuación, los que le siguen.

POSTRES Y CHAMPAÑA O CAVA. 224

Una vez retirados los servios de los segundos platos, se saca la tarta nupcial. Es costumbre tener un sable con poco filo que se les entrega a los novios para que hagan el corte de la tarta. Se le sirve a los novios su ración en ese momento, y el resto se retira a la cocina para su distribución en serie, o se reparte desde ese mismo lugar al resto de invitados, aunque la primera idea es la mejor, se lleva a la cocina, y se sirve el postre a todos los invitados, con el mismo sistema que los platos anteriores. Entonces se saca a las mesas el cava o champaña. Se calcula una botella para cada cuatro personas, y se van sirviendo esas medias copas iniciales.
Cuando se termina de servir a todos, los camareros van pasando por las mesas y repartiendo a los clientes que quieren más. De esas botellas que se sacan, se les van dejando medias por algunas mesas, para que se la sirvan ellos mismos. Estos cálculos son aproximados, ya que en el precio del menú se habrá previsto una botella por cada cuatro invitados, o más. Alguien pedirá más champaña, estas botellas que puedan pedir, ya se han previsto hasta completar el cupo asignado con el menú. Si piden más de lo acordado, ha ser la persona que paga la que dará la orden de que se sigan sacando, y cuántas, ya

que éstas se les cargarán en la factura como extras. El servicio a la mesa de los novios y padrinos, tendrá prioridad en todo.

SERVICIO DE CAFÉ. 225

Unos camareros repartirán tazas para el café, otros llevarán una jarra con leche y otra con café calientes, azúcar, sobres de descafeinados, agua bien caliente y sobres de infusiones. El camarero sólo tiene que ir preguntado: "¿Solo, con leche?, etcétera". Los que toman infusiones no serán muchos, pero se evita hacer paseos a la cocina. Otro camarero puede ir con dos o tres botellas de licores, y repartiendo detrás del café lo que cada cliente pide. Después, algunos pedirán agua o poco más. Puede que pidan algún refresco, y se sirve, porque ya está incluido. Habrá personas algo pesadas, que no paren de pedir, se les sirve sin mucha diligencia.
Cuando se hace el presupuesto para confeccionar un menú, se hacen los cálculos de costo por igual a cada menú, y después son muchas las personas que no consumen licores, por las otras que toman más. Así que una cosa por otra. El objetivo de este trabajo es que cada servicio que se haga se ejecute con la mayor rapidez y atención al cliente. Si sólo hay seis camareros fijos, como extra puede haber diez o los que convengan como extras. Los camareros extra se contratan solamente para los tales banquetes.

PERSONAS EMPLEADAS FIJAS. 226

El equipo de trabajo puede ser el necesario para el funcionamiento del negocio, en todas las horas de su organización, y el personal extra se emplea en los horarios de los banquetes. Como fijos, puede haber el cocinero jefe, y las personas que sean necesarias para la cocina. La cantidad de empleados necesarios no se puede anticipar, siempre dependerá del volumen del negocio fijo, y el trabajo extra de los banquetes. Dependerá, igualmente, de su orientación y en el sector que se instale. También puede ser un restaurante con clientela diaria, que además sirva banquetes, y que igualmente tendrá determinado personal fijo. Cuando este negocio solo se dedica a banquetes, la mitad de los días de la semana, pueden ser de media jornada, para la organización del trabajo y otras necesidades, y los días clave de más trabajo, la jornada será algo mas larga... volvamos al mismo estribillo, el trabajo enseña, y la práctica nos hará maestros. Un empleado puede tener algunos días de fiesta, por que cuando toca trabajar, son los fines de semana. En el contrato de trabajo para empleados, se tiene previstos un horario laboral diferente, los correspondientes honorarios acordados. Una vez que se dispone del local y se conoce su capacidad, es fácil de calcular el personal necesario.

El asunto del personal nunca será problema, ya que hay una buena cantera de camareros disponibles, por diferentes motivos, bien sean estudiantes o trabajadores de otros gremios, que trabajan los fines de semana para incrementar sus ingresos. Estos, además de no ser profesionales en su mayoría, enseguida aprenden, ya que este trabajo de servir banquetes es fácil, por ser una rutina que siempre se repite. También hay profesionales de la hostelería que trabajan en diferentes empleos, y los fines de semana, hacen trabajos extra. En el capítulo de trabajos extra explico cómo se buscan y lo que se les paga a estos trabajadores extras, que además de este trabajo, suelen trabajar en empresas como fijos. Es fácil manejar este trabajo, cuando se aprende de un "negociante". Cualquier trabajo es uno más, todo lo que te puede parecer difícil, en la práctica, no lo es tanto. Si piensas que sin ser tú cocinero profesional vas a ponerte a guisar para este negocio, estás equivocado. Te habrás de buscar un eficaz cocinero, como el mejor acierto.

DISTRIBUCIÓN DE LAS MESAS DE COMEDOR. 227

Hay establecimientos con este tipo de negocio que, disponiendo de grandes espacios, no han hecho muchos tabiques de separación, tienen cortinas correderas o biombos móviles, de sujeción segura y fácil de trasladar de lugar, con los que pueden hacer comedores independientes de determinadas plazas. De esta forma, se pueden dar varios servicios al mismo tiempo, sobre todo comuniones, que suelen ser de menos invitados que las bodas.

MESAS MÚLTIPLES. 228

Cuando se trata de restaurantes normales, para improvisar mesas corridas, muy frecuentes en estas celebraciones, se tienen tableros exclusivamente para este servicio. Estos tienen la anchura de las mesas normales, se apoyan por sus extremos sobre sólidos caballetes y se consiguen mesas tan largas como se quieren, en las que los comensales se sientan a ambos lados. También son muy corrientes en estos restaurantes para banquetes, las mesas redondas de seis, ocho, o diez plazas. Tanto el local como el mobiliario, se han de distribuir, con arreglo al espacio y a la idea de negocio. Los restaurantes dedicados en exclusiva a este servicio, tienen previsto el mobiliario fijo adecuado, que por lo general, son en gran parte mesas redondas.

VENTILACIÓN. 229

Como este tipo de negocio funciona en todo tiempo, es necesario el aire acondicionado frío y caliente; siempre se acomodará al clima del lugar. En estos servicios no se puede prescindir de un buen ambiente climatizado, ya que son muchos los invitados en edad de casamiento, que pueden ser futuros novios, a los que les sirvamos el banquete. El descontento de solo uno de los invitados, puede dar lugar a que produzca una mala campaña, en perjuicio de nuestra empresa. Hay que llevar como máxima la de dar el mejor servicio, aportando todo lo necesario para ser los mejores. Y, por supuesto, hay que cobrarlo todo. La captación de clientes para un nuevo banquete en el grupo de invitados en una boda, no influirá en el precio, pero sí en el buen servicio en general. Nunca mejor dicho que en este caso: la esplendidez te traerá riqueza y la tacañería pobreza, en tus manos estará la elección. Siendo nuestras tarifas de precios las normales de estos servicios. Las buenas comidas y el buen trato a los clientes serán suficientes para que nos traigan otros.

VESTIMENTA DEL PERSONAL. 230

Camareros y camareras han de tener una presencia impecable, su vestimenta debe de ser la clásica, de chaqueta, pantalón o falda, negros, zapatos negros, camisa blanca y corbata o pajarita. Si el lugar fuese de un clima suave, la vestimenta se podría corregir, podría ser, en lugar de chaqueta, chaleco. La imagen del negocio, en parte, la dan los mismos empleados, sus modales y su aseo queda impreso en la retina de los invitados, y su repercusión en el negocio será favorable, o todo lo contrario. Si tenemos un buen servicio y la comida es mala, o a la inversa, eso se dejará notar enseguida. ¿Que cómo se puede evitar esto? Es muy simple, ser el mejor en todo aquello a lo que nos dediquemos. Y aunque no seamos los mejores, siempre quedaremos un buen lugar. El responsable no debe de tener reparos en corregir a aquella persona que no guarde la compostura, la higiene personal y el respeto necesario con todos los invitados por humildes que sean. Su apariencia nos puede engañar, ya que es fácil equivocarse.

Otras recomendaciones. Si llega algún caso de que alguno de los empleados no acate las normas de la casa, será necesario prescindir de estas personas inmediatamente, podrían crear problemas y no dar buena imagen del negocio. Todo se contagia, tanto sea lo bueno como lo malo. En este gremio se da el buen entendimiento entre los que mandan y los que obedecen, y nadie puede venir de nuevo a cambiar las normas. Si la disciplina y el orden se implantan desde el primer día, la persona que no se adapta, ella sola desaparece. Recuerda, al mismo tiempo, que más se consigue con miel que con hiel y, todos los negocios funcionan muy bien con puños de acero y guantes de terciopelo.
Siempre será muy bueno, tener al encargado correspondiente, que dirija a los empleados, con las órdenes del jefe.
Amigo emprendedor, poner un restaurante de este tipo, ni es más fácil ni más difícil que poner cualquier otro negocio. Si eres del gremio de la hostelería, estoy seguro de que la mitad de lo que se habla en este libro lo sabes. Habrá otras muchas cosas que se puedan aplicar al gremio, y que son puramente de negocios, en las que no has pensado, y ahora las descubres, ¿verdad? El emprendedor que no conoce este gremio, que no se acompleje, este es un negocio más, y si has leído las páginas anteriores de este libro, ya sabes cómo tienes que actuar para conseguir el éxito en cualquier actividad a la que te dediques. Este es un negocio más, no lo olvides. Pero uno de los buenos.

LUGARES, DONDE PUEDEN FUNCIONAR BIEN ESTOS NEGOCIOS. 231

Como vengo explicando, lo importante es la capacidad de espacio. Lo ideal sería una nave industrial en una carretera general, no muy alejada de las grandes o pequeñas ciudades o núcleos de población, y que tuviera un polígono industrial a su espalda, para que se pueda disponer de suficiente espacios para aparcamiento de vehículos. La ventaja, de ese lugar sería, que se podría tener un restaurante de servicio diario de comidas, empezando por los desayunos. No te alarmes, de que sea un negocio de mucho trabajo, tienes que tener empleados por necesidad, por lo tanto, ya no serás tan esclavo como el que tiene un puesto de trabajo que no puede abandonar, y que el negocio no funcionaría si el emprendedor no está presente (físicamente), a todas horas.

Estos negocios se planifican para que se trabaje con una buena dirección y subdirección, o un encargado, que se responsabilice del personal, y que cuando no está uno está otro. El negocio estaría asegurado con el trabajo de cada día, y el servicio de banquetes, sería el súper-negocio. Esto, de instalarlo con conocimiento y acierto, sería la cuadratura del círculo. Otra posibilidad, si no hay un polígono industrial del que nos beneficiemos, sería tener un restaurante de carretera, que funcionaría todos los días, y, además, sirviera los banquetes los fines de semana. El emprendedor no debe asustarse por el mucho trabajo, ya que el mayor trabajo es organizarlo, después, con la ayuda de los empleados, todo irá sobre ruedas, incluso podrás tener tiempo de ir a pescar, a jugar al tenis o tu entretenimiento favorito. Pero la realidad será que habrás creado el negocio de tu vida.

SOBRE EL ALQUILER O COMPRA DE UNA NAVE INDUSTRIAL 232

Estaría bien en un cruce de carreteras o en una carretera principal cerca de la ciudad. Lo ideal sería comprarla y pagarla en treinta años, se podría ir desgravando en parte. Si fuera en alquiler, este contrato lo tendría que hacer un buen abogado, debería ser con derecho de compra en un plazo prudente, ya que, de otra manera, se estaría

haciendo una labor que algún día se podría perder. Si no sabes como funciona esto, te lo explico ligeramente en lo que lo conozco. El derecho de compra de un local alquilado, (un abogado es el que tiene que plasmarlo en un contrato, al tomar éste en alquiler). Ejemplo de contrato:
"Esta nave y los terrenos colindantes para aparcamiento tienen un valor que se hace constar, se toman en alquiler por 100 unidades de dinero (de la cantidad que se acuerde al mes). Con derecho a compra, después de tres años o de cinco años (o de los que sean)". El propietario dará ese tiempo para decidir al inquilino, si decide comprarlo. El dinero que se ha pagado de alquiler, se descuenta del total del valor del importe a pagar por la finca. Esto es delicado, y se ha de hacer con conocimiento y seguridad, por un abogado. Cuando el emprendedor descubre que el pago de una hipoteca se puede realizar con los ingresos de este negocio, lo tiene bastante claro. Esta puede ser una forma de comprar, ya que en la compra está el mayor negocio del futuro. Ten en cuenta, que yo te indico el buen camino, "el camino de la suerte", y tú eres, el que lo ha de andar.

CARTAS DE MENÚS DE BANQUETES. 233

Se manda a una persona de tu confianza por varios restaurantes de este tipo, diciendo que busca un restaurante para una boda y que necesita cartas de menú y precios (los darán con facilidad. Cuando tengas un negocio como el que hablamos, darás muchas cartas de menú, de las que no tendrás noticias ni encargos). Con estas cartas a la vista podrás crear las tuyas, unas las modificarás en parte y otras las crearás a tu gusto, pero te servirán de orientación de lo que puedes hacer y ofrecer. Cuando tengas decididas las cartas, las encargas en la imprenta llevándole el boceto de lo que quieres, con las explicaciones de tu idea. Para estos trabajos de imprenta, siempre hay alguna especializada, que las hacen muy atractivas.
 Para el cliente todo cuenta, la imagen de tu negocio, los servicios que prestes, el precio del menú, y de lo que está compuesto éste. A las pocas semanas del funcionamiento de tu negocio, será más que suficiente para inventar platos y menú a tu gusto. Si encuentras un buen cocinero con experiencia, este puede participar en la composición de los platos de menú, pero nunca en los precios de

venta, estos serán cosa de la empresa. Los cálculos de costo. Si desconoces el negocio, ya te explico cómo debes proceder.

Con lo que has leído en este libro, y acompañado de personal capacitado y profesional, conseguirás que cualquier negocio triunfe. ¿No sabes cuánto te cuesta en dinero una ración de solomillo o un entrecot o una ración de determinado pescado? Sólo tienes que decir al cocinero, corta un kilo de carne de esta en raciones para menú o para banquete, cuentas las unidades y averiguas el costo. Reparte lo que te cuesta un kilo sobre las piezas que salen, y sabrás el precio de cada una. El emprendedor debe saber lo que cuesta cada unidad de todo cuanto manipula en

el negocio, para poder componer el precio de venta. Si quieres ser más metódico, puedes tener una pequeña basculita, y pesar cada componente en crudo. Enseguida sabrás el valor de las cosas, anota en tu libreta, y no confíes en la memoria. Si te pones a contabilizar el costo de un menú, primero lo confeccionas, y después contabilizas el costo de las materias. Si es para un restaurante normal, las multiplicas por tres o por cuatro, y si es para un banquete, será por más, ya que éste es un servicio muy especial en el que hay que disponer de más instalación y más servicios. Aun así, vuelvo a repetir, te has de conseguir cartas de restaurantes, para saber cómo venden, y actuar según te convenga. Sé de algún restaurante que, una vez acordado el encargo del menú para el banquete y pagada la primera parte, invitan a los novios a una comida similar a la que van a servir el día de la boda. Esto se hace como publicidad y si el encargo merece la pena. Ser espléndido, no quiere decir, dar a diestro y siniestro, acuérdate de que nadie se ha hecho rico dando, y tú, aquí estás para lo estás.

ALMACÉN PARA ALIMENTOS. 234

En este negocio, es importante tener un buen almacén controlado, estantes suficientes y una buena cámara de congelación, ya que será mucha la mercancía que se utiliza, que, como provisión, se mantiene congelada. Cuando se trata de grandes servicios, no se puede ir buscando precios en el momento de necesidad, se han ido haciendo con meses de anticipación. Como está bien claro, la anticipación en todo es importante. Es como aquel dicho: el prevenido vale por dos.

Para el control del almacén ha de haber un responsable que siempre sepa lo que hay y lo que se necesita. Si todos los empleados entran y sacan del almacén mercancía sin control, puede llegar un día que no haya de lo que se busca, y nadie será culpable del tal olvido. Por eso debe estar bajo llave del responsable. Él anotará lo que sale y lo que entra, y siempre se sabrá la mercancía que hay en existencias en el almacén y las cámaras. ¡Se podrá controlar si hay ratones! Los negocios grandes son con los que se obtienen mayores benéficos, y las grietas de fuga que se pueden producir, a veces son inevitables, pero si se dejan por lo libre, las grietas se hacen cada vez más profundas.

 Me decía un maestro de negocios, en una ocasión: "Los controles no deben ser compartidos entre varias personas, porque nunca sabrías quien fue el autor de la ¡rotura!"

Para instalar un negocio de este tipo, vale la pena venderse hasta la camisa, y las próximas que te compres, serán de las mejores sedas. Huelga decir que un menú de banquetes los servicios de cristalería y cubertería se ponen completos, además de manteles y servilletas de tela. Si este negocio se dirige con la colaboración de un profesional de verdad, como necesariamente ha de ser, él será el mejor consejero para el trabajo y el material necesario. El tema de la publicidad es sumamente necesario. Como ya sabemos, la publicidad es imprescindible para cualquier empresa que quiera crecer. En este caso en concreto, es aun más importante que se haga en toda la provincia, ya que serán muchos los clientes que acudan desde lugares alejados. Además, son gastos que desgravan en la renta. La publicidad, para que sea efectiva, se debería delegar en una agencia, y que esta se ocupe del tema con la suficiente eficacia.

CAPÍTULO 7º   235

BUFFET LIBRE Y SERVICIO DE CATERING. MÁS COMUNES. 236

Este servicio de restaurante es bastante normal en una gran mayoría de hoteles. Consiste en que los clientes elijan ellos mismos, la comida expuesta a su alcance, y se la lleven a la mesa... También existen restaurantes, exclusivamente para hacer este servicio de buffet libre. Los servicios e instalaciones básicas de éste, pueden ser muy parecidas a cualquier otro de los restaurantes que hemos explicado en otros capítulos. Instalación de buffet libre. Las vitrinas-contenedoras de los que se sirven los clientes la comida, son parecidas, a los del autoservicio, aunque con alguna diferencia. Pueden estar en muebles ubicados a un lado del local, que a su vez estén comunicados con la cocina, por la parte opuesta a la de servirse el cliente. Suelen ser muebles de mantenimiento, unos para conservar los alimentos calientes y otros fríos. Este tipo de contenedores se instalan a conveniencia del negocio, aunque los más prácticos son los que están conectados a la cocina. Hay algunos con forma de isla, y que por todo su alrededor tienen bandejas con los alimentos.

FUNCIONAMIENTO DEL NEGOCIO. 236

Las fuentes contenedoras de los alimentos expuestos para que se sirvan los mismos clientes, han de ser reducidas de tamaño y de poco fondo, ya que no es conveniente que haya mucha cantidad de una misma comida, por el contrario, debe haber mucha variedad. En platos calientes, puede haber algunos guisos, clases de sopa, puré, carnes asadas, pescados etcétera... Son muchos los platos fríos y diferentes que se pueden ofrecer. Entre los que se encuentren ensaladas, diferentes clases de ensaladillas, de atún, de pollo de pescado etcétera, vinagretas, pescados en conserva, huevos en diferentes modalidades, quesos y embutidos, fiambres de varias clases. Cuando se refiere a ensaladas, se pueden tener bandejas de zanahoria rayada, de lechuga, cebolla, y todo cuantos productos sean necesarios para componer una ensalada, además de que hace buena vista, resulta adecuado para que puedan ser compuestas por los propios clientes. En general, platos fáciles de conservar.

Un cocinero sabes mucho del tema, pero el emprendedor no se ha de conformar solo con eso. Ha de visitar diferentes comedores de este tipo, donde descubrirá formas de hacer, ver la distribución de los alimentos, de lo que pueda tomar buena nota, y decidir los que mas se utilizan. Además, servirá para calcularlos muebles contenedores de alimentos que necesitaría el emprendedor. En postres, puede haber variadas frutas naturales y en almíbar, flanes, helados de diversos sabores y un surtido en repostería. La calidad suele ser aceptable, tomando en cuenta que en esta caso nos referimos a restaurantes de buffet libre, en los que predominan las comidas de calidad y costo intermedio.

En este tipo de restaurante no se pueden poner alimentos de muy alto valor de compra, ya que los precios de venta al público suelen ser precios un poco más altos que un menú popular. En los hoteles, la calidad va con relación al precio y la categoría de éste, salvo en los que acuden los clientes de la tercera edad, que tienen precios establecidos de antemano, y cuyas comidas son muy similares a las que sirven en restaurantes de buffet libres populares. Incluyen pan. Hay que tener presente, que se tira ducha comida. En algunos lugares suele haber algún cartel de aviso a los clientes, para que se pongan la comida que se van a comer.

BEBIDAS. 237

Las bebidas, por lo general se pagan aparte de la comida, suele haber un precio por comer lo que se quiera, y las bebidas no entran en el precio. El cobro de las bebidas se puede estudiar lo que más conviene. A En algunos establecimientos, entregan una nota a la entrada, y en esta, el camarero que sirve la bebida cuando la piden, anota la consumición. Esto se hace para mejor control, y que solo toque el dinero la caja. También se puede cobrar el menú a la entrada, y cuando el cliente necesite una bebida, que acuda a un mostrador a pedir las bebidas y pagarlas al contado, que este puede valer a su vez, para servir cafés y licores. Cuando visites alguno de estos negocios, estoy seguro que sabrás lo que mas te conviene. Si piden agua, solo hay del grifo. Si piden hielo para esa agua no hay. Es la única forma de que consuman bebidas de pago.

MOBILIARIO DE SERVICIO. 238

Los muebles y vitrinas para los alimentos que ya conocemos en otros capítulos, otros para postres, cubiertos, pan, servilletas, platos, etcétera. En estos locales hay una mesa en la que los mismos clientes pueden dejar los platos utilizados y tomar otros limpios para ponerse otras comidas. Debe haber una persona que vigile, para que los platos no se amontonen y se puedan ir echando los desperdicios en un contenedor apropiado, así como reponer las comidas que se crean oportunas. Las mesas para los clientes, no ha de ser muy grandes como en los banquetes, ya que una mesa para cuatro, la puede ocupar una sola persona.

LOS CLIENTES. 239

Hay una mayoría de clientes que comen un poco de muchas comidas, y otros como quieren. Las raciones de postre se pueden poner pequeñas, los clientes harán varios viajes, hasta satisfacer su apetito También he visto en alguno de estos establecimientos, que los flanes eran bandejas en los que te podías poner el trozo a tu gusto. Se consume mucha comida, con arreglo a la cantidad de comensales que acuden. Como negocio no es de los más recomendados, aunque en nada hay una regla fija, hay establecimientos de este tipo que los tienen tan bien organizados, que es un buen negocio. En establecimientos de poco consumo, no son rentables, ya que se necesitan consumos masivos, para que sea negocio. Se de algunos establecimientos de los más importantes españoles por diversas provincias, que tuvieron este servicio lo anularon. ¿Por qué?, seguro que era mal negocio.

ENTRADA AL COMEDOR. 240

A la entrada, deberá haber un cartelito que diga el precio del menú, excluidas bebidas y cafés. En algunos, al entrar los clientes, se les entrega una nota de control, donde los camareros que sirven las bebidas anotan lo que consumen que no está incluido en el precio del menú. A la salida se paga el importe de la comida, más los gastos extra. Otro sistema puede ser el de abonar el importe del menú a la entrada, y pagar al camarero el importe de los pedidos extra. El empresario ha de adaptar la fórmula que más le convenga, ya que el objetivo es que ningún cliente deje de pagar lo que le corresponde. Se da por descontado que el local no tiene otra salida que la puerta por la que entraron, para que nadie deje de pagar. Lo mejor es que haya una sola caja, y el cobro se haga en una sola factura.

Dónde se instalan este tipo de negocios? Se instalan en sectores de mucha afluencia de público, ya que de las comidas hechas con antelación, ha de haber suficientes consumidores. El resto de los servicios serán similares a los de otros restaurantes normales. Cocinas, aseos, ventilación, y demás. El precio hay que tenerlo en cuenta, ya que si es caro no se vende tanto, y si es barato, no se gana dinero. En este caso, es el industrial el que ha de emplear su inteligencia. En los establecimientos de este tipo predominan los platos fríos, como ya hemos explicado. Las ventas masivas se consiguen en grandes ciudades, y en zonas turísticas de importancia.

SERVICIO DE CATERING A DOMICILIO. 241

Suministro de comida guisada a domicilio, bien sea a fábricas, colegios o entidades que lo demanden. Cada día es más aceptado por las entidades referidas, y supone una buena facturación para las empresas que se dedican a esta especialidad. La clientela hay que ir a buscarla, es una labor que ha de hacer un comercial, buen vendedor.
.**CONTRATO CON LOS CLIENTES.** 242 En el contrato se ha de especificar la clase de alimentos, la ración de pan y postre, y el precio por cada menú, y de cada desayuno. También se especificará el horario aproximado de llegada de la comida.

¿CUÁNDO SE PRESENTARÁ LA FACTURA DE COBRO? 243

En colegios fabricas y otras entidades, el cobro puede ser semanal o quincenal, desde la fecha de efectuado el servicio. Las raciones que se necesitan para cada día serán las acordadas en el contrato, salvo que se quieran modificar en más o en menos raciones, lo cual tendrá que ser comunicado por la empresa consumidora a la suministradora, el día antes al de su servicio. Las comidas se servirán en marmitas térmicas, cerradas para su mantenimiento. Os servicios particulares y ocasionales, se cobrará en el acto de la entrega del servicio, o como convengan.

SERVICIO A LAS EMPRESAS. 244

La empresa receptora será la que se encargue de hacer la distribución de las raciones a los consumidores. Las ollas o cazuelas utilizadas se recogerán al día siguiente, cuando se entrega la otra comida. Los clientes entregarán estas cazuelas perfectamente limpias. Después, la empresa hará un fregado a fondo, con jabón y agua caliente. Los clientes como pueden ser los clientes o fábricas y demás, recibirán por quincenas anticipadas, la nota de los menús que corresponden a cada uno de esos días.

Las comidas y su idoneidad. Las comidas destinadas a fábricas para obreros serán de más consistencia. Los primeros platos deberán ser guisos de todo tipo y abundantes. Segundos platos, normales, y de los que hemos comentado que se hacen para restaurantes populares.

SERVICIO DE CATERING PARA COLEGIOS. 245

Para los colegios, se tendrá en cuenta que a los niños, enseñarles a comer verdura sería bueno para ellos, pero si se ha de tirar porque no se la coman, tampoco estará bien. Lo que mejor se comen los niños es el arroz, las pastas, legumbres, croquetas, y todas las comidas fáciles de masticar .Cuando se les sirva pescado, ha de ser sin raspas ni espinas, procurando que todas las comidas estén apetitosas. Las carnes, mejor picadas y empanadas, en salsa o como convengan. Las comidas consistirán en un plato de primero, uno de segundo, pan, postre y una bebida por determinar.

Las madres de los colegiales, cuando sus hijos llegan a casa, la mayoría les preguntan por lo que han comido. Hemos de hacer buena variación de alimentos, para que no haya protestas. Todo lo que se ha de suministrar, se ha de especificar en el contrato, como que el pan se servirá en barras, y que la empresa receptora las cortará en raciones, o en panecillos individuales, que tendrán un costo superior.

FURGONETA DE REPARTO. 246

Se ha de tener previsto el medio de transporte, que bien puede ser un furgón de reparto (o los que se necesiten), acondicionado con estantes fijos, que se puedan sujetar las bandejas de la comidas. El conductor de reparto llevará bien anotados lo que debe entregar en cada colegio o fábrica. Hará la entrega de la comida y le firmará un albarán de entrega, la persona responsable que lo recibe. El repartidor, a su vez, recogerá las cazuelas del día anterior. El repartidor será un empleado más de nuestra empresa, que, hasta que se hace el reparto, colabora en otros trabajos.

LA COCINA. 247

Estas cocinas son distintas a las de un restaurante normal, habrá hornillas de más potencia, varios fuegos, y las ollas, en su mayor parte, serán Express o rápidas, de tipo industrial. Las herramientas necesarias para una cocina de este tipo, frigoríficos, varias fregaderas, salida de humos y demás que ya sabemos. Por supuesto, que la cocina ha de ser lo suficiente amplia para este tipo de negocio. Pensando que esto es una fabricaza de comida.
Almacén. El almacén deberá ser de mayor capacidad que el de un restaurante normal, donde quepa suficiente mercancía no perecedera. La comida se sirve al por mayor, y los alimentos se comparan de la misma. Habrá cámaras frigoríficas de mantenimiento y congelación, necesarias y suficientes.
Personal de cocina. Como responsable de cocina, habrá un cocinero profesional, con suficiente experiencia para conseguir una buena economía, el que contará con los ayudantes necesarios. Al finalizar la jornada, no es necesario volver a repetirlo, la instalación quedará completamente limpia, por lo que el negocio irá mejor con ayudantas.

CÁLCULOS ECONÓMICOS.248

Los cálculos económicos nunca pueden estar en manos de los cocineros, ellos estarán para guisar, y el genio del negocio estará para calcular costos. La teoría del costo de la comidas guisadas ya las sabemos, un adulto necesita cien gramos de legumbres secas para una ración, pero no es así para los niños, estos con un poco menos tienen suficiente. La clase de comida que se sirve es la popular. Los clientes miran mucho el precio, así que hay que hacer menús muy económicos, si queremos vender, y ganar clientes y dinero.

LUGAR DE INSTALACIÓN. 249

Lo más acertado es utilizar una nave en un polígono industrial. Recuerdo haber visto un negocio de este tipo en el que, además, de servicio de catering, a fabricas y colegios, servían en el mismo polígono menús económicos, en una especie de comedor bastante rudimentario. Estaba formado por mesas corridas para muchas plazas y bancos de madera para sentarse. No tenía el menor parecido con un restaurante, y sólo había un plato del día de primero y otro de segundo, y no se podía hacer ningún cambio, agua o vino, y un postre de una fruta o algo parecido; era muy simple. El reparto de la comida se hacía sirviendo de una cazuela o marmita, directamente al cliente en la mesa (como en familia), el resto de la comida igual. A la entrada había que pagar el tique correspondiente de precio fijo. No había ni café ni extras. Precio económico, y servicio idéntico. ¿Se podría poner otro tipo de servicio? Lo expuesto anteriormente de un servicio tan especial, es un caso único. Otras ideas las dejamos a criterio del emprendedor.

La otra forma de funcionar un comedor en un polígono industrial, estará condicionada por el volumen de negocio que se pueda apreciar, y por la cantidad e empresas. Un polígono industrial puede tener distintas alternativas, y será el mismo trabajo, según se desarrolle, el que nos enseñará cómo hemos de actuar. Tal vez haya negocio para servir menú con varios platos de primero y otros tantos de segundo, o se preste para instalar el autoservicio. Los servicios generales. Estos serán como los de cualquier otra empresa de este tipo. En este caso explicado, había un aseo para caballeros y otro para señoras, de lo más simple. En un polígono industrial puede ser interesante de estudiar, y si es que conviene poner, un restaurante normal o en autoservicio.

Queda explicado lo básico de este negocio. Se podrá mejorar y modificar, y su organización dependerá del emprendedor.

CAPÍTULO 8º 250

COMPLEMENTOS DE FABRICACIÓN, A LOS CAPÍTULOS DE HOSTELERÍA. 251

Los tradicionales churros delgados Este es un producto tradicional en España, aunque se van perdiendo las costumbres, siempre hay lugares que aun se mantiene como en cafeterías, y algunos otros lugares. El formato y presentación de éstos, depende de cada región; en Madrid, se suelen hacer con forma de lazo, en algunas otras regiones, tienen forma de rosquilla, en otras, incluyendo Cataluña y Aragón, se venden en trozos de diez o doce centímetros, y hay sitios en los que hacen una rosca en espiral de todo el espacio de la sartén y después los cortan en trozos. Los más rentables, por la rapidez con la que se elaboran, son, los que se van cortando con unas tijeras, según van saliendo de la máquina, que a su vez caen en la sartén. Estos se venden con regularidad en ferias de cualquier pueblo o ciudad, y en mercadillos. Los feriantes convierten sus quioscos en factorías en las horas clave de la venta. El secreto de la producción continuada está en disponer de buen fuego, así como sartenes grandes, para que el aceite no se llegue a enfriar, y se puedan ir echando churros con el aceite continuamente caliente.

CHOCOLATE CON CHURROS Y SUS TRADICIONES. 252

En tiempos muy cercanos, tomar chocolate con churros eran costumbres muy familiares de los domingos y días festivos. En desayunos y meriendas, fueron una tradición durante muchos años. Hoy, con las innovaciones y la cantidad de productos de venta en el mercado de consumo, se va perdiendo lentamente esa costumbre. Gracias a que se ha ido imponiendo en cafeterías y bares, lo de tener su maquinita y fabricárselos ellos mismos, la tradición no se ha perdido del todo.

LA INSTALACIÓN DE LAS MÁQUINAS. 253

A pesar de que se han construido maquinas eléctricas, las manuales de toda la vida se mantienen en activo, y son las que se suelen ver en cualquier feria importante de cualquier ciudad. En las churrerías ambulantes estas máquinas están sujetas a un lateral del cuerpo de la hornilla, y justo al borde de la sartén.

Mediante una articulación se pueden desplazar al centro de la misma, o fuera de ella. En los bares, churrerías o cafeterías, la máquina puede estar sujeta a la pared, para que se pueda desplazar igualmente, mediante una articulación, para que quede libre y pueda ser puesta en el centro de la sartén.

LAS SARTENES FREIDORAS DE CHURRO. 254

En estas empresas de bares, hoteles y demás, la sartén suele ser de acero inoxidable, con unas resistencias movibles, que se ponen al fondo de esta, las que quedan cubiertas por el aceite, que se enchufan a la red eléctrica. Las sartenes de los feriantes son de mayor capacidad, para conseguir la fabricación continua. Para éstas se usan calentadores a gas regulables, que pueden tener más o menos potencia de fuego, según se necesite más o menos fuego.

FABRICACIÓN DE LA MASA DEL CHURRO DELGADO, DE FORMA MANUAL. 255

La fórmula básica; un kilo de harina de trigo, un litro y medio de agua, y una pizca de sal, disuelta en el agua. Harina bien caliente y a continuación, pasada por un tamiz, ya que al perder la humedad se habrán hecho durezas o grumos, y así quedan eliminados. El recipiente que contiene la harina ha de ser suficientemente grande, ya que se ha de verter sobre ésta el agua hirviendo. El secreto de esta masa está en hacer la fusión de agua y harina en el menor tiempo posible, moviendo con rapidez hasta hacer desaparecer la más mínima muestra de humedad, y que al tocar la masa con la mano, no se pegue a ésta.

Tanto el recipiente contenedor de harina, como el del agua, han de estar bien calientes en el momento de fusión, para que quede cocida la masa, a la mayor rapidez. La elaboración rápida se puede hacer, vertiendo el agua hirviendo sobre la harina. El contenedor debe estar bien sujeto, y la mezcla hacerla con una pala o un remo de madera (ojo que quema la masa), en ese momento todo hierve, y se consigue una masa cocida o escaldada. Las partes húmedas de los laterales del recipiente, que no hayan quedado adheridas a la masa, se retiran y se ponen en los desperdicios. Si esas partes húmedas se unen al total de la masa, esta se puede estropear.

Una vez hecha la masa, se saca del recipiente o deja en éste, cubriendo la parte o cara superior, la que queda el aire, humedecida con aceite, y cubierta el con un paño. Las durezas que se puedan hacer en la superficie de la masa, se han de ir eliminando, para evitar atascos en el punto de salida del churro, si se dejan las durezas, saldrían los churros desformados, y habría que sacar toda la masa del molde y quitar las durezas del atasco. La salida de la masa hecha churro, sale por un orificio en forma de estrella hecha en una chapa, con el espacio central de la estrella bastante pequeño. Al tomar un trozo de masa para introducir en la máquina, se ha de reamasar con las manos untadas de aceite, para darle suavidad.

ELABORACIÓN DEL CHURRO. 256

La máquina lleva una especie de cilindro hueco de acero, que se separa de ésta para cargarlo de masa. Por un lado se introduce la masa, y por el otro tiene la salida del churro. Funciona por medio de una cremallera y un pistón, que empuja hacia abajo la masa, movido por un volante, una mano hace que salga la masa y con la otra se van cortando trozos con unas tijeras; éstos van cayendo al aceite caliente, mojando la punta de las tijeras en ese aceite, de vez en cuando, para evitar que los churros se adhieran a estas. La longitud de cada churro puede ser la que se crea más oportuna, lo normal es que tengan entre diez y doce centímetros. Cuando se trata de hacer lazos o rosquillas serán más largos, y una mano empuja la salida de la masa, y la otra coge la porción de churros en masa; y al echarla a la sartén le da la forma que quiere. Esto se puede ver en las churrerías clásicas madrileñas.

AMASADORA. 257

El principio básico de la elaboración de que la masa de los churros al fabricarla es, cocerla. Hay amasadoras eléctricas, que el perol o cubeta llevan doble cuerpo, y en su interior va lleno de aceite y cerrada. En su interior lleva una resistencia eléctrica que calienta este. Con esto se consigue, que al mezclar el agua hirviendo con la harina bien caliente, la fusión entre ambas, se haga a temperatura de cocción. Si el amasado se hace con maquina eléctrica sin depósito interior, abría que calentar el perol por debajo como fuera, para que no estuviera frió al amasar, y le restara calor al amasado.

LAS MÁQUINAS ELÉCTRICAS DE ELABORACIÓN DE CHURROS.258

Éstas son muy similares a las manuales, sale la masa, y una cuchilla las va cortando, según van cayendo los trozos en la sartén. Estas se regulan para el tamaño del churro. Las máquinas las puedes comprar en los establecimientos de suministros de hostelería. Si quieres comprársela directamente a una fábrica, busca en las hojas amarillas de teléfonos de Valladolid (España), donde hay varios fabricantes. El aceite de freír churros se puede emplear para freír otras masas: pestiños, empanadillas, croquetas, y demás alimentos que no desprendan sabores. Si las masas fritas, y sobre todo los churros, si se fríen con el aceite frío o templado, se empapan de aceite, y la mayoría de los clientes no volverán a comprar. Accesorios de la máquina de hacer churros. Entre los accesorios están los discos de acero, con un orificio en forma de estrella para la salida de la masa; éstos son cambiables y se pueden poner uno u otro, dependiendo de lo gruesos que se quiera hacer. El churro gordo que puedes haber visto en las ferias, y que van rellenos de crema, está elaborado de la misma masa que explicamos para el churro delgado, y el disco de salida de este es similar, pero con el orificio algo mayor y con una pequeña pieza metálica en forma de gancho, que hace que el churro salga hueco; de todas formas, al comprar la máquina vendrán varios discos.

PRECIOS Y FORMA DE VENTAS. 259

La venta de los churros en las ferias, puede ser por kilos o unidades. En los restaurantes se sirven por unidades, y se hacen los cálculos de estas. En las ferias, se venden tanto por kilos como por unidades. En los mercadillos, es muy frecuentes en estos tiempos, los suelen vender por kilos, publicando en un cartel, tanto dinero el cuarto de kilo, o el medio kilo. Estos precios se marcan según las costumbres del sector, pero todo se ha de estudiar como se hace, para que haya más ventas. Hay una fórmula que nunca falla; cuando quieras poner un artículo de este u otro a la venta, lo primero que debemos hacer, es pensar como consumidor de ese producto. Si sabes como debería ser ese producto como consumidor, para que tú lo compraras, así lo deberías ofrecer. Un ejemplo; cuando ofrecen refrescos granizados, el consumidor lo querría, grande, bueno de sabor, bien frío, y a buen precio. El vendedor tiene que hacer, que parezca todo eso), y que se gane un buen dinero con el producto. La parte psicológica sobre los compradores es muy importante, y se aprende con la práctica de vender.

CHURRERÍAS AMBULANTES Y EN QUIOSCOS. 260

Existen churrerías ambulantes que acuden a ferias y mercadillos por toda la geografía nacional. Unas son quioscos desmontables y otras están instaladas fijas en furgonetas acondicionadas para el caso. Tanto en unos como en otros, las instalaciones de la hornilla, la sartén y la mesa de trabajo, están instaladas de manera apropiada para trabajar. Estas furgonetas las transforman en churrerías, o en lo que se les encarga, en los talleres de carrocería especializados, que se encuentran en cualquier ciudad. .Cuando se trata de hacer ferias. En las ferias que duran varios días, los empresarios de churrerías ambulantes se abastecen de materias primas, como puede ser harina de trigo flor, aceite de oliva, gas u otros productos, en cualquier ciudad, cuando lo necesitan. Los impuestos suelen ser de moderados a bajos; después vienen los municipios, que cobran otro impuesto. Si son ferias en pueblos o ciudades importantes, los ayuntamientos cobran por las dimensiones del puesto, en algunas ciudades, salen en subasta los mejores espacios de la feria, o le ponen un precio de antemano para que los feriantes interesados puedan hacerse con el buen sitio. Esto se contrata con los municipios importantes con bastante antelación.

CHURROS CONGELADOS PARA LA VENTA AL POR MAYOR. 261

Los mismos churros que hemos elaborado anteriormente, se congelan y se envasan. Me voy a explicar mejor: para la fabricación en serie, que es de lo que tratamos, Después de dominar el tema de la elaboración de la masa, se podría pensar en como producirlos con rapidez. Posiblemente, con una maquina eléctrica con la que se pueda regular su salida, se podrían hacer, e ir poniendo sobre una lata pastelera untada con aceite, todos derechos o en forma de rosquilla. Luego habría que congelarlos separados unos de otros, para que no se peguen entre sí. Después se meten en bolsas, se cierran, y a mantenerlos congelados para su venta. Se pueden ofrecer en almacenes o tiendas de venta al detall También podrías probar, dándole un ligero prefrito, antes de congelarlos. Probando y probando, se pueden descubrir otras muchas cosas. Cuando los compran los consumidores, los deberán dejar un poco tiempo, en descongelación, y freírlos en aceite bien caliente. Se puede decir en las bolsas envoltorio como formula de elaboración. Harina, agua y sal, y algún ingrediente neutro, y sin decir cantidades exactas, o hablar de tantos por cientos.

FABRICACIÓN DEL CHURRO GORDO. 262

Esta masa se elabora con la harina según viene (y no se calienta como la anterior). Pones en un recipiente suficientemente amplio para el amasado, ya que ésta aumentará de tamaño. Medio litro de agua tibia, 25 gramos de levadura de la que se emplea para fabricar el pan, (una pizca de sal, el jugo de un limón disueltos en el agua, y dos cucharadas de aceite de oliva A ésta se le agregan unos 700 gramos de harina de trigo de fuerza, y amasando y trabajándola para que quede una masa correosa, que se conseguirá si la amasamos revolviendo una y otra vez, para obtener elasticidad y blandura. Esa masa se deja reposar, hasta que aumenta de tamaño a casi el doble, cuando ha subido, se les dan unos golpes para que se baje, a continuación, cuando comience a aumentar de volumen otra vez, se pueden ir haciendo los churros. El manejo para la introducción en el molde o depósito de la maquina de la masa, se deberá hacer con una paleta, cuchara de madera u otras herramientas, ya que esta masa ha de estar blanda, y difícil de manejar con las manos. Estos churros hay quien los hace con la máquina a la que hemos hecho referencia anteriormente.

Algunos de los profesionales tradicionales, siguen elaborándolos con una maquina manual, en la que, haciendo fuerzas con las manos, y con el aparato apoyado en el pecho, va saliendo la masa por el orificio, que a su vez va cayendo sobre el aceite caliente, dándole forma de espiral. Seguidamente, con la ayuda de dos varillas de madera, se levanta esta espiral de masa por la parte del centro, para que no se queme, y se termine de freír la parte que ha entrado en la sartén mas tarde. Después se le da la vuelta, y cuando se ve toda frita se saca, y se deja escurrir del aceite. También se puede hacer con la máquina que explicamos en principio, si agregamos 25 gramos de aceite al agua de la masa y 100 gamos de harina antes de amasar, para que esté un poco más dura y el churro sea de mejor calidad. Digo posiblemente, porque es cuestión de probar. Si no salen perfectos, la práctica de la prueba te enseñará si las proporciones son modificables. Todas las harinas no llevan la misma cantidad de humedad, por lo que te tocará ir adaptándote a las diferentes harinas. Estos se pueden vender por kilos después de troceados.

BUÑUELOS Y TORTAS FRITAS. 263

La fórmula de esta masa es la de los churros gordos, que hemos explicado, aunque puede hacerse un poco menos blanda. Se maneja con las manos mojadas en agua o aceite, para que no, se pegue a estas. Cuando la masa levanta su volumen, se le da un golpecito a ésta para que baje ese aumento, y cuando comienza a levantar por segunda vez, ya se pueden ir haciendo los buñuelos o las tortas. Las tortas se venden por unidades, y los buñuelos, según el mercado en el que se esté situado, pueden venderse por kilos o por unidades.
Elaboración de buñuelos. Tenemos cerca del aceite ya caliente el recipiente de la masa, y con las manos mojadas en agua, como hemos dicho, con una mano tomamos un puñado de masa, y, apretando, hacemos que salga una bola de ésta entre los dedos índice y pulgar, del tamaño que queramos, con la otra mano mojada cogemos esa bola y la echamos a la sartén, este trabajo se hace rápido, y cuando tenemos unas cuantas en la sartén, les hacemos rodar con la espumadera, hasta que están fritas, se sacan se escurren y ya están hechas. Se pueden vender según están, o rehogados en azúcar, o rellenos de crema como los buñuelos de viento que vende en las pastelerías y rehogados con azuzar grano. Se pueden rellenar haciéndole medio corte con un cuchillo en un lateral del buñuelo o

con unas tijeras y rellenándolos de crema con una manguera pastelera o con una cuchara...

TORTAS FRITAS. 264

Con esta misma masa se pueden hacer tortas, con la misma forma de manipular, se toma una bola superior de esa masa, se va aplastando y dándole girar en las manos, similares a las que hacen los pizeros para preparar pizzas. Una vez hecho esto, se van estirando y estirando, y, cuando estén bien estiradas y redondas, se ponen con cuidado en el aceite bien caliente. Ojo al echarlas, que el aceite quema. Luego se les da la vuelta, para que se frían por las dos caras. Estas tortas, al sacarlas de la sartén, se pones a escurrir en vertical, apoyándolas en algún elemento apto para ese fin, ya que si las pones horizontalmente unas sobre las otras, no podrían eliminar el exceso de aceite, y no se podrían comer de tanta grasa.

BOLAS DE BERLÍN. 265

Se ponen en una vasija amplia, para que tenga espacio al aumentar de tamaño. 500 gramos de agua, y 25 gramos de levadura, 25 gramos de aceite, 50 gramos de azúcar, Todo bien mezclado, se le agregan 800 gramos de harina. Se amasa todo dándole trabajo a esta, para que coja algo de elasticidad, siendo parecida ala masa de pan o de bollos. Al tacto, la masa tiene la misma consistencia que la del pan o la bollería, tierna y manejable con las manos, para que se puedan formar bolas, que mantengan su rigidez, sin estar la masa dura. Se toma una porción de masa, sin esperar que aumente de tamaño la segunda subida. Se hacen porciones iguales, y, con la mano untada de aceite, se les da la forma de bolas sobre la mesa. Estas bolas se consiguen haciendo girar en círculo la mano, con la masa debajo de la palma de la mano, para que ruede sobre la mesa. Su tamaño puede ser el de una naranja pequeña, o una pelota de tenis, ya que al crecer aumentará a casi el doble. Se ponen sobre latas pasteleras, untadas con aceite y separadas, para que no se peguen unas a otras cuando crecen y se deformen (en este caso, la masa es más dura y guardará la forma). Cuando crezcan, ya están para freír. Se van cogiendo una a una, con cuidado de que no se desinflen, y se van echando a la sartén con el aceite caliente; hay que moverlas desde el primer momento, para que su color sea uniforme. Cuando están fritas, se sacan, se escurren, y estando calientes, se hacen rodar por azúcar molida, se ponen sobre una bandeja, se espolvorean con de canela y ya están dispuestas para servir. El precio de venta ha de ser inferior al precio de cualquier pasta de repostería, ya que le hemos de hacer la competencia a cualquier producto similar.

El precio puede ser por unidades o por kilos. Todas las masas fritas se deben servir al público en bolsas u hojas de papel especial, para que absorban el aceite, por el bien del consumidor y el futuro de nuestras ventas. Las masas, que no llevan grasa en su interior, como los primeros churros que explicamos, tienen un tiempo limitado, ya que a las pocas horas comienzan a ponerse duros y correosos.

PATATAS FRITAS EN GAJOS. 266

Desde hace tiempo, algunas churrerías de las ferias, las patatas las compran cortadas y congeladas, unas muy finas y otras normales, y las que son a la inglesa, las hacen ellos o las compran igualmente, en bolsas individuales, dispuestas para vender. Esto supone menos trabajo y mejor presentación, ya que la fabricación en serie tiene más calidad y más presencia del producto. Las patatas a la inglesa, esas que van en bolsas individuales, en las que el volumen es más aparente que su contenido, se pueden fabricar como cualquier otra cosa. Se pueden hacer con máquinas industriales o con maquinitas manuales, después de peladas y cortadas se ponen en agua, y ya están dispuestas para freír. Cuando están bien escurridas de agua dos horas o tres horas, y escurridas del agua se fríen, con el aceite bien caliente. Una vez que se les quita el exceso de aceite por escurrido, se colocan en un recipiente bien tapado, o se envasan a la mayor brevedad, para que se mantengan crujientes, ya que la humedad y el polvo del ambiente son perjudiciales para ellas.

Las patatas fritas que están mucho tiempo al aire y sin poner en envases cerrados, cuando se abre la bolsa salen blandas y no crujientes. Para hacer patatas fritas a gajos, son mejores las patatas viejas o de cosecha anterior, hay que pelarlas y cortarlas en gajos, luego ponerlas un poco de tiempo en agua, escurrirlas y freírlas. Cuando se tiene un negocio en el que se venden según se van friendo, se les suele dar un frito a medias, a una cantidad en reserva, y, al pedirlas, se terminan de freír en muy poco tiempo.

PATATAS CONGELADAS PREFRITAS. 267

Estas se venden en bolsas de cinco o diez kilos, al por mayor, y las utilizan bastantes industriales de la hostelería. En los supermercados se pueden comprar en bolsas de uno o dos kilos, para la venta al por menor. Estas patatas se están imponiendo en el consumo, por lo rápido que se elaboran. El procedimiento industrial de las patatas congeladas es el siguiente: el prefrito se ha de conseguir con el menos gasto posible, la materia prima más cara en este proceso es el aceite, y se debe de evitar su consumo en demasía. El negocio es el negocio, y no tiene sentimientos, mientras un producto lleve lo necesario y tenga buena calidad.

Además, tenemos el tema de la competencia y los beneficios, que son primordiales en cualquier actividad mercantil a la que nos dediquemos, y este es tema principal de este libro: el de Hacer que ganes dinero.

PROCESO INDUSTRIAL DE LAS PATATAS CONGELADAS. 268

Este proceso, lo puedes probar con antelación, ya que la clase de patatas, varía de una región a otra o de un país a otro. Se pueden lavar y pelar a máquina, después se cortan en gajos, bien sea en maquinitas mecánicas, o manuales, que de cada golpe, se corta una patata en gajos. A los gajos de patata se les dará un hervor en agua, de sólo dos minutos de reloj o menos, en olla normal (no Exprés), removiéndolas con cuidado, para que no se peguen unas con otras ni se rompan, y para que el calor les llegue de manera pareja. Después, bien escurridas del agua, se echan en aceite bien caliente, removerlas sin que se rompan, y se sacan inmediatamente. Finalmente, se les escurre bien el aceite. Con esto ya hemos conseguido ablandarlas un poco, para que el frito final sea rápido y eficaz. Después de este proceso, se congelan.
La congelación se ha de hacer una vez que se han enfriado, de forma que no vayan pegadas. ¿Como harías esto de congelar y que no se peguen unas otras?

LA CONGELACIÓN. 269

Para la fabricación en serie para la venta al por mayor, se ha de tener el local adecuado, el permiso sanitario y demás. Lo que parece más complicado es la congelación de las patatas, sin que se peguen unas con otras. En realidad, es un proceso sencillo. Después de sacadas de la sartén y escurridas de aceite, se van poniendo extendidas sobre una correa transportadora, que vaya pasando por debajo de un ventilador, a fin de que las enfríe; siguiendo en la misma correa, entrarían a una cámara de congelación ultrarrápida, para que a la salida estén congeladas y sueltas unas de otras. Al final de este proceso, se envasarán en bolsas con nuestra marca, que indicarán el peso, y se guardarán congeladas. Después se venden a los mayoristas distribuidores, grandes almacenes, bares, restaurantes y hoteles. Primero haz la prueba con dos patatas. Lo importante, es que no tomen mucho aceite. Pensando en suprimir el aceite que el mas caro de los productos a emplear. puedes ponerla en el tunes de ventilación y congelación sin pasarlas por el frito en el aceite. Como te digo anteriormente, haz la prueba con dos o tres patatas, hasta el final del proceso, después de congeladas, las dejas un poco pero poco fuera del congelador y fríes, a ver que resulta.

CREMA PARA RELLENO DE BUÑUELOS Y OTROS. 270

La crema pastelera corriente es muy simple: lleva un litro de leche, la raspadura de un limón, 300 gramos de azúcar, 100 gramos de harina de trigo y unas gotas de colorante vegetal color huevo (si se quiere hacer de mejor calidad, se le ponen cuatro yemas de huevo por cada litro de leche.)Elaboración. Se coloca la leche al fuego, y en un recipiente aparte, se pone el azúcar, y la harina, bien mezcladas entre sí. Si se le ponen yemas, se colocan en el recipiente del preparado en seco (en el que están el azúcar y la harina, bien mezcladas). En un costado de éste, se disuelven las yemas con un poco de leche, una vez disueltas, se agrega un poco de la leche que tenemos en el fuego templadas, leche templada, y se diluye el huevo, la leche azúcar y harina, hasta que quede todo mezclado y bien disuelto.

Cuando empieza a hervir, se agrega el contenido de azúcar harina y yemas a la leche, y se revuelve sin parar, hasta que quede una mezcla homogénea, tocando el fondo del recipiente con una cuchara de madera o batidor, para que no se pegue y se cueza con regularidad todo el contenido, hasta que hierva todo por igual. Quince o veinte segundos hirviendo, y ya está hecha. Al hacerse con yemas, éstas le pueden dar color, y tal vez no necesite colorante, pero si no se ponen yemas, el colorante es la solución. Si quieres seguridad de que no se agrie la crema, la haces al 50 %, de leche y agua. Me seguridad y si es en verano, solo con agua.

CREMA DE CHOCOLATE. 271

De la misma crema del párrafo anterior, se separa una cantidad, se le agrega cacao en polvo, y bien mezclado con la crema, y ya está lista la de chocolate... Para que salga fina y sin grumos, diluye 100 gramos de cacao en polvo con un poquito de agua templada y se la mezclas a la mitad de la crema que hemos hecho anteriormente. Si no es cacao puro, y es chocolate del que se compra preparado, se necesitará un poco más de éste, ya que la proporción de cacao que llevan estos chocolates corrientes no supera el 30 % del producto total.

COLORANTES VEGETALES PARA ALIMENTACIÓN. 272

Aclaración; lo mismo que hay colorante amarillo huevo, los hay de fresa, de naranja, de vainilla, de café, de chocolate, de menta, de limón (de lo que quieras), y también hay esencias de cualquier sabor. Por lo general, el colorante se vende en polvo y se puede solicitar a los proveedores de productos para pastelería, así como conservantes y otros productos autorizados por la ley.
Cuando digo unas gotas de colorante, es porque en las pastelerías se tiene hecho en botellas con agua, para controlar la cantidad que se pone. Con cincuenta gramos de colorante huevo en polvo se puede hacer un litro, y hay que tener cuidado de no pasarse al poner las gotas necesarias, ya que al poner más color del necesario, se estropearía el producto y habría que desecharlo. También se puede comprar en pequeños frascos en lo almacenes de alimentación. Ejemplo de colorante y esencias: lo digo por que también los

fabriqué: un polo de hielo, de esos que tanto nos gustaban cuando somos pequeños, lleva lo siguiente: para hacer un litro de líquido del que saldrían 20 polos, aproximadamente, se necesita un litro de agua, tres pastillas de sacarina disuelta en el agua, cuatro o cinco gotas de esencia (contadas con cuentagotas), del sabor que quieras darle, y unas gotas de colorante.

Los polos de fresa llevan: esencia de fresa, colorante de fresa, más el dulzor de la (sacarina). El helado de fresa, por ejemplo, lo normal es que lleve fresas, pero no son suficientes para darle los colores y sabores necesarios, y habría que agregarles colorantes y esencias. Aunque no todo está escrito, ya que hay artistas italianos y valencianos que el helado lo bordan. ¿Lo comprendes? Yo creo que sí.

EJEMPLOS DE COLORANTES Y ESENCIAS. 273

Cuando intercalo un ejemplo, pretendo avanzar en el esclarecimiento de la realidad que nos rodea. Y tú, como emprendedor, no debes dejar pasar ningún conocimiento que te pueda hacer rico algún día. ¿Por qué digo sacarina y no edulcorantes o sacarosas, como dicen las etiquetas en los productos alimenticios? Porque me quedaría la duda de si me habías entendido. Además, si hiciéramos los polos con azúcar, en lugar de sacarina, a la salida de la cámara de congelación saldrían duros, ya que estas cámaras trabajan a muy bajas temperaturas, y, cuando se tienen los polos para al venta al público, las cámaras que los contienen están a 18, o 20 grados bajo cero (aproximadamente), por lo que se derretirían y se harían agua, cosa que no ocurre con la sacarina. Los sabores y colores dominan el mercado de la alimentación, si se terminaran la sal y los colorantes, muchos negocios irían a la ruina, hay una gran cantidad de habitantes que creen que no podrían pasar sin sal. Podemos estar tranquilos por la gran despensa que tenemos en las minas y en el mar.

PESTIÑOS DE VINO. 274

La fórmula es la siguiente: un litro de vino blanco, medio litro de aceite, una pizca de sal y unos anises. El aceite se pone en el fuego, y cuando está caliente se le echa a éste una cascarita de limón o de naranja, se aparta del fuego y se espera a que esté frío. Una vez frío el aceite, se pone en el recipiente de amasado, se le echa a éste el vino y los granos de anís. Después se le va agregando al preparado de aceite y vino, harina de trigo de fuerza, y se va amasando hasta que la masa esté muy dura.

El amasado se hace apretando con los puños cada vez que se le agrega harina, hasta que desaparece. Se podría amasar con máquina amasadora, si la tienes, o cuando se trata de producción en serie para la venta al por mayor. La masa sale dura, pero por la cantidad de grasa que lleva, se hace manejable.

FORMATO DE LOS PESTIÑOS. 275

Para dar un formato lo más perfecto posible, y haciendo el trabajo manual como artesanos, se pone una cantidad de masa sobre la mesa de trabajo, y, con el rodillo de cocina se hace que quede de tres o cuatro milímetros de espesor, después, se van cortando con un molde o un vaso, de unos cinco o seis centímetros de ancho, rodajas iguales. Para echarlas a la sartén, se coge una pieza de masa de las cortadas, se mojan los dedos en agua, se une un lado con otro apretando para que se pegue, dándoles forma de cestitos o tubos. Después se van echando con suavidad, a la sartén con el aceite caliente, moviéndolos para que se frían con uniformidad. Una vez que los saques de la sartén, se dejan que escurra el aceite.

Si se fabricaran en serie, se podría tener una máquina simple, formada por dos rodillos y una manivela o motor, en el que uno de los rodillos llevaría las cuchillas de corte en forma circular, ovalada, cuadrada o rectangular. La máquina permitiría regular el grosor de la masa, para hacerla más o menos gruesas. Esta máquina me la acabo de inventar por simple. Los rodillos en paralelo para laminado, tienen infinidad de años, así que no invento nada, acoplo las ideas de otros a mi conveniencia, es un reflejo de lo que pueden ser los negocios.

En las ferias de maquinaria para la alimentación se ven herramientas de fácil manejo, muy interesantes y fáciles de acoplar a cualquier otro trabajo, a veces distinto del uso para el cual están hechas. Todo es cuestión de hacer trabajar a nuestro más fiel colaborador, nuestro cerebro.

BAÑO O TERMINACIÓN DE LOS PESTIÑOS. 276

Hay varias formas de hacerlo, una puede ser que, una vez escurridos del aceite de freír y aún estando calientes, se pasen por azúcar molida, para que se adhiera bien a ésta, ya que el precio del azúcar. A pesar de saber el precio de ventas por kilo, se ha de saber a qué precio se puede vender la unidad, ya que más de una vez los clientes los pueden tomar por unidades. Si los pestiños no toman el azúcar por que ya están fríos, poner agua a hervir, y pones los pestiños en un cedazo o criba, los pones unos segundos en alto, sobre el vapor que desprende el agua, y a continuación los haces rodar por el azúcar grano.

Otra receta para el baño de los pestiños, pon agua y azúcar en un recipiente a hervir, y cuando el azúcar tiene un poco de grosor (lo podrás saber metiendo la punta de un tenedor en el azúcar que hierve y al tocarlo con los dedos notas que se hace un poco pegajoso), retíralo del fuego. Moja una espátula de madera en el azúcar derretido, y frota en la pared del recipiente. Se irá formando en la superficie del líquido una capa blanca; hazlo varias veces, y a continuación vas echando los pestiños para que se mojen por entero, los sacas enseguida, para que estén el menor tiempo posible dentro del líquido. Después los ponemos a escurrir en cedazos de alambre o sobre la mesa de trabajo; sigue la misma operación, hasta que hayas hecho los que te quepan en la mesa o en bastidores de madera con tela metálica. Si el azúcar se enfría, lo pones al fuego otra vez, con una chorreada de agua, y utilizas el mismo procedimientos. Cada vez que eches pestiños al azúcar, que hayas frotado en la pared para producir blancor. Los recogerás cuando estén bien secos. Después, los puedes poner en una fuente en varias tandas, si ves que no se pegan unos con otros. Para venderlos al por mayor, se deberían envasar por unidades individuales, en bolsas. También se podrían poner, en cajas de cartón, forradas en su interior de plástico o lo que convenga, que eviten la entrada de humedad, timbradas con tu marca, con capacidad de 500, gramos, y con la parte superior de la cubierta de celofán, para que se pueda ver el contenido del producto. Se pueden suministrar para la venta al por mayor, en cajas de cartón, para cuatro o cinco kilos a granel, las que irán envasadas por unidades individuales. De esta forma, nadie tocará ese producto, que no sea del fabricante al consumidor.

OTRO BAÑO PARA PESTIÑOS. 277

Si ponemos azúcar y agua a hervir, y cuando está a menos de punto de hebra flojo, que es que hemos dicho que se siente pegajoso en los dedos, se pone una tanda de pestiños sobre un cedazo o tela metálica, en alto para que reciban el vapor del azúcar hirviendo. Cuando están bien humedecidos, se pone sobre azúcar glasé o molida, que ya tendremos sobre la mesa (azúcar glasé, es azúcar molturada, hecho polvo), que se puede comprar en suministros de pastelerías y de alimentación al por mayor. Se pasan por este azúcar y se sacuden un poco, para que desprenda el exceso que no queda adherido. Una vez que están terminados, se ponen en la fuente para la tienda o la cafetería, o al envasado para la venta al por mayor.

ACLARACIÓN SOBRE EL PUNTO DEL AZÚCAR CUANDO HIERVE.278

Cuando ponemos azúcar y agua al fuego, esta, según, va hirviendo, se va evaporando el agua. Para comprobar el grosor del azúcar que hierve, metemos la punta de un tenedor, o cualquier otra cosa, en el caldo, y a continuación, en agua, para que se pueda tocar con los dedos. El primer punto de grosor es cuando se nota pegajosa, como hemos dicho anteriormente, este es el punto de hebra flojo, después, según sigue hirviendo, si juntamos y separamos seguidamente los dedos pulgar e índice, luego de mojarlos con ese liquido hirviente, se verá cómo se forma una hebra, ese es punto de hebra fuerte.
A continuación, cuando coges con los dedos un poco de ese caramelo fundido, y se puede hacer una pequeña bola con los dedos, ese es el punto de bola, sigue hirviendo, y esa bola se estira y se parte como el cristal, es el punto de caramelo, después continúa hirviendo, y se hace caramelo quemado para los flanes y demás.

MASA PARA EMPANADILLAS. 279

Hay una masa muy corriente de elaborar, que es la más idónea para éstas. Ponemos en un recipiente 200 de margarina, 150 gramos de azúcar, cuatro yemas, un huevo entero y media copa de anís. Se mezcla todo entre sí, y se le agregan 400 gramos de harina de trigo, se une toda la masa con las manos, hasta conseguir su unidad. O en una amasadora. Al extender la masa sobre la mesa, se espolvorea con harina, para que ni se pegue a la mesa ni al rodillo. Esta masa se puede emplear para cualquier tipo de empanadillas, fondo de tartas, de crema o fruta, y otras. Esta pasta siempre se cuece al horno.

EMPANADILLAS DULCES. 280

Extiendes la masa con un rodillo sobre la mesa, hasta que quede de tres o cuatro milímetros de espesor, se cortas redondeles, con un molde de unos seis o siete centímetros de ancho, le pones una cucharada de mermelada o cabello de ángel en el centro. Luego pintas con agua el borde del círculo de masa, la doblas, hasta hacer un semicírculo, y la mermelada queda en su interior. En el canto por donde van unidas las mitades, le aprietas con los pinchos de un tenedor o cualquier otro, y se consigue una especie de soldadura. Hay una herramienta de pastelería para estos casos que es, es una especie de pequeña rueda dentada, con un eje y un mango, que se hace rodar como si fuera una espuela. Se pasa rodando y cortando por la unión de la masa de las empandilla, y queda soldada. Las empanadillas se colocan en una lata de horno y se meten a cocer. Estando aún calientes, las pasas por azúcar molida, y ya están dispuestas. Si quieres más calidad, hazlas con la masa de los pestiños, después de fritas, rehogadas en azúcar molida, mientras estén calientes y recién fritas. O se humedecen con el vapor de agua y azúcar a punto flojo, y luego se pasan por azúcar molida normal.

EMPANADILLAS DE PESCADOS, CARNES Y OTRAS. 281

Éstas se hacen con masa de hojaldre, y se pueden hacer un poco más grandes, ya que pueden servir de merienda u ocupar el lugar de un bocadillo. El molde para cortarlas puede ser un círculo o rectángulo de tamaño mayor, y se pueden pintar por la parte superior con huevo batido, antes de entrar al horno. Se pueden rellenar de lo que se quiera, que esté sabroso, pueden ser de bacalao desmenuzado y frito con tomate, de pescado cocido y salteado con salsa, de carne picada, rehogada con salsa, de pollo troceado con tomate frito, de chorizo frito, etcétera. Es bueno ponerle algo que las distinga unas de otras, o hacerlas de diferentes tamaños o formatos, para conocer su diferencia a simple vista. Unas pueden ser más largas, otras más cuadradas, y así, las diferenciarás sin error.

Un buen cocinero, sabrá hacer esto mucho mejor. Y si no lo sabe, con estas explicaciones le puedes enseñar. Las empanadillas saladas se suelen vender muy bien, si la calidad y precio están bien calculados. Si las vendes al por mayor, sería como cualquier producto industrial de alimentación, al que se le agregan los conservantes legales, por lo que necesitas el permiso de sanidad, número de fabricante y demás. Tal vez se resuelva más fácil. Sé de alguien que durante mucho tiempo se valió de un obrador de pastelería de venta al público, para vender al por mayor. Después se trasladó a una nave, para dedicarse exclusivamente a la venta al por mayor. Hoy, su especialidad es la repostería industrial, envasada en piezas individuales, y las galletas. Vende por todo el territorio español, y en parte de Europa. Todas clases de empanadillas se pueden vender terminadas, como producto de repostería, o congeladas en crudo y al por mayor, como productos congelados.

Mermeladas económicas. 282

Cuando hablo de hacer economía, no me refiero a guardar los ahorros, sino a invertirlos en pequeños negocios y darle movimiento para producir más dinero. Venimos viendo que en algunos establecimientos, como pueden ser las cafeterías, hacen zumos de naranja natural y las pieles de estas, las tiran. Las fábricas de mermeladas emplean la naranja entera. Para hacerla mermelada, se hace lo siguiente, se lavan las naranjas enteras en máquinas, o a mano, con un cepillo de esparto, para dejarlas completamente limpias, y se les quitan los huesos. La parte de la piel, después de haber vendido el zumo, en la cafetería, que es la que se aprovecha, se mete un día en agua, para que se ablande y chupe humedad. Después, se tritura con una máquina, sin que la molienda sea muy fina, más bien que salga algo granulada. Pesas la pulpa de naranja, y le añades la misma cantidad de azúcar molida, la pones con algo de agua al fuego que hierva, procurando vigilar y mover de vez en cuando, para evitar que se queme. Irá perdiendo agua y cogiendo grosor, por la evaporación del líquido. Cuando está espesa y el punto es grueso, se puede decir que ya está hecha. Entonces se envasa en frascos bien cerrados, que se hierven previamente a baño María. Luego se guardan en envases con la fecha y el contenido.

A otras frutas para mermeladas se les quitan los huesos y la piel, la fruta se trocea o se pica en trozos pequeños y se le agrega el azúcar correspondiente. Para frutas troceadas, como peras, manzanas, melocotones y otras, se pelan, quitan los huesos y desperfectos, se trocean, y se meten en botes de cristal todas las que quepan, se les pone una cucharada sopera de azúcar molida, y se rellena de agua, que pasará por los intermedios de la fruta, se deja medio centímetro menos de llenado, se cierran bien ajustada, y hierven al baño maría.

CABELLO DE ÁNGEL. 283

Para hacer cabello de ángel, se usan unas calabazas con la piel moteada de colores verdes y blancos. Estas sólo se utilizan para cabello y trozos de frutas escarchadas. Para hacer el cabello de ángel, se parte la calabaza en dos o tres trozos, y se mete al horno, y se asan cubiertas con papel de aluminio para que no salgan quemadas... Una vez asadas, con una cuchara se saca toda la pulpa con mucha facilidad, dejando los pies totalmente limpia de carne, y se le quitan las semillas. La pulpa se deshace con las manos hasta dejarlas echa hebras compactas. Después se pone a hervir, con la misma proporción de pulpa de cabello, como de azúcar, y agua para ayudar el hervor, se mueve de vez en cuando, evitando que se queme. El fuego fuerte hasta que hierve vigilando, después se baja el fuego para que se haga y no se queme, hasta que consume el agua.

FRUTAS ESCARCHADAS. 284

Para las frutas escarchadas, corta la calabaza en trozos medianos y le quitas la piel, que es bien dura. Luego retira las semillas y la parte blanda de la carne (que se puede aprovechar para hacer cabello). Se hacen trozos regulares con la carne dura, se tienen ocho horas en agua, se sacan y escurren. Después en un recipiente se les cubre con agua limpia, se les pone 600 kilogramos de azúcar por cada kilo de calabaza. Se ponen al fuego, Se hierven con azúcar hasta que están cocidas, y el caldo se ponga espeso. Por último, se mantienen durante un tiempo en sitio fresco, siempre que las cubra el caldo y éste sea espeso. Para hacerla escarchadas, (el baño de azúcar que llevan al exterior), se hace como los baños de los pestiños (el caldo de azúcar a punto de hebra flojo y la frotación en los lados del recipiente). Al frotar con la paleta de madera, produce un azúcar blanco y espeso, que se adhiere a la fruta, al recibir el baño de ésta. Cada vez que se hace una bañada de varias frutas, se sigue frotando en la pared, para que produzca caldo blanquecino, que es el que se adhiere a la fruta. Se da el baño azúcar, se sacan con una espumadera, para colocarlas a escurrir sobre bastidores de malla, puestas sobre la mesa. Pasadas unas dos horas, estarán secas, se recogen de la malla, ayudando con la mano por debajo, para que no se rompa el baño que llevan y se despegue de la fruta. Se envasan en cajas con el fondo y lo que las cubre, envueltas en papel impermeable o encerado, o en celofán, para que no se adhieran y no pierdan el baño. Si no se consigue que salgan sólidas, es falta de hervor y grosor del azúcar del baño. También se pueden envasar por piezas, aunque se suelen vender por kilos, por su diferencia de tamaño.

FRUTAS BAÑADAS DE CHOCOLATE. 285

El baño se hace con cobertura de chocolate, derretida al baño maría. Se pone la cobertura en un recipiente, y éste sobre otro que contenga agua bien caliente, que mantenga la cobertura derretida. La fruta se mete en el chocolate y se saca con rapidez, bien escurridas. Se mojan por entero y por unidades, una tras otra, esta operación se puede hacer con un tenedor una tras otra. Una vez hecho esto, se ponen sobre una rejilla para que escurran, sobre papel encerado o papel cebolla, o sobre la mesa de trabajo, separadas unas de otras, hasta que secan. Si tienen rebabas o flecos de chocolate, se le recorta con una tijera. Se pueden hacer en trozos pequeños, parecidos a poco más que un bombón, envolverlas como un caramelo, y venderlas como frutas Abombonadas del nombre que le quieras dar.

Ejemplo, (Frutas abombonadas de Paris). O de tu pueblo o ciudad. Puedes hacerlas de esa misma fruta o cualquier otra, como cerezas en almíbar deshuesadas, trozos de melocotón, ciruela etcétera. En suministros de pastelería, venden por latas hasta de cinco kilos, frutas hervidas y en jarabe. Estas frutas han sido tratadas como ya sabemos, peladas, limpias de huesos e impurezas, hervidas con agua y azúcar, vigilando que no se deshagan o rompan, Las frutas un poco verdes que no han llegado a madurar del todo, son las demás garantía para que no se hagan mermelada. Haz la misma operación, la fruta bien hervida, y bien escurrida antes de dar el baño de chocolate. Y aquí tienes otro producto para la venta al por mayor.

El chocolate que se utiliza para esto se compra en los distribuidores de productos para pastelerías, y se gasta según viene, sin necesidad de agregarle nada, o como mucho, unos gramos de mantequilla para probar. El chocolate que sobra, se queda en el recipiente, o lo hechas sobre la mesa un poco engrasada, para, después de seco, poder guardarlo para cuando se vuelva a utilizar. Este capítulo, además de ir bien para cafeterías y restaurantes, también puede valer, para la fabricación al por mayor.

CAPÍTULO 9º 286

CHOCOLATERÍA, CHURRERÍA, POLLOS ASADOS, LIMONADA, Y OTROS. 287

Un local de chocolatería y churrería puede ser un negocio más. Aquí explicaremos cómo hacer un buen negocio, que no sea uno más de los tantos que hay en el mercado. A lo largo de este libro insisto en lo primordial que es encontrar el lugar idóneo para la instalación de cualquier negocio; en este caso de chocolatería y churrería se ha de pensar en la clase de consumidores a la que se apunta. Lugares idóneos para su instalación. En principio, diríamos que se ven churrerías en las ferias en los mercadillos semanales de pueblos y ciudades, en algunas calles de paso de cualquier ciudad o barriadas, en los paseos de zonas de veraneo. En las cercanías de mercados fijos de las ciudades, etcétera. Los lugares en los que se pueden ubicar pueden ser imprevisibles, como en cualquier negocio. El público consumidor que acude a este tipo de negocios es el popular, que es el mayoritario. Complementos necesarios para vender durante todo el día para que este sea un buen negocio, lo deberíamos orientar como Bar, Chocolatería y Churrería.

Los impuestos como churrería o chocolatería son los áas bajos. El trabajo puede comenzar por la mañana, con desayunos de todas clases (y, por supuesto, chocolate y churros), y luego continuará con almuerzos, bocadillos y otros. Por la tarde, vuelta a los churros, en horas precisas, para que un público determinado venga a comprarlos para llevar o consumir directamente. Este negocio, estando bien atendido y con la fórmula que explicamos, podría funcionar muy bien, si el espacio de mediodía se cubre con alguna clase de comidas. Y como lo que pretendemos es hacerlo popular, continuaremos con lo que sigue.

POLLOS ASADOS. 288

Al medio día, el público no quiere chocolate, quiere comer comida normal o un menú de precio económico, o lo que le sustituya. Tener un asador de pollos mural que vende más, puede ser una solución, para la venta de pollos asados para consumir en el establecimiento y para llevar. Este negocio, seria un pleno, y se completaría el ciclo de venta en las mejores horas del día. Todo se puede vender a cualquier hora, pero unas horas son buenas para unas cosas y otras tienen horarios de más venta en otras.

El chocolate con churros y los desayunos en general, comienzan por la mañana, y se juntan con bocadillos y granizados en verano, que pueden durar durante todo el día... Cuando se aproxima el medio día, le siguen la venta de pollos asados para llevar y otros varios fritos de la casa. La oferta de comida pede ser, como un menú popular. También estaría bien aceptado, el menú de cuarto o medio pollo con patatas fritas, servido en mesa, con bebidas y demás complementos. Cuando el público lee: "Ración de pollo con patatas, tanto dinero", si el precio es económico, entrará. Después tendremos la carta, en la que diga: "Cuarto de pollo con patatas fritas, x euros; medio pollo con patatas, x euros; un pollo con patatas, x euros".

Este servicio no tiene trampa, ya que le damos a elegir raciones de distinto tamaño y precio. Luego estarán las bebidas y el pan, que se pueden cobrar a parte, a precios justos, para no espartar a los clientes. Por que si quieres ganar e los extras lo que no ganas en la comida, los clientes se exclamaran, lo del pollo está bien, pero en lo demás, cobran caro, y muchos no volverá.

Tu idea ha de ser, no la de vender treinta o cincuenta pollos ganado un 40 por % en cada uno y darte por contento, sino ganar algo menos, y vender el doble o más cada día, además de otros productos. Estas raciones de pollo pueden ir acompañadas de patatas fritas, dos hojas de lechuga, dos rodajas de tomate y puestas en una fuente o amplio plato. Por otra parte, si un pollo tiene un precio para llevar, el precio por raciones, sentado, se incrementa algo, sin pasarse. Si los precios son los que deben ser para vender mucho, el negocio funcionará desde el primer día. Puede haber otros platos de servicio rápido como pueden ser las (croquetas) fritas en el acto. Exquisito alimento con el que se tienen buenas ganancias, al ser fabricadas por nosotros mismos. De las que hablamos más adelante.

EL OBJETIVO DE ESTE NEGOCIO. 289

Es que todo lo que vendamos nos lo fabriquemos. Cuando nuestras ofertas tienen precios competitivos y con un servicio inmejorable, nunca faltarán las ventas continuadas. Si la comida popular se sirve en envases de plástico, estamos rebajando esa comida. Si la misma comida la servimos en platos y cubiertos normales, le estamos dando una categoría superior. Como se puedes ver, aunque hagas economía de personal, no te escapas, por otro lado, de pagar la factura del plástico (aunque todas las comidas para llevar se han de servir en plástico, forzosamente). ¿Qué te quiero hacer ver con estas comparaciones? Los negocios que hagas, o los que yo te explico, no son nuevos, y habrá otros muchos emprendedores que lo hagan parecidos... Los tuyos tienen que ser diferentes, en alguna medida, trabajar con inteligencia, y ofreciendo calidad y precio. Así conseguirás hacer la competencia, y quedarte con las ventas de tu entorno, de competidores. Si no los hay todavía, pronto te copiarán las ideas, pero no olvides que el primero que se instala con una idea, lleva más ventaja y hace los mejores clientes, después hay que saber mantenerlos.

LA INSTALACIÓN DEL NEGOCIO Y SU FUNCIONAMIENTO. 290

Debes contar con local en un lugar de paso, como hemos dicho anteriormente, compuesto de un mostrador de venta al público, hecho de cualquier material, y con la encimera de acero inoxidable, o como puedas, para empezar, además del espacio y mesas para uso de los clientes. Podría funcionar como tantos otros negocios parecidos, en los que se hace el pedido por el cliente en el mostrador, para llevar, o para consumir en mesa. Si es para tomar en mesa, se les servirá en bandejas o platos, y se les cobrará por adelantado antes de que se trasladen a la mesa.

El autoservicio se puede hacer con los desayunos, chocolates, churros y bocadillos. Al medio día, u horas de las comidas, además de cuanto hemos dicho, se pueden vender tortillas de diversos gustos, fritos hechos al instante (patatas fritas, croquetas, empanadillas) y otros alimentos compatibles y de fácil manipulación. Hay un negocio que he visto funcionar hace más de treinta años, en un pueblo de playa, que sólo vende pollos y patatas fritas para llevar o consumir en mesa. Así lo anuncian, "½, pollo con patatas, tanto dinero", aparte se paga el pan y la bebida.

La idea de este negocio. Cuando planteamos este tipo de negocio con determinados artículos, que bien los puede tener una cafetería, lo estamos encaminando para gente más corriente, este público prefiere que el establecimiento sea aceptable, limpio, den buen trato al cliente, que los lujos brillen por su ausencia, y que el precio sea económico. Es cierto, los precios de una cafetería no pueden ser los de este negocio popular. Éste se tiene que basar, en cobrar precios por debajo de los de la competencia. Cada producto que se venda, se ha de trabajar como una especialidad, marcando beneficios aceptables que hagan que el público siga viniendo y se desplace desde cualquier parte. Si los precios que ponemos están igual que en cualquier otro establecimiento, no descubrimos nada nuevo, y los clientes no vendrán.

Aseos. 291 Los necesarios de un bar de tercera (lo que ya explicamos en bares).

ENVASES DE PLÁSTICO PARA LLEVAR. 292

Para el servicio chocolates para llevar, debe haber vasos individuales y envases familiares de diferentes medidas, que sean suficiente para uno o varios chocolates. Hay diversos modelos y tipos de envases, que ya están adaptados para determinados servicios, los hay con su tapa para pollos y demás alimentos (raciones de patatas fritas, de croquetas y otros), también se usan bolsitas de papel. Los bocadillos para llevar se deben envolver en servilletas y colocar en bolsas de papel o plástico... Como envase general para diferentes artículos, emplearemos bolsas de plástico con asas, para que el público que compre para llevar, pueda transportar los alimentos con comodidad. Todo esto forma parte de un buen servicio. Igualmente puede haber vasos para granizados, de servir y tirar.

¿ENVASES DE PLÁSTICO, O VAJILLA PARA EL COMEDOR? 293

No son muchos los negocios que sirven en bajilla la comida rápida, se valen del plástico, como si de comida de segunda se tratara, siendo que el dinero que entra en caja es de curso legal. Este es un tema económico, pero, ¿es acertado desde el punto de vista psicológico? No, el público puede comer a un precio económico comida corriente, pero si se la rebajamos servida en plástico, la transformamos aún en más corriente. Por mi parte, y después de haber danzado en el mudo de los pequeños y medianos negocios, que son los que te enseñan, creo que a la comida le damos más categoría, más calidad y presencia, si las servimos con vajillas de piedra y cubiertos de acero. Sí, posiblemente se tenga más trabajo de recoger y fregar, sin embargo, amigo lector, cuando pienses en cualquier negocio, siempre deberás ponerte en el lugar del consumidor, y no sólo pensar en atesorar ganancias; ellas vienen solas, si se utilizan los medios adecuados.

Imagínate que eres tú el que come medio pollo con patatas, o un bocadillo y una bebida. Si los vasos y los platos son de vajilla normal, y en otro lugar te ponen lo mismo y al mismo precio, te irás al mejor servicio, ¿Y si eres un buen competidor en servicio y precios? Serás el que más venda. Tu negocio venderá y venderá, hasta hacerte rico. Lo que veas mejor para ti es lo que debes ofrecerle a los clientes. Aplicando esta fórmula de la vajilla, tal vez tu negocio se convierta en restaurante, económico y voluminoso. La verdadera razón para que vuelva el público, es que se vaya contento, si eso sucede, un negocio corriente, se convierte en buen negocio. Cuando los clientes se hacen incondicionales, es cuando comienzas la carrera de la prosperidad.

INSTALACIÓN DEL LOCAL. 294

Las medidas del local que instales pueden ser de sesenta, ochenta, cien metros cuadrados, o más, todo dependerá de la suerte de encontrarlo en el buen sitio. La cocina puede estar hecha con un tabique de separación, que bien puede ser de ladrillo de cristal a media altura. Al público le gusta ver, aunque sólo sea, el gorro blanco de los cocineros. Con un tabique de ladrillos de cristal de un metro veinte de alto, puede ser suficiente para que el público no vea más de lo necesario. El asador de pollos y la máquina de churros, aunque estén distantes del público, pueden estar a la vista, para que la vean funcionar.

EXTRACTOR DE HUMOS EN LA COCINA. 295

Este es imprescindible, ya que los clientes no pueden respirar el huno de la cocina, que aunque esté cerrada y no como hemos explicado, siempre será de necesidad. Y si es de suficiente potencia, no solo se llevará el humo de la cocina, también barrerá el aire de la parte de local que ocupan los clientes.

MOSTRADOR PARA LA VENTA PARA LLEVAR.296
.
Este deberá estar situado al entrar al establecimiento, parecido a (comida para llevar) y tendrá un espacio suficiente para que quepa el público, de comprar y llevar. Ese mostrador tendrá una vitrina con los productos para llevar (churros, pollos y otros alimentos). Los productos pueden estar puestos sobre bandejas, como ya hemos explicado en capítulos anteriores. Puede haber una prolongación del mostrador adaptada al servicio de bar y a servir pedidos para que lleven a las mesas los propios clientes.

MESAS DE SERVICIO. 297

 En el resto del local, y después de acondicionar parte para lo que se necesite, estarán las mesas y sillas para los clientes. Para evitar manteles, hay quien cubre las mesas con un mantel de cuadros de colores y encima ponen un cristal, que no se rompa con facilidad, esto queda agradable y no se gasta tanto en lavandería. Asimismo, se puede poner un servilletero de papel en cada mesa.
El local debe contar con los servicios o aseos públicos necesarios, como explicamos en los capítulos de hostelería, un pequeño almacén y un sitio para la administración etcétera. No olvides, que el lugar donde se sitúa la cocina ha de tener buena salida de humos y conexión con la barra de servicio. La distribución puede ser distinta en cada local por su forma; en este caso hago alguna sugerencia, para

hacer ver que no necesariamente la cocina ha de estar cerrada con paredes.

CATEGORÍAS Y ALTA DE ACTIVIDAD. 298

La categoría de chocolatería, bar o restaurante de tercera son las mismas, estas actividades son catalogadas como negocios populares en los que con el alta de bar- restaurante, puede ser suficiente para vender todo lo que hablamos. A pesar de mi información, siempre tendrá la última palabra el gestor que conoce las leyes del lugar y que haga la tramitación de apertura. De la actividad de churrería, se pagará, como mucho, el cincuenta por ciento del impuesto, y el total de éste como bar.
Aunque este impuesto se está suprimiendo, según tengo entendido. Lo cierto es que el negocio ha de estar complementado, para que sea un negocio rentable.
Sobre el tema de bocadillos, raciones y demás, no te voy a hablar en este capítulo, ya que doy suficientes explicaciones en otros (mirar en comida para llevar, bares y cafeterías). Si has leído hasta aquí, sigue leyendo, que seguirás fortaleciendo tus conocimientos, con los que, si eres constante y decidido, conseguirás el éxito en cuanto te propongas...

MANEJAR EL NEGOCIO ES UN ARTE QUE SE APRENDE. 299.

El público se adapta con facilidad al consumo dirigido, si no, ahí tienes los refrescos de colas centenarias, que no paran de recordarle a los ciudadanos del mundo que hay que beber y beber ese refresco. Me decía un gerente de estos refrescos con cerca de cien años en el mercado, que con la publicidad y su consigna aprendida, conseguían que en cualquier hogar hubiera un refresco de su marca... Si nuestro negocio ha de ser para la venta de chocolate y churros por la mañana y por la tarde, tendremos que planificar una forma de hacer campaña, para hacerle saber a ese publico que nos interesa, que nos puede visitar, por lejos que esté, que a esas horas que decimos, estaremos a su disposición, con churros y chocolate hechos en el momento. Así acabarán acostumbrándose al consumo de nuestros productos. Con los pollos haremos la misma publicidad, incluso le pones precio a la vista. Las patatas fritas, servidas en papelinas de papel, de diferentes tamaños, se venden muy bien, además, al publico le gusta ir comiendo por la calle, su cosa, y si no, se hace que aprendan...

Los futuros clientes quieren ver un precio asequible, y que al entrar al negocio no sienta complejos, porque el local no esté presentable, o por mucho lujo. Si queremos hacer ventas, hemos de ser prudentes en todo, para que a la vez crezca nuestra economía. Conformándonos con pocos muchos y no con muchos pocos, siempre habrá compradores.

Los pocos muchos crecen y crecen, y los muchos pocos, cada día disminuyen. ¿Que no sabes hacer chocolate? No te preocupes, sigue leyendo, más adelante explico cómo fabricar casi todo lo que se venda en este negocio, es la única forma de hacer que sea competitiva y bien rentable, cualquiera de estas actividades La inteligencia del consumidor no hay que infravalorarla. Hay una cosa bien clara, al público no se le puede engañar, hay que darle servicio, calidad y buen precio.

El público siempre está dispuesto a colaborar inconscientemente, si se les dan a probar nuestros productos por primera vez, completamente gratis. No es necesario que prueben gratis todos nuestros productos, pero con uno puede ser suficiente para que piensen que vale la pena comprar y probar en este establecimiento. De esta manera, conocerán el producto mucho antes, y es cuando pueden repetir, pagando su precio. De ahí vienen las campañas de publicidad a gran escala de las grandes empresas, y en una empresa pequeña, ¿por qué no se ha de hacer lo mismo?

VENTA DE LIMONADA GRANIZADA. 300

En un momento de nuestra historia, en el sistema que aplicamos para vender limonada en grandes cantidades, no valía decir: "Oiga, este refresco que hacemos nosotros, es mejor que el de botella y más económico", eso se probó y no funcionó. ¿Sabes lo que funcionó?, cuando pedían un refresco de botella, se le servía, y se le invitaba, medio vaso de nuestro granizado. Además de estar bueno, nuestro líquido estaba cristalizando por el frío, ahí las palabras sobraban, al otro día aparecían los mismos clientes, pidiendo un refresco del que les invitamos. El precio de venta era inferior al de los refrescos envasados.

Es anecdótico, pero hubo alguna señora que vino a pedirnos por favor, y con su hijo presente, que no le vendiéramos más de un refresco, parece broma, y es que el niño pedía uno y otro refresco, y cuando llegaba a su casa tenía anginas. Era una mala cosa para gargantas delicadas, pero era un gran invento para nuestra salud económica.

HACIENDO PUBLICIDAD. 301

Vendiendo a unos precios casi de costo durante pocos días, aunque se cambie el dinero y no haya ganancias, se pueden hacer muchos clientes. También puedes hacer vales de descuento, y repartir por los sectores que convenga, indicando en éstos, que valen para un día determinado, así se evita que se junten en el mismo día muchos clientes con vales, para mantener el equilibrio de las ventas. Pueden ser vales de descuento, del 10 o el 20 % sobre lo que consuman, o vales por una cantidad de dinero para descontar en la compra. Esta publicidad puede hacerse durante la primera semana o más días. Es una fórmula para hacer campaña. La publicidad siempre dará buen resultado, si está bien encaminada, ¿qué importa que una semana trabajes con menos beneficios, si a la siguiente la clientela aumenta? Esta es la teoría del conquistador, que no se conforma con ganar el castillo, sino que quiere apoderarse del reino. Estas palabras pueden sonar extrañas para un desconocedor de los negocios, pero para un emprendedor han de ser parte de su Biblia, y básicas para encontrar su lugar en la sociedad.

¿Quieres otra publicidad? ¿Quieres vender churros por las tardes? Pon junto a la puerta del establecimiento a una señorita atractiva, si quieres con patines y minifalda, y con una bandeja de medios churros azucarados recién hechos, y según va pasando el público por delante de nuestro establecimiento, se les invita como degustación con un churrito, servido con pinzas, por higiene y para evitar que tomen más de una unidad. Al pasar por la puerta del negocio podrán echar una ojeada al local. Los churros estarán calientes y recién hechos, la dependienta detrás del mostrador, debe estar de un blanco esplendoroso, y dispuesta para servir. Si el local tiene buena iluminación, más de uno de los degustadores entrará a comprar, verá el negocio y leerá los carteles que tendremos bien a la vista con los precios. Es importante que el público sepa lo que le cuestan en dinero, tanto los productos que se promocionan, como todos los demás. La publicidad tiene éxito en cualquier negocio, si se ha estudiado con precisión. Pero el negocio ha de estar situado por donde pasen muchas personas. Las calles de paso más frecuentes, no han de ser necesariamente las más importantes de una ciudad, pero si de suficiente paso de personas.

IMITANDO A LAS HORMIGAS. 302

Trabajamos con seres humanos, pero mira las hormigas, cuando van andando, siempre recorren el mismo camino, ¿verdad? Pues no, señor, si les pones cerca de su camino, a unos metros, un poco de grano o comida que ellas puedan detectar, cambiarán el curso del camino.

Recuerdo un apartamento de nueva construcción en la playa, en un 2º piso, en el que las hormigas subían por el ojo de patio (hasta que se localizó el hormiguero), entraban por las rendijas de las ventanas de la cocina o el baño e iban directas al cubo de la basura, cosa que no ocurría cuando no había basura. Nos preguntábamos: ¿es posible que cuando no hay basura, no acudan? Con los consumidores, salvando las distancias, sucede algo similar, acudimos donde nos tratan bien, y, si nos interesa por el servicio y los precios, nos desviamos algo del recorrido o del paseo cotidiano. Pero no nos confiemos mucho, un hormiguero no cambia su camino si no es por algo. A las personas les pasa igual, si nos proponemos hacer cambiar el curso de un paseo a una mayoría de la gente, con un negocio de actualidad y precios irresistibles, lo conseguiremos, pero será mejor el buen sitio, que estar atrayendo a los ciudadanos continuamente.

Inicio de modesto negocio. Un negocio puede ser modesto en su inicio, pero ha de estar en el sitio adecuado, y hacer la guerra de precios a la baja, si se quiere ganar dinero. A veces, el precio puede ser igual al de nuestros competidores, pero si prestamos mejores servicios, puede ser suficiente para arrasar en cualquier actividad a la que nos dediquemos.

LOS CARTELES QUE VENDEN. 303

Los carteles de papel blanco de tamaño folio, hechos en horizontal, se leen mejor. Se pueden poner en el interior del local, y alguno a la vista del público que pase por la puerta, y se pueden hacer a ordenador (si no dispones de este medio, los puedes encargar a cualquier estudiante, haces fotocopias de los mismos y las guardas para reponerlos cuando estén deteriorados, ya que la buena apariencia es importante). Debes hacer carteles, con sólo dos o tres líneas que ocupen todo el folio y ponerlos en lugares visibles. También los puedes encargar a una imprenta rápida, en tinta negra es suficiente, pero que tengan letras grandes y bien claras que se leen mejor. Los carteles podrían decir: "Pollos asados para llevar, x euros"; "½ pollo con patatas, x euros"; "chocolate con churros, x euros".

Las leyendas de estos carteles son ideas, que tú podrás mejorar. El público querría ver un cartel que dijera que casi lo regalas, y tú has de hacer ver que haces realidad sus sueños. Te has de adaptar al sector y al ambiente que te rodea, modificando y mejorando productos y precios, para vender mucho, y obtener ganancias. Los comerciantes son serviciales, atentos, y competitivos, y no las hermanas de la caridad. Ten en cuenta que una imagen vende más que mil palabras. Las personas comemos más con los ojos que con las muchas explicaciones

SOBRE EL CHOCOLATE. 304

La mayoría de los consumidores de chocolate en bares o cafeterías, lo prefieren espeso, hay un porcentaje reducido que lo prefieren más claro, cosa que siempre se resuelve con una poca más de leche caliente al servir. Cuando pides un chocolate en una cafetería, te sirven la leche y te ponen un sobre de chocolate en polvo. No quedas conforme, pero te aguantas, si no hacen chocolate. Para tu negocio puedes comprar bolsitas de chocolate, para hacerlo Express al instante, te saldrá más caro que si te lo fabricas tú mismo y no podrás hacer una competencia feroz. También se puede tener hecho, caliente y dispuesto para servir. Mantenerlo en un termo; en el capítulo de cafetería hablo sobre termos, esto se hace cuando las ventas son continuas. Para el café deberás tener una cafetera Express de dos grupos, como mínimo.

El chocolate en polvo y en bolsas de cinco o diez kilos, lo puedes comprar en los almacenes de alimentación al por mayor, donde te pueden suministrar muchos otros artículos. Este chocolate en polvo del que hablo es corriente, cada fabricante lo prepara de una manera distinta (me refiero a porcentajes de azúcar, cacao y harina), con las ideas que te doy más adelante, lo podrás conseguir muy bueno y económico. El chocolate corriente contiene poco cacao, que es el producto más caro del compuesto total. Prueba de hacerlo a tu gusto. Con el chocolate en polvo que compres (los hay económicos de precio, que no son malos) harás pruebas, las proporciones que agregas, ya que no sabemos su fórmula del chocolate que compramos. De esa bolsa de chocolate que ha comprado en el almacén, en una taza de desayuno, la pones media de leche del tiempo. Le agregas una cucharada sopera de ese chocolate en polvo, lo disuelves muy bien, para que no se hagan brumos al hervir. Este chocolate de la taza, lo introduces en una jarra de acero o de porcelana de servir leche, la pones para hervir en el vaporizador de la cafetera Express sacándole antes el vapor aguado que queda en el interior del vaporizador del servicio anterior), porque podría salir muy claro y no te permitiría controlar su espesor, con una servilleta de papel, tapa la jarra, y sujétala con la mano, para que no te salte el chocolate. Cuando hierve, cierras la llave, retiras y limpias con la referida servilleta de papel el conducto vaporizador, que queda impregnado de chocolate, antes de que se seque. Viertes el chocolate de la jarra en una taza y verás el resultado. Con esta prueba habrás localizado y controlado su espesor. Si no está suficientemente espeso y es poco dulce, lo tendrás que mejorar tú mismo como a continuación explico.

PRUEBAS DEFINITIVAS DEL CHOCOLATE. 305

Comprobarás el espesor y dulzor de ese chocolate. Si sale poco espeso, a las cucharadas de chocolate en polvo, le agregas media cucharita más del chocolate, media de harina y media cucharada de azúcar, y los mezclas muy bien entre sí, para evitar que salgan pequeños grupos de pasta sin deshacer al hervir. Hemos aumentado la cantidad. Este preparado en seco, deberás mezclarlo muy bien, para que el chocolate sea un éxito. Después de hecho el nuevo preparado, lo hierves como el anterior, en el vaporizador, y las viertes en la taza que pones al cliente. Con esta prueba igualmente, comprobarás la proporción que debes poner, así como el espesor y dulzor que habrás conseguido. Con dos o tres pruebas que hagas, conseguirás la fórmula ideal.

Localizada el contenido de la formula, la proporción la puede hacer con la bolsa de chocolate de cinco o diez kilos. Una vez hecha la mezcla en seco, la pasas por un tamiz, para asegurarte de la calidad, ya que una mala mezcla en seco de todos los productos podría fastidiar el invento. Esta manera de hacer chocolate en el vaporizador, sirve para cuando se venden pocos chocolates, es decir, cuando estás fuera de la hora de los chocolates, has el termo del servicio, y te piden un chocolate, o decides no utilizar el termo por los pocos que se venden. Se puede decir que este es el chocolate Express. Con esta prueba puedes calcular el costo de un chocolate y vender a precios muy competitivos, ganándole un buen beneficio. Un precio competitivo puede ser el de10 % por debajo de los precios de tus competidores, y el tazón de servir al cliente, de más capacidad, así que a tus competidores los fastidias por dos partes, y a ver quien te hace la competencia La verdadera calidad del chocolate, la conseguirás comprando el cacao puro y los demás ingredientes, como explico más adelante.

HACER EL CHOCOLATE PARA MANTENERLO EN EL TERMO. 306

Éste lo debes hacer en una olla o cazuela grande, conociendo la proporción de cada cosa, que la tendrás apuntada en tu libreta

. Este chocolate lo haremos como se hacen las cremas pasteleras. Se pone la leche aguada al 50 %, en el recipiente que se ha de hervir. En otro recipiente aparte, pones el chocolate en polvo, según los cálculos anteriores proporcionales (lo puedes calcular fácilmente, con una balanza o contando cuántas medias tazas hacen un litro, y con el cacao igual, y saca la proporción de trabajar al por mayor). De la leche que está al fuego, y cuando está sólo templada, sacas un poco de esta, y se la agregas despacio al recipiente con el chocolate, revolviendo para que se disuelva y no que queden bolas o grumos.

Cuando la leche arranca a hervir, vierte el chocolate preparado sobre la leche, y lo vas moviendo, para que no se queme en el fondo, hasta que hierva todo. Treinta o cuarenta segundos hirviendo todo por igual, sin dejar de mover el fondo con un batidor, y ya está hecho, y habrá perdido el sabor a crudo de la harina Luego se aparta del fuego y ya se puede poner en el termo. Si te sale demasiado espeso, al de consumir o poner en el termo, rebájalo con un poco de agua. Si queda parte del chocolate, se guardará en la cámara frigorífica cuando esté frío, Se rebaja el espesor cuando se vaya a utilizar de nuevo sin agua potable. Nunca le debes agregar leche, ya que se corre el riesgo de que se agrie. Al hacer el chocolate, no te ha de preocupar que salga muy espeso, ya ves cómo se arregla.
Lo que no es bueno es que salga claro. Sino no tienes termo, y tienes el chocolate hecho, igualmente lo puedes calentar en el vaporizador al servir al cliente. Hay productos para espesar que se emplean en hostelería. Se espesa con fécula de trigo de maíz, al componer la formula del chocolate,

SOBRE LOS CHURROS. 307

Los clientes prefieren que estén recién hechos y crujientes, les gusta verlos hacer, es por eso que si están a la vista se venden más. Ya explico cómo los puedes fabricar, además de otros productos para vender en tu negocio, que bien podrías fabricar y congelar, para la venta al por mayor. Cuando se venden para llevar recién hechos, se sirven en bolsas de papel, que, a su vez, absorberán el aceite, se les coloca azúcar por encima, una vez puestos en la bolsa. Los churros se pueden vender por unidades para los desayunos, o por 500 gramos o un kilo, para llevar. Para los desayunos de chocolate con churros, cuatro o cinco tallos, pueden ser suficientes. También puede haber pastas, torrijas y tostadas especiales de la casa. Como la masa de los churros no lleva grasa, que sólo están hechos de agua y harina, no aguantan apetitosos mucho tiempo, luego de dos o tres horas se van poniendo secos y duros, si es verano, y correosos y blandos en invierno. Es por lo que se suelen vender según se van haciendo. Cuando hablamos de un servicio de churros por la mañana y por la tarde, es porque se han de ir haciendo según se van vendiendo, y en unas horas determinadas.

LOS POLLOS ASADOS. 308

Más sobre estos. Los pollos asados se venden en cualquier ciudad, y más si es un lugar popular. Se pueden comprar limpios y congelados, de varios tamaños y peso, que es lo más practico. Vienen dispuestos para poner en el asador. Los venden en cajas de diez o de doce unidades. Se puede tener suficientes pollos en un arcón congelador, para que nunca falten. Asadores de pollos más idóneos. Los asadores de pollos de paredes en vertical, que además, sirven de exposición, mientras se asan.

Estos hacen un buen trabajo de publicidad que aumentan las ventas. Los asadores cerrados, como los hornos eléctricos, se asan en menos tiempo al perder menos el calor. Si los clientes los ven dar vueltas en el asador, o dentro de los hornos, a través de un cristal transparente, se entiende que los estamos vendiendo con la imagen. Hay asadores a butano y eléctricos.

SOBRE LAS TOSTADAS. 309

Cuando se piensa en tostadas, parece que se tratara de las hechas con pan de molde, y no debe ser así, este es tan caro, que para este tipo de negocio de ventas masivas no resultaría competitivo. Para ver tostadas más económicas, en cafeterías y otros. A nadie se le ha visto que venda tostadas envasadas y congeladas, dispuestas para calentar, siempre puede haber una primera vez. Esta es la ventaja de tener nuestro cerebro en activo, siempre puede estar pensando cómo crear un producto diferente.

TORRIJAS DE LECHE. 310

Se pueden hacer con pan del día anterior que quedó y se congeló. Si se va guardando congelado, siempre tendremos para hacer. Si son panecillos, desechas un poco de la panza del panecillo en la parte superior, rascas las durezas, le cortas las esquinas y haces dos mitades de cada uno. Si son barras de pan largas, las cortas en rodajas en diagonal, para que sean más grandes, raspando puntas y durezas .tostadas de este. Puedes hacer torrijas del grueso que

quieras, pero que sean casi iguales. Esas rodajas de pan, las vas pasando por leche y dejándolas en una bandeja, también.
n las puedes pasar por harina, después de la leche. Cuando el aceite está en su punto, las pasas por huevo batido y las echas directamente a la sartén. Por unas cuantas en la sartén, luego les das la vuelta, para que se doren por la otra cara, y ya están echas; esta operación no es freír el pan, es dorar el huevo que las envuelve, así que es un trabajo de casi echar y sacar.
Por último, las pones en un escurridor plano para que no se amontonen, no se rompan, ni empapen de aceite unas con otras. A continuación, y estando aún calientes, se pasan por azúcar, y se pone sobre una bandeja sólo una capa, a la que se polvorea con poco de canela. Si es autoservicio, se sirven en platos individuales para que las tome el cliente. Se pueden calentar en el microondas en el momento de consumir.

TORRIJAS DE VINO. 311

Éstas se remojan en vino tinto, luego en huevo batido y a la sartén; cuando están bien escurridas, se les coloca un poco azúcar. Se coloca un cartelito sobre las que son con leche y las que son con vino, para advertir a los clientes. Cada día se hacen las que se necesitan y están buenas y apetitosas las primeras tres o cuatro horas, después de ese tiempo, se les da un toque en el microondas antes de servir. Las torrijas soportan bien el día en la vitrina frigorífica, y las que sobran ese día, no se ponen a la venta (igual a lo que comenté en capítulo anterior con las tostadas). El primer emprendedor que congele las torrijas para la venta al por mayor, llevará ventaja, después todos los industriales del gremio las copiarán.

VENTA POR AUTOSERVICIO. 312

Las personas somos caprichosas, y nos gusta elegir lo que nos hemos de comer. Es el autoservicio el que nos brinda esta oportunidad. Este servicio es como cualquier otro de este tipo, tomamos una bandeja y nos vamos poniendo en ella lo que nos apetece. Encontraremos al paso torrijas, tostadas preparadas, pastas de repostería, churros, bocadillos diversos, unos pequeños y otros normales, zumos, refrescos, cervezas, botellines de vino, vasos dispuestos para coger, algunas raciones de fritos, en platos individuales, raciones de tortilla, un recipiente con cubitos de hielo con sus pinzas, y otros muchos preparados. Los que lo necesiten, se calientan en el microondas al servirse el cliente, preguntando a este, si lo quieren caliente. Al final del recorrido por el cliente tomado en la bandeja lo que desea comer, en el interior del mostrador, estará la cafetera, para que el camarero sirva los chocolates, o haga el café en ese momento, y nos caliente alguna cosa en el microondas, e igualmente, se pueden tener cerca refrescos granizados; todo esto lo servirá el dependiente. Lo más práctico para llevar será, servir en envases y vasos de plástico. Para consumir en mesa, lo más acertado, será servir en vajilla de piedra y cubiertos de acero. Todo dependerá del enfoque u orientación del negocio. Aunque anteriormente hemos hablado del autoservicio, en esta ocasión podemos hacerlo igual, con los pollo y demás.

CAMBIO DE EXPOSICIÓN, O PRESENTACIÓN. 313

Cuando llega la hora del mediodía, además de dejar una o dos bandejas surtidas, con muestras de la repostería y de todo lo que se ha vendido por la mañana (siempre hay a quien le apetece), se sacan pollos asados, que ya los han ido viendo asar, raciones de medios y cuartos pollos, alitas, muslos y bistec de pechuga, fritos, guisados o empanados, patatas fritas, croquetas, empanadillas, servicio de plancha, raciones de tartas de diferentes gustos y otras comidas que nos convengan (flanes, arroz con leche, y cuantos platos se puedan vender), para que los clientes lleven o consuman en las mesas. Estos platillos, los habremos elaborado nosotros mismos, en su mayor parte.

SERVICIOS DE UN BAR, Y SU FUNCIONAMIENTO. 314

Lo que nosotros pretendemos es vender lo que impacta, lo que se vende con más facilidad, y lo que produce ventas masivas, no solo cotidiano y copiado, si no las innovaciones en todo cuanto hacemos, que son las que nos traerán el éxito al negocio. Hacer lo que hacen otros, ya está muy visto, seríamos otros de tantos que iríamos viviendo. Con estas y otras explicaciones, habrás ido asimilando ideas, con lo cual tienes la oportunidad de desarrollarlas a tu medida. Yo no vengo a decirte cómo poner un negocio corriente, te alecciono para que pongas uno de éxito, en parte distinto (aunque sea parecido) y con el que ganes dinero. Sin embargo, tú debes saber escoger el sitio y el artículo más conveniente. Si te gusta alguna idea de este libro para hacer un negocio, no se la digas a nadie y hazla, tus conocimientos y secretos serán las armas más eficaces para tu lucha. Elige el lugar de la batalla, y despliega tu bandera de la competitividad, sin miramiento alguno. Los negocios que en el primer momento, no tendrán muchos competidores, por que nos los preparamos con ideas propias, y que la mayoría de los productos que vendemos los manipulamos y fabricamos nosotros mismos, pero no tardando mucho, tal vez te copien. No obstante, el que lo hace el primero lleva más ventaja. Tu cerebro será tu colaborador más eficaz, hazlo trabajar sin descanso, hasta que logres encontrar la idea con la que puedas conseguir tu libertad económica.

EL SEGUNDO NEGOCIO PUEDE SER REPETIR EL PRIMERO. 315

Cuando un negocio marcha bien, lo más acertado puede ser repetirlo en otra zona. Te dirás, ¿pero cómo lo hago, si no me puedo multiplicar? Estos negocios pueden ser modestos, pero rentables. Si todo lo has de hacer tú, nunca ganarás suficiente dinero. El primer negocio ha sido tu plan de despegue, a los empleados que te hayan ayudado los irás aleccionando para que tu primer negocio quede a cargo de uno de ellos, y su funcionamiento seguirá y se hará como tú planifiques. El segundo negocio lo montas y lo llevas tú con alguna ayuda. Tendrás tiempo suficiente para estar en los dos sitios cuando convenga, y te encargarás de las compras y de que no falte nada en ninguno de los dos. Este negocio tiene muchas oportunidades de crecer. No olvides que cuando necesites empleados, será cuando empieces a ganar dinero de verdad. Una persona sola no tiene tiempo ni de ponerse enfermo, y son los negocios con empleados los que te ayudarán en tu crecimiento.

CAPÍTULO 10º 316

FABRICADOS DE CHOCOLATES PARA LA VENTA AL POR MAYOR O MENOR, 317

CHOCOLATE EN POLVO.

Las materias primas básicas para fabricar los chocolates que se venden en los comercios son: cacao en polvo, azúcar, harinas o féculas de trigo, (especie de polvo fino, parecido a los polvos de talco, de harina de trigo o maíz) algún colorante, y conservante autorizados, vainilla, canela u otros aromas. Cada fabricante tiene su fórmula, y ninguno lleva menos del 25 % de cacao, para que sea un chocolate aceptable. Un 30 % de cacao podría ser suficiente para obtener un buen chocolate. Puede ocurrir, que por falta de cacao, le falte color oscuro, aunque esté bueno de sabor.

Hay distintos colorantes artificiales comestibles, y, entre ellos, el del chocolate, que viene en polvo; que con una pequeñísima cantidad, lo que se puede coger con tres dedos o menos, puede ser suficiente para aumentar el color de diez kilos de chocolate en polvo. La proporción de aditivos pueden venir en las etiquetas adjuntas, Todos los aditivos en polvo, se habrán de mezclar entre si, y a su vez en una proporción del preparado, para terminar muy bien mezclado con el resto del compuesto.

UN BUEN CHOCOLATE. 318

Lo básico para fabricar un chocolate en polvo, fino y bueno será, como sigue; Poner en una vasija para hacer la mezcla, 35 % de cacao puro, 35 %, de fécula de harina de trigo (fina, como los polvos de talco), este producto lo vende Riera Marras de Barcelona, que cualquier distribuidor de productos para confiterías lo puede tener), 30 % de azúcar en polvo, molturada o azúcar glasé, que la tienen los proveedores habituales de confiterías y una pizca de canela en polvo y algún conservante.. Todo bien mezclado, y pasado por u tamiz o cedazo fino.

Haz una prueba como ya sabes. Este preparado, puede valer para envasar en bolsas individuales para una taza para hacerlo con el vapor en la cafetera, como Chocolate Express, como en envases familiares, para hacer en el hogar. Que bien pueden ser de 400 o 500 gramos, más o menos. Fíjate en los productos similares que hay en los comercios. El otro chocolate para diluir en leche, sólo lleva cacao, azúcar, algún conservante y canela. Puedes probar, con 100 gramos de azúcar molturada, 100 gramos de cacao puro, y 10 gramos de harina de maíz o de fécula de trigo de la que hablamos, tostada y tan fina como el polvo. Todo bien mezclado y pasado por un fino tamiz. Pones en una taza de desayuno casi llena de leche caliente, dos cucharadas soperas del preparado, lo diluyes con la cuchara, y ya está para tomar. Comprobarás que no espesa, por que está hecho para beber. Si falta dulzor o cacao, aumenta de uno u otro.

Si consigues la perfección, ya tienes otro producto para envasar, para la venta al por mayor en sobres individuales de una taza, o en botes de tamaño familiar. Prueba igualmente sin harina.

.COMERCIALIZAR CHOCOLATE EXPRÉSS PARA BARES Y CAFETERÍAS. 319

Preparas bolsitas de papel anta-humedad, de mas o menos de 7´50 x 9´50 centímetros con tu marca, hechas en imprenta, para una ración de chocolate de "una taza" después de poner el contenido de chocolate en su interior, las cierras con una maquinita de poco dinero, que hace la soldadura eléctrica, y que encontrará en cualquier ferretería de importancia, y ya tenemos "chocolate Express". La cantidad de chocolate que pongas en el sobre, ya la habrás previsto con las pruebas correspondientes. El sobre estará impreso con tu marca, una explicación del producto y su finalidad, y el contenido sin dar porcentajes.

Ejemplo. Contenido, azúcar refinado, cacao el polvo, conservante y esencias. Miras los productos de chocolate que vende en el comercio, y lee esta reseña de la qua hablamos. Ese tipo de bolsita, se pueden soldar por los tres lados, llenarla con el contenido, y cerrar soldando igualmente para que quede mas uniforme. Estos productos, son registrados, y autorizados por Industria, que un gestor especializado te puede gestionar.

¿No tienes cafetera Express para hacer la prueba? Bueno, habría que buscar un aparato que produjera un chorro de vapor, como podría ser una olla Express, conectándole un manguito de fontanería, y utilizarlo como vaporizador Otra idea sería, hacer la prueba como el chocolate para poner al termo. Recuerda la elaboración de la crema pastelera y ya la tienes. Lo mejor y definitivo podría ser, llevar la cantidad que crees suficiente en un sobre, entrar en un bar, conocido o no, le dices que lo hiervan con el vaporizador de la cafetera con media taza de leche. Mejor, le pides media taza de leche del tiempo, en una taza de desayuno, y una cucharilla, lo disuelves tu mismo, después que lo hierva en el vaporizador como ya sabes, sin vapor en el conducto. (Hoy día se pueden encontrar maquinas de café para el hogar) con de esta cafeterita puedes hacer todas las pruebas que quieras y de forma privada.

Pero no acabamos aquí, como pretendemos que se haga Express, y con seguridad. . Llevas al mismo tiempo, otro sobre, con un poco más de chocolate, para volver a aprobar si te sale claro, y así tendrás seguridad de lo que vas a fabricar. Esta será la única manera, de que sepas la formula con exactitud. Esos gramos que ya habrás pesado, son los que llevará cada sobre para una "taza". Prepara cajitas con tu marca, en las que entren cincuenta unidades para bares y otros. También lo puedes envasar en botes de 300 o 400 gramos con tu marca, para el servicio familiar de venta venlas tiendas, y en bolsas de cinco o diez kilos.

 Los almacenes distribuidores de alimentación, pueden ser buenos clientes. Estos tienen sus clientes y sus vendedores, que visitan todo tipo de negocios para vender infinidad de productos, Visitan hoteles, cafeterías, restaurantes, bares, supermercados, y tiendas de alimentación en general. Es la idea más real, para comercializar un producto, ya que poner una persona a vender, visitando establecimientos, no sería rentable.
 Una vez que conoces su elaboración, puedes hacer distintas calidades, para poder competir en el mercado nacional. Los aditivos que puedas necesitar para cualquier producto, los encontrarás en los distribuidores de confiterías, y ellos te darán la información complementaria que necesites. Todas las mezclas o preparados de chocolates que inventes, salen de la misma fórmula; con menos cacao, menos calidad; con más harina, más espesor, y peor calidad, etcétera. Como espesante, yo empleaba harina de trigo (aclaremos) La harina de trigo o de maíz hecha polvo, como los polvos de talco, es un buen espesante. En España, empresa Riera Marsá vende este

tipo de productos. Para comprar cacao, canela, y especias en general, los buenos proveedores se encuentran en Murcia, <España>. La (fécula de trigo) o maíz, es esa que hablamos hecha polvo. Azúcar en polvo, (gláss) carbonatos, emergentes, margarina y todo cuanto necesites para cuanto hemos explicado, lo encontrarás en los proveedores habituales de pastelería. Todo lo que fabriques, te puede valer para tu negocio de hostelería, y para la venta al por mayor.

FABRICACIÓN DE CROQUETAS. 320

Estas croquetas que aprenderás a fabricar, las puedes vender en el bar, la cafetería, en el negocio de pollos y comida para llevar, o fabricarla para la venta al por mayor. Lo más importante es la fabricación en serie y en serio. Habrás visto en los supermercados diferentes alimentos envasados y congelados. Se fabrican muchas croquetas con sabores diferentes. La fórmula y el proceso de elaboración es bastante fácil, es como el huevo de Colón, todo el mundo sabe ponerlo derecho, dándole un golpecito sobre la mesa, después de verlo hacer. Hay quien inventa productos o negocios, y no gana dinero con ello, a veces son otros los que los llevan a la práctica, dándoles el toque comercial, con mayor éxito que el que se devana los sesos pensando. Bueno, yo no he inventado las croquetas, lo que quiero decir es, que cualquier idea que caces al vuelo, aprovéchala. Para hacer la masa de las croquetas, hazla como la de los churros delgados, se pone el agua hasta que hierve, se calienta la harina, y unidas con rapidez, queda la masa "cocida. En lugar de agua, como en los churros, en las croquetas se pone leche.

PROCESO DE LAS CROQUETAS. 321

En un recipiente se pone una cebolla bien picada, que fría a fuego lento con 25 gramos de margarina, por cada kilo de harina, (una pizca de de sal) Si lleva pollo o alguna carne habrá se estar cocidas, Se saltean o rehoga en el frito. Igual se pueden hacer con pescado, o bacalao, después de haber sido hervidos. Pueden ser con pollo asado. Tenemos la harina muy caliente en un amplio recipiente. Inmediatamente antes de la fusión, se le agregan a esta, 2o gramos de queso de barra y 20 gramos de jamón York para sándwich bien picado, por cada kilo de harina. Le ponemos el sofrito a la leche en el momento de poner la leche hirviendo sobre la harina. Si las quieres hacer de pescado, este debe estar limpio de pieles, espinas y raspas, y bien desmenuzado, eliminando todo lo que no sea la propia carne, y se fríe con la cebolla. Se pueden hacer de bacalao, con el mismo proceso. También pueden ser de carne cocida sin pieles ni durezas, y bien picada...

Cualquier producto idóneo, puede ser una clase diferente de croquetas. En estos preparados, se emplean producto corriente. Se vierte la leche bien hirviendo, sobre la harina con rapidez, para que sea una fisión de masa hervida o escaldada. Esta mezcla se puede hacer con una cuchara o espátula de madera si es poca cantidad), o con un remo de madera, o una amasadora eléctrica si es una cantidad superior. Si la elaboración es manual, se ha de mover sin parar, hasta conseguir una fusión rápida. Esta masa será más blanda que la de los churros, por su contenida de grasa. Croquetas congeladas, tanto para la venta en el negocio de hostelería como para la venta al por mayor.

A las croquetas se les da la forma, tomando una cantidad de masa, polvoreando la mesa con harina para que no se pegue, ni a la mesa ni a las manos, se hace una barra, se cortan con uno cuchillo trozos como el de una croqueta haciéndolas rodar bajo las manos terminando ovaladas, y procurando que sean iguales. En un recipiente manejable, -como puede ser una sartén- se pone una cucharada de huevo batido suficiente para que solamente se impregnen de humedad, se echan varias croquetas, y se las hacen girar que queden barnizadas y mantenga su forma ovalada. Luego se echan sobre pan rayado, se envuelven, y se les sacude el pan sobrante, y ya están hechas. Se pueden guardar congeladas, para ir utilizándolas según se vallan necesitando, en cajas o envases de cocina, separadas las tandas por papel impermeable o de plástico, y se congelan. Después se irán sacando y friendo, según se necesiten. Maquinaria para formar croquetas, la puede comprar en los proveedores de maquinaria para la hostelería.

VENTA AL POR MAYOR DE CROQUETAS. 322

Para la venta al por mayor, se envasan congeladas en bolsas de plástico con nuestra marca, de un peso determinado. Al envasarlas congeladas, se mantendrán separadas unas de otras. Mientras se mantengan congeladas, no se unirán entre sí. Estas explicaciones son simples, pero suficientemente expresivas para que sepas cómo puedes agregar otro producto más a la venta al por mayor. Para la congelación, ya sabes cómo se pueden congelar en cadena y en serie. Después de pasadas por pan rayado, se van poniendo en un túnel de congelación rápida, y a la salida realizamos el envasado y cerrado. Túneles de congelación, los hay grandes y pequeños. No olvides que cualquiera puede fabricar cualquier cosa, y que lo más importante es saber lo que queremos hacer. Nos hemos referido a la fabricación casera, o para consumo de un bar.

FORMATO DE CROQUETAS PARA LA FABRICACIÓN EN SERIE. 323

Con toda seguridad hay máquinas para resolver este problema. Un mecanismo para la fabricación rápida podría ser el empleo de una divisora de pastelería como utilizan para hacer piezas en masa de bollería todas iguales. Pones una cantidad de masa en la maquina, la aplasta y a continuación salen unas cuchillas y la dividen en trozos iguales. Podría ser un principio de distribución, Tenemos el sistema de rodillos, que al paso de la masa, uno te los rodillos lleva cuchillas, que hacen que salga la masa troceada. Se puede regular el grueso distante entre rodillos. A más separación de los rodillos saldrán más gruesas las croquetas. Esta es una idea. En el restaurante las hacíamos a mano. La fabricación de caramelos, hace años, se hacían con rodillos. Los rodillos son unos de los grandes inventos, por la diversidad aplicaciones.

TARTA DE MANZANA O DE OTRA FRUTA. 324

Ésta se puede hacer en una bandeja de acero o de aluminio, rectangular o redonda, o en los moldes que se venden para el caso, y que se han de meter al horno, pensando en que se puedan sacar raciones o cortar trozos, a tu voluntad ola del cliente en la cafetería... Si pones un cartelito que diga: "Una ración de 100 gramos, tanto dinero", puedes incitar al cliente para que compre raciones. También se debe poner el precio del kilo, y que corresponda al precio de la ración, o por tartas enteras. El precio tiene que ser competitivo, y te la comprarán para llevar y para consumir en mesas. La tarta de manzana puede funcionar a cualquier hora del día, desde por la mañana.

PASTA BASE PARA LA TARTA DE MANZANA Y OTRAS FRUTAS. 325

Las tartas de fruta son bien fáciles de hacer. Se pueden vender bastante bien, si las raciones son espléndidas, y no las cobras demasiado caras. Elaboración de la masa, se pone sobre la mesa de trabajo un kilo de harina de trigo, se hace un hoyo en medio de esta y ahí se ponen 500 gamos de margarina, 400 gramos de azúcar en polvo (glasé), molida en polvo), una pizca de canela, una pizca de carbonato emergente de pastelería o sustituto, media copa de anís y 3 huevos, se mezcla todo muy bien dentro del hoyo, hasta que quede hecha una pasta homogénea y bien mezclada, similar a un puré.
A continuación, se une el resto de la harina a todo el conjunto, hasta formar una pasta, o bien usa una amasadora en los mismos términos. Esta masa no lleva ni leche ni agua. Luego, pones una cantidad de esta masa en la mesa, la extiendes con un rodillo, y cuando tiene un grueso de tres o cuatro milímetros, la recoges enrollada en el rodillo, la extiendes sobre la lata o el molde engrasada, una vez que está medio cocida se saca. Esta masa igualmente puede valer para empanadillas cocidas al horno.

RELLENO Y TERMINACIÓN DE LA TARTA DE MANZANA. 326

Ya está el fondo de la tarta, que se saca del horn126o a medio cocer. Después se le pone, extendida sobre toda ella, alrededor de un centímetro de crema de la que ya conocemos y sabemos cómo se hace. A continuación, se le ponen rodajas delgadas de manzana o cualquier otra fruta cruda, limpias de piel y durezas. Estas rodajas se van poniendo sobre la crema extendida, en fila, una rodaja de manzana cubriendo la mitad de la otra, y así, hasta cubrir toda la tarta. Después se pinta de huevo batido, se espolvorea con azúcar en grano, o se le extiende con un pincel jarabe de azúcar, a punto de hebra flojo. Se mete al horno caliente, y en poco tiempo se termina de cocer, y dorar por la parte superior. Se retira cuando la parte superior de la tarta esté dorada, sin que se queme ni la parte superior ni el fondo.

Calcula el costo de ésta, para saber a qué precio tienes que vender la ración También se pueden envasar trozos de ésta, o piezas individuales como cualquier otra pieza de repostería o pastelería, y venderlas al por mayor.

PASTELILLOS RÁPIDOS. 327

Con esta misma masa, cortas dos arandelas con un molde o con un vaso de 8 o 10 centímetros de ancho y de tres o cuatro milímetros de grueso, a una le pones en el centro, una cucharada de cabello de ángel o mermelada, crema, etcétera, la untas con agua con un pincel en la parte de alrededor, y le pones la otra parte encima, la aprietas un poco para se una por el agua, y la untas por encima con huevo batido y unas gotas de vinagre. Después, la salpicas de azúcar en grano y de almendra picada cruda, y la cocinas en el horno. Así tendremos pastas apetitosas y económicas para los desayunos, y que se mantienen en buen estado bastantes días.

PRODUCIENDO CON BENEFICIOS. 328

Esto no es un cursillo ni de cocina de pastelería, pero cincuenta años en diferentes actividades dan para mucho, si se sabe emplear el tiempo. Y con la idea, de que si desconoces esta profesión, te puedas defender, hasta que necesites especialista de una u otra cosa. Siempre nos hemos de valer de todo lo que nos convenga para nuestro objetivo, ya que el fin que persigo con este libro es el de hacerte ganar dinero. La cocina de un bar, Sun restaurante, siempre tiene tiempos perdidos, que se pueden aprovechar para hacer todo cuanto explicamos. Con la masa de hojaldre se pueden hacer infinidad de productos para vender en tu negocio, y si te lo propones, también puedes fabricarlos para la venta al por mayor.

MASA PARA HOJALDRE. 329

Pones sobre la mesa de trabajo un kilo de harina, le haces un hoyo en el centro. En este hoyo se ponen doscientos gramos de manteca de cerdo, (si no la tienes, margarina) dos cucharadas de vinagre, 10 gramos de sal y medio litro de agua. Después de diluidos todos estos componentes, unes el resto de la harina, y haces una masa compacta y bien unida... La masa ha estar bien trabajada, y de quedar manejable, sin estar dura. Quedará como la masa para pan. Cuando está terminada, la ponemos sobre la mesa, y se maneja espolvoreándola con harina en todos los movimientos, por encima y por debajo, para que no se agarre ni al rodillo ni a la mesa. Luego la extendemos con el rodillo, intentando darle una forma rectangular, del doble de largo por el ancho, y de un grueso de medio centímetro, más o menos. Se le ribetean los bordes, pellizcándola a lo largo de todo su perímetro, para que la manteca no se salga. Se le agrega un kilo de margarina o de manteca de cerdo, poco templada o que no esté fría, para poder extenderla por toda la superficie de la masa plana por igual.

Cuando se ha enfriado la margarina, se dobla esta en tres hojas, como si fuera un folleto de tres hojas, que primero cierra un tercio hacia dentro, y después el otro tercio hacia dentro y encima igualmente. Acaba con tres capas de masa, y la margarina queda encerrada en la masa. A continuación, mueves la masa, le pones un poco de harina, para lo que ya sabemos, pones otra vez la masa de forma rectangular, paralela a nuestro cuerpo, y usas el rodillo para hacer la misma operación de estirado y ensanchado. Luego la vuelves a doblar en tres partes. Las operaciones de doblado son cuatro, una con la margarina, y tres en seco, el último doblado es el final, y quedará sin estirar.

MANIPULADO DE LA MASA Y MILHOJAS. 330

Se van cortado trozos medianos de la masa total, para ir haciendo con estos las piezas de pastelería o repostería que queramos. Para hacer milhojas, tomamos un trozo de masa, de mediano a pequeño, lo estiramos con el rodillo hasta conseguir un grosor entre a tres y cinco milímetros, luego se recoge con el rodillo y se pone sobre la chapa que se ha de meter al horno. Ha de quedar, toda la chapa rectangular, cubierta por la masa. Antes de meter al horno, se picotea la masa con una espátula o cuchillo, para que no se encoja. El sobrante de masa lateral de la lata se quita. Se han de hacer tres exactamente iguales. Cuando están cocidas y frías, una de las tres se pone en la bandeja o chapa en la que se presenta para la venta en el bar o en la cafetería. Se rellena con una capa de crema de medio centímetro, y sobre ésta, se coloca una capa de merengue de un centímetro, se espolvorea de canela, y se pone otra capa de hojaldre. Se hace la misma operación de crema y merengue, y se pone la tercera tapa, y ya está terminada. Con un cuchillo de sierra mojándolo en agua para que no se pegue, se le recorta los laterales para dejarlo completamente uniforme. Cada corte se hace hacia abajo, como cualquier tarta, cortando y no aplastando. Se corta en las unidades que queramos sacar de esta. Se le espolvorea con azúcar glasé y canela, y al mostrador.

PASTAS DE REPOSTERIA. 331

Esta masa vale para hacer pasta de repostería, de esa que se ve en cualquier lugar. Las formas de las pastas, las copias de las que veas. Si haces trozos de un centímetro de grueso, de diez por cinco centímetros, lo pintas de huevo batido y lo metes al horno, sabrás en qué los puedes usar. Se pueden hacer empanadillas y muchas piezas más. Las milhojas siempre se pueden hacer las últimas, con los retales de masa que van quedando al formar otras piezas. Se unen estos retales entre sí con las manos y con el rodillo, se estiran, y se pueden formar las planchas de las milhojas.

OTRO DATO IMPORTANTE, LAS PALMERAS. 332

Estiras un trozo de masa mediano, hasta hacerlo más o menos rectangular, y como de tres milímetros de gruesa. Lo salpicas de azúcar molida, en todo su plano, y por debajo, para que no se pegue a la mesa ni al rodillo. De un canto o de un lado, doblas como dos o tres centímetros a lo largo, y vas doblándolo sobre el mismo, hasta llegar al centro de la masa, después se hace lo mismo por la parte de enfrente. Luego unes una cara con otra de las enrolladas.
Ya tenemos una barra de masa más o menos rectangular. Con un cuchillo caliente, o con uno de cierra que corte y no las aplaste al cortar, cortamos trozos como de dos o más centímetros de espesor, y los vuelcas de manera que el corte dé con la cara de la mesa por su parte más ancha (estaremos viendo por encima el veteado de los dobleces). Con la palma de la mano cerca del dedo pulgar, la iremos aplastando, hasta darle la forma de la palmera, y nos ayudaremos de azúcar molida en grano para aplastar, y que no se pegue ni en la mesa ni en la mano. A las latas que van al horno, se les pasa un trapo humedecido ligeramente en aceite, para que no se peguen; la parte

superior se puede untar con huevo batido, en las que no son de coco ni de chocolate. A continuación se cuecen en el horno.

PALMERAS DE COCO Y DE CHOCOLATE. 333

Se hacen iguales que las anteriores, sin untarlas de huevo. Después se bañan de chocolote, como ya sabemos. Primero se baña una cara, que bien puede ser con un pincel, y cuando está seca, la otra cara. A las palmeras de coco se les da un pintado de jarabe ligero con un pincel, y luego se rehogan en coco molido. De este producto, y de otros muchos, como pueden ser de bizcochos, galletas y pastas, han surgido muchas industrias que fabrican repostería y pastelería envasada en piezas pequeñas, envuelta con bolsas transparentes individuales, y que están haciendo verdaderos grandes negocios.

Maquinitas de envasado y soldado. 334

Total que la maquinita dichosa es tan simple como bien pensada, entran las pastas por una parte, en la que a su vez entra una cinta de papel, la envuelve, suelda la envoltura y la corta; así de sencillo. ¿Que dónde podrías ver estas máquinas y muchas otras? Muy sencillo, coge el listín de teléfonos de Valencia (España), o de cualquier otro país en que te encuentres, y buscas la dirección... O pide información en la Cámara de Comercio de tu ciudad. Pregunta en qué fecha se realiza el certamen de La Feria de la Maquinaria para la Pastelería. Cualquier otra máquina para cualquier otro producto que quieras manipular o fabricar, la puedes ver en la feria correspondiente. Te llevarás una sorpresa por la maquinaria tan diversa. En cualquier país se pueden ver estas ferias. También te puedes informar de quien vende esa maquinaria en las cámaras de comercio.

MARCAS Y PATENTES. 335

Cualquier fórmula de un producto, como el chocolate en polvo, sopas en sobre, flanes, bolsas de congelados, así como otros preparados alimenticios, o de cualquier otro orden, que estén registrados, se podrán obtener fotocopias del registro oficial correspondiente, por medio de las empresas registradores de patentes y marcas, en cualquier ciudad, mediante el pago de poco dinero. Sólo tienes que llevar a una empresa de marcas y patentes, un sobre o envase del producto del que quieres información. Esta actuación es legal, y hace posible saber qué artículos o productos están registrados, por cuánto tiempo de duración y la fórmula de su contenido. Recibes fotocopias de la declaración de la persona o sociedad que la patenta o registra, así como una lista de los ingredientes que contiene, y así puedes saber lo que no puedes hacer, o lo que sí puedes hacer.

No puedes copiar ni la fórmula exacta, ni el nombre de la marca, pero sí puedes hacerlos con tu nombre y con tu marca, y con tu fórmula, que puede ser parecida, pero no exacta. Puedes hacer cualquier otro producto que no sea igual, aunque sea similar y con el mismo fin. Un producto de chocolate, sopa, flan, o cualquiera que no se parezca a ningún otro de los que se venden en el mercado, puede ser legal

OTROS EJEMPLOS DE ENVASADOS PARA LA VENTA AL POR MAYOR. 336

El arroz, los garbanzos, las judías, la harina, el gofio, en Canarias, las sopas de sobre, los flanes, y muchos más productos alimenticios que se venden envasados, así como otros que te puedas inventar, se pueden comercializar. Cada envasador lleva su sello, su marca y su envoltorio, y los productos pueden ser los mismos o similares. Este negocio no es de los peores, ya que se pueden comprar las materias primas al por mayor, Envasarlas en pequeñas cantidades, una vez manipuladas, y venderlas al por mayor a las tiendas y almacenes de distribución, y a detallistas. Todas estas explicaciones sobre los envasados se refieren a eso, a (envasados de productos alimenticios), ya que es muy difícil, que los mismos productores lo envasen por kilos y lo comercialicen, aunque de todo hay. La información que te doy es una pista para que, si te interesa la idea, sigas investigando e informándote. La información para registros de patentes y marcas, las recibirás de los especialistas en estos temas. Un abogado y una casa de patentes te aclararán cuanto desees saber, y de las leyes actuales correspondientes, ya que mi información no es suficiente. Recuerdo haber leído hace algún tiempo, que al darse de alta como envasador, por ejemplo, de arroz, garbanzos, judías, lentejas, etcétera, el impuesto que corresponde lo determina la cantidad de productos a envasar, o tal vez reaparecido. Cualquier negocio es bueno, si se organiza con inteligencia y con poco esfuerzo físico personal, ya que hay que organizar el negocio para que haya trabajo para personas y máquinas. Alguien dijo alguna vez que el burro que más trabaja, más roto tiene el aparejo. Para un emprendedor es importante tener un pensamiento inteligente, y no porque no haya que trabajar, lo más importante es saber instalar negocios productivos, en los que necesites mano de obra. Entonces estará justificado lo de tener empleados.

Refrescos granizados para vender "a bajas temperaturas. 337

Hice un comentario de los granizados a bajas temperaturas, suficiente expresivo, en otro capítulo. El granizado que se ve en algunas cafeterías, en maquinitas dando vueltas, es el granizado popular, que se va vendiendo a un ritmo normal. Vamos a explicar cómo hacer un granizado, que los consumidores digan cuando lo toman: "¡qué frío está esto!" Para conseguir un frío de muchos grados bajo cero, debes hacer lo siguiente: el depósito de congelación ha de estar metido en el mismo mostrador que se tiene para la venta al público, o tenerlo en el interior del local, y reponer en el mostrador cuando se necesite. Hay frigoríficos de congelación por aire, en un espacio vacío y cerrado en el interior, alrededor del contenedor del refresco. Yo prefiero los que siguen a continuación, por que si se va la luz, los que van por aire, puede peligrar los productos, al perder el frío con más rapidez.

Otros llevan serpentines por donde corre el gas refrigerante, introducido en el mismo espacio, cubiertos de un líquido salado, y alrededor del contenedor del refresco, que entre ambos, liquido y serpentín, alcanza temperaturas muy altas, (con el que tengo la experiencia, y me parecen mejor). Los depósitos del granizado han de ser sólidos e inalterable al líquido, el cual lo facilita el inhalador de la máquina. Este depósito del granizado, que pueden ser tres, o los que queramos, para tener diferentes clases de refresco, van sumergidos en el líquido, que a su vez, lo contiene el arcón contenedor.

El contendor en generar, no cierra herméticamente, como el de por aire, este se puede quitar la tapa del liquido cuando se quiera. En la parte superior, lleva un tablero de acero y sus tapas correspondientes por cada depósito, para destapar y sacar, o reponer el refresco cuando convenga.

CONGELACIÓN CONTINUADA. 338

Este aparato para congelación continúa, me lo fabricaron, al sugerirles que quería que el motor no tuviera paradas. Se consiguió que se produjera un verdadero frío de congelación continua, con regulación y parada del termostato a nuestra voluntad. El compresor llevaba dos pequeños motores, que en los días de mucha venta, se turnaban en el funcionamiento, con lo que se conseguían temperaturas muy bajas, que no se terminaba nunca el granizado. También se consigue que los motores no se quemen, al funcionar el compresor productor del frío, sin parar. Las paredes de los depósitos se irán raspando de vez en cuando, con el mismo cazo de sacar el granizado. Estas seguirán engordando, a la vez que se va reponiendo limonada preparada con agua "bien fría". El producto de reposición, se mantiene un frigorífico en la trastienda, y reponiendo cada vez que baja el nivel del granizado una tercera parte del depósito. Este sistema está pensado para producir ventas continuas y que no se acabe el producto. Al finalizar el día, que pueden ser las doce de la noche, (por ejemplo) las paredes del depósito que estaban tan gruesas por la mañana, habrán quedado bastante más delgadas. La máquina seguirá trabajando con los motores de relevo, y a la mañana siguiente, los depósitos estarán tan helados que justamente cabrá el cazo, para seguir sacando esa bebida inacabable para el público. El agua de reposición para la elaborar el producto según se vaya gastando, será conveniente tener en la trastienda, un frigorífico o productor de agua helada, que nos suministre tanta como necesitemos. Habrás visto alguna vez en alguna empresa, esas maquinitas de las que sale un chorrito de agua fría apretando un resorte, donde se pone la boca para beber. Creo que deben de estar conectadas a la red de agua potable. Yo lo resolvía teniendo una barra de hielo, con la que enfriaba el agua de reposición. Cuando se prepara el producto, sería conveniente diluir el azúcar en un poco agua del tiempo, y a continuación agregar el jarabe, y una vez bien disueltos, completar el recipiente de agua helada, y mantenerla en la cámara, mientras se va necesitando.

El público ha de encontrar, el granizado, además de las bajas temperaturas, el de un buen sabor, y al de mejor precio. Los vasos pueden ser de plástico, para que el público se acostumbre a ir por la calle con su refresco haciéndonos propaganda. Aunque yo los vendía en vasos de cristal y se consumían en el establecimiento. Estos eran de cuarto de litro, y los vendía a mitad del precio de cualquier producto de cola o limón, de cualquier marca conocida en cualquier establecimiento del sector.

EL SECRETO DE VENDER MUCHO. 339

El secreto de vender tanto estaba, no solo en el precio, en el sabor, que auque abusara del azúcar, al público mayoritario le gustaba por la rapidez para servir, en haber conseguido un frío intenso, en el que flotaban escamas de hielo, y no la raspadura que parece algodón, de las maquinitas que tiene algunas cafeterías, y en el buen servicio y trato personal... Aunque no podría presumir de mucho más, ya que el local no era mayor de 26 metros cuadrados. Pero el sitio era el centro de un barrio populoso. Como verás, es mas importante un "lugar" aunque no sea grande, que el buen local donde no se vende.

COMPRA DEL PRODUCTO. 340

Teneos la región Valenciana, que es la mayor productora de jarabe de cítricos y horchata de chufa y otros de España. La región valenciana y las naranjas, son inseparables. Este producto lo venden las fábricas de jarabes de esta región, y puedes comprarlos tanto de naranja, de limón de horchata de chufa, como los jarabes más tradicionales. Las direcciones de estas empresas, las puedes encontrar en las hojas amarillas del listín telefónico, en fábricas de jarabes, y que tal vez tengan representante en tu ciudad. Si estás en otro país, preguntas a los mayoristas de alimentación de donde te encuentres, y ellos te informarán dónde puedes encontrar el producto, o te lo facilitarán.

PREPARACIÓN DEL REFRESCO. 341

Te diré cómo lo puedes fabricar. En un cubo "nuevo" de esos que se emplean como fregonas para lavar el suelo, pones tres cuartos de litro de jarabe concentrado, sea de naranja o de limón, y medio kilo de azúcar, y si está poco dulce, le pones un poco más de azúcar, bien disuelta en el agua. El producto ya está terminado y dispuesto para granizar. Algunos consumidores son muy listos, y querrían que fuese todo zumo natural de naranja o de limón, y a muy buen precio, y eso no es posible. Estos serán minorías, y como vamos a las mayorías, ya está bien como está. Esta fórmula es suficiente para que salga un buen producto, siempre que lo acompañen las bajas temperaturas. La horchata la haces en el cubo referido lleno de agua, un litro de jarabe concentrado y 500 gramos de azúcar. El sabor y el dulzor lo has de controlar al hacerlo la primera vez, y no te dejes llevar por quien te diga que pongas mas jarabe, por que no podrías ser competitivo. Por la noche, deja los tres depósitos completamente llenos. La capacidad de cada depósito puede ser, de no menos de 20 o 25 litros. Que te los hagan a la medida que tu digas del arcón congelador, y de acero inoxidable inalterable al acido. Así no le afectará el líquido como la "salmuera" donde quedan introducidos los serpentines productores de frío.

LAS VENTAS DEL PRODUCTO. 342

Ya venimos diciendo a lo largo de este manual, que el lugar de situación del negocio es necesario que esté instalado, por donde pasen muchos ciudadanos, que bien puede ser el centro vital comercial, de un barrio populoso de ciudad. El primer día, o alguno más, puedes dar mini vasos de limonada gratis a todo el mundo, no importa esos días que no ganes dinero "que eso es lo que tú creerás en principio" Esa publicidad directa, será con la que más clientes hagas. Las ventas las irán haciendo a la vez que invitas a las degustaciones, cada persona que recibe algo gratis y con respecto a tu negocio, le deja una pequeña huella, y te recuerda cada vez que pasa por delante de tu establecimiento. ¿Sabes porqué te recordará? Por que vivimos en un mundo de tal egoísmo, que cuando recibimos algo sin pagar, casi nos parece anormal. Es por lo que hay que ser diferentes, para que lo nuestro y nosotros mismos, seamos distintos. Pon un cartel con el precio por vaso, y por litros para llevar, y no quieras hacerte rico en un año vendiendo caro, que no lo conseguirás, porque cada día venderás menos.

La mejor arma de lucha en este tema es que invites todos los días a gente, aunque no la conozcas ni te compren. Sabes lo que hacen los traficantes de drogas, que las primeras las dan, hasta que se hacen adictos. Después se vende sola. Con tus granizados has de hacer igual. Cuando vendíamos estos refrescos, al pedir los clientes un refresco embotellado, intentamos vender el nuestro y no daba resultado. Después de pensarlo bien, cuando pedía el cliente un refrescan botella, se les servía lo pedido. A continuación, le poníamos medio vaso de nuestro fabricado diciéndole con modestia, este refresco lo elaboramos nosotros, y le invitamos con mucho gusto para que lo pruebe. El refresco de botella estaba frío de frigorífico normal, pero el nuestro estaba superfrío y con escamas de hielo del mismo granizado. Al otro DIA, o varios días después, esos clientes aparecían por nuestro negocio, y nos pedían de aquel granizado que les dimos a probar.

Publicidad infalible que dio buen resultado. Muchos clientes, a pesar de decir entre dientes, "¡Leche!, ¡Qué frío está esto!, Una vez que bebían el primer refresco, decían, póngame ahora otro de limón". Teníamos de naranja, de limón y de horchata de chufa, y era suficiente. Algunos clientes, si abusaban de beber muchos, les salían anginas, puede que carecieran de las suficientes defensas, o se lo bebían muy rápido, quién sabe. Recuerdo a una señora que vino con su hijo y me pregunto, ¿conoce a este chico?, es mi hijo. Me dijo, le pido por favor, que cuando mi hijo beba una limonada, no le venda la segunda, por que vendrá a casa con anginas.

Si vives en el lugar en el que el clima te acompaña, venderás mucho granizados todos los días. El mecanismo que emplees para conseguir esas temperaturas, mantenlo en secreto... La competencia de las cercanías no sabrá cómo lo haces, y pensarán que la gente ya no toma refrescos granizados, mientras tú no pararás de vender cada día más.

EMPRESAS DE SERVICIOS –MAQUINARIA-HOSTELERÍA.343

Web, donde podrás encontrar empresas, productos y servicios en el sector de hostelería a nivel nacional. En España -www.nan.es-

También encontrará maquinaria de calidad para hostelería en SAMMIC.- Organización y ventas,- c. Atxubiaga, 14- .-20730 Azpeitia (Guipuzcoa) TLC. 943 157095,- Fax,: 943 150190.
 Gracias, amigos y amigas, por haber leído hasta aquí. Si habéis sabido aprovechar esta lectura, ya podéis lanzaros al mundo de los negocios con la seguridad de que no fracasaréis. Si tuvierais alguna duda en algo sobre el libro, escribirme un email, con la página de la duda que os contestaré. A emprendedoresactivos@gmail.com>

A CONTINUACIÓN, CARTEL DE BOCADILLOS. 344

VENTA DE BOCADILLOS HECHOS EN EL ACTO (Página Correspondiente a cap. F)

Nº 1 Hamburguesa queso y tomate	Nº 2 Bistec de Ternera a la plancha — 2,50 €	Nº 3 Lomo de cerdo a la plancha lechuga y tomate	Nº 4 Pechuga de pollo a la plancha con mayonesa	Nº 5 Pollo frito con mayonesa y tomate
Nº 6 Atún tomate y mayonesa	Nº 7 Jamón york, queso tomate y lechuga	Nº 8 Sardinas en aceite y pimientos fritos	Nº 9 Chorizo frito con pimientos	Nº 10 QUESO MANCHEGO LECHUGA Y MAYONESA
Nº 11 TORTILLA FRANCESA Y PIMIENTOS	Nº 12 TORTILLA DE PATATA CON CEBOLLA	Nº 13 TORTILLA FRANCESA DE JAMON YORK	Nº 14 CALAMARES FRITOS Y MAYONESA	Nº 15 SALCHICHÓN Y PEPINILLOS.
Nº 16 BÉICON PIMIENTOS Y MAYONESA	Nº 17 JAMÓN SERRANO ACEITE Y TOMATE	Nº 18 TORTILLA DE GAMBAS LECHUGA Y TOMATE	Nº 19 TORTILLA FRANCESA, ESPÁRRAGOS Y MAYONESA	Nº 20 TORTILLA DE ATÚN Y MAYONESA
Nº 21 MORTADELA QUESO Y LECHUGA	Nº 22 SOBRASADA QUESO Y LECHUGA	Nº 23 HUEVOS DUROS Y MAYONESA	Nº 24 LOMO DE CERDO EMPANADO Y SALSA	Nº 25 GAMBAS FRITAS Y MAYONESA
Nº 26 RACIÓN DE CROQUETAS	Nº 27 RACIÓN DE ALBÓNDIGAS	Nº 28 RACIÓN DE ENSALADILLA	Nº 29 ENSALADA DE LECHUGA Y TOMATE	Nº 30 RACIÓN DE PATATAS FRITAS
Nº 31 RACIÓN DE CALAMARES	Nº 32 RACIÓN DE GAMBAS AL AJILLO	Nº 33 RACIÓN DE BOQUERONES	Nº 34 RACIÓN DE GAMBAS A LA PLANCHA	Nº 35 RACIÓN DE PATATAS PICANTES

POLLOS ASADOS PARA LLEVAR · RACIONES PARA LLEVAR · PAELLAS DE ARROZ POR ENCARGO PARA LLEVAR

INDICE   Todo en Hostelería

Sinopsis   3

INTRODUCCIÓN   4

CAPÍTULO 1º   5

El comienzo de un negocio.   6
Trabajar para ti, o para otros. 7
Siempre adelante. 8
Trabajar como empleado, y no tener responsabilidades.9
El ingenio nos ayudará. 10
Haz lo que estés haciendo.11
Estar bien despierto cuando no duerme. 12
El primer capital. 13
Acostúmbrate a pensar. 14Consumo de marcas, economía más débil. 15
Encontrar dinero para instalar tú primer negocio.16
Mi propuesta, si no tienes nada. 17
Trabajos extra, buena fuente de ingresos.18
Trabajos de fin de semana. 19
Las empresas de comida rápida. 20
A la busca del trabajo más interesante. 21
Otra forma de encontrar estos trabajos.22
Lo que se puede ganar. 23
Restaurantes especializados en banquetes. 24
Trabajos extra para incrementar tus ingresos. 25
Que tus ideas prevalezcan. 26
Un negocio en marcha. 27
¿Quién hay detrás de lo que consumimos? 28
Trabajando en equipo. 29
Patrocinadores. 30
Tener empleados por necesidad. 31
La seguridad en el funcionamiento. 32
la astucia y la sagacidad, le sigue el éxito. 33

Lucha y trabaja por nuestro futuro. 34
Tus conocimientos te ayudarán a triunfar. 35
Llamando a la suerte. 36
Instalar un primer negocio. 37
Hacer que entre público al establecimiento. 38
No escatimes en publicidad. 39
Conoce lo que otros hacen. 40
Movimiento interior. 41
Nunca se sabe hasta donde se puede llegar. 42
Limitación del mando. 43
El encargado y su misión. 44
El poder total de la empresa. 45
Influencias y sus resultados. 46
Ejemplo de publicidad. 47
El ritmo desde el primer día. 48
De los gastos y la mercancía. 49
Reparto de beneficios a empleados. 50
Generalizar incentivos nunca dio buen resultado. 51

Capítulo 2º　　　52
.
Instalación de un bar. 53
Las paredes del bar. 54
Aseos para caballeros. 55
Aseos para señoras. 56
Los aseos y su consecuencia. 57
Aseos y vestuarios para los empleados 58
Almacén para mercancía. 59
Herramienta mínima en la cocina del bar. 60
Un colaborador para la puesta en marcha. 61
La caja de cobro. 62
Máquinas de juegos y recreativos. 63
La venta de tabaco. 64
Venta de bocadillos. 65
Cartel para bocadillos. 66
Panecillos congelados. 67
La sangría, y la invitación.
¡Publicidad para vender mucho! 68

Mini canapés y tapas de bajo costo. 69
La regla de lo gratis, siempre será para vender más. 70
La hostelería por sectores. 71
Bares de tapas. 72
Local para bocadillos en sector turístico. 73
Bar, con comidas, en sector turístico. 74
Los camareros en zonas turísticas. 75
Bares de clientes fijos. 76
Bar de barrio. 77
Las mesas en estos bares. 78
La tradición del café. 79
Bar en sector comercial de la ciudad. 80
Servicio de comidas al mediodía. 81
El costo de un menú popular. 82
Al iniciar este negocio. 83
El secreto del éxito y el de la suerte lo llevas en tu cabeza. 84
¿Puede ser negocio vender vasos de vino? 85
Atraer a la clientela. 86
Otras menudencias buenas para un bar. 87
El buen carácter del dependiente. 88.

CAPÍTULO 3º   89

Instalación de una cafetería. De lujo y normales. 90
Instalación de una cafetería normal. 91
Instalación de una cafetería normal. 91
¿Que cuándo se empieza a ganar dinero? 92
Cafeterías populares. 93
Negocio desconocido. 94
Distribución general. 95
Reparto de un local de 200 metros cuadrados.   96
Instalaciones obligatorias. 97
La barra o mostrador. 98
Vitrinas en el mostrador. 99
Dimensiones del mostrador. 100
Un lavavajillas. 101
Cerveza de barril. 102
De la instalación de la cerveza de barril 103.
La cafetera. 104

Consumo de café. Y Molino de café. 105
Importante sobre la cafetera. 106
Cafetería original. 107
Como hacer para vender muchos cafés. 108
Elaboración de torrijas. 109
El pan y la repostería. 110
Las tostadas de la casa. 111
Abrir la cafetería por la mañana. 112
De los horarios del personal. 113
Cafetería popular. 114
Platos combinados y otras comidas. 115
Supuestos y compuestos de algún plato combinado. 116
Carta de postres y cafés. 117
Fotografías de platos combinados. 118
La toma de las comandas. 119
Precio de costo y de venta de platos combinados. 120
La cocina en las cafeterías. 121
Herramientas en la cocina. 122
Ventilación del local. 123
Plancha para asados y otros. 124
Horno microondas. 125
Granizados. 126
Diferentes Jarabe para el granizado. 127
Pensar como fabricante es muy bueno para el negocio.128
Helados. 129
Compite con los helados. 130
Caja registradora. 131
Licores programados. 132
Repuesto de botellería y otros. 133
Lista de control. 134
Máquinas tragaperras. 135
Venta de tabaco. 136
Almacén general. 137
Oficina de control. 138
Aseos y lavabos. 139
Limpieza general y reposición de suministro. 140
De la caja de cobro. 141
Las tapas al final de la tarde. 142
La importancia de vestir con uniformidad. 143

Lo importante de las cafeterías. 144
Un error al pedir una consumición. 145
Encargos para llevar. 146

CAPÍTULO 4º 14.

Restaurante comida para llevar 148
Local y lugar. 149
Distribución del local. 150
Instalación en general. 151
Los productos y la venta al público. 152
La cocina para esta especialidad. 153
Orientación del negocio. 154
Actuación de los clientes. 155
Lo que el cliente ve mientras le sirven. 156
La habilidad del dependiente- 157
El manejo de este negocio. 158
Envases para alimentos. 159
Horarios de venta y trabajo. 160
Despacho, oficina y otros. 161
Día de la apertura. 162
Momento crucial, con la visita del cliente. 163
Publicidad y vendedoras. 164
Nombre comercial. 165
Servicio de restaurante en comedor.166
Asador de pollos, visible al público. 167
Bandejas especiales para congelación. 168

.CAPÍTULO 5º 16

.Restaurante cafetería en autoservicio. 170
El autoservicio, simple especialidad. 171
La publicidad. 172
Clase de comidas que se sirven. 173
Responsable del servicio en general. 174
Consumidores populares. 175
El cliente entra al establecimiento. 176
Mostrador distributivo. 177

Estantes, y desplazamiento de bandejas. 178
Pasillo de recogida de alimentos. 179
Le seguirán platos fríos y entremeses. 180
Primeros platos. 181
Segundos platos. 182
Menú infantil. 183
Siguen los postres. 184
Continúan las bebidas. 185
Cubitos de hielo. 186
Sangría preparada. 187
Personal encargado de reposiciones. 188
Precios a la vista del público. 189
Ejemplo de costos. 190
Trato a los clientes. 191
El éxito depende de la inteligencia. 192
El local, siempre se hace pequeño.193
La instalación. 194
Más mesas, más oportunidad de vender. 195
Si los clientes piden café. 196
Las propinas y los camareros. 197
Reparto de comisiones. 198
Relación entre mesas y bandejas. 199
Conexión entre la barra y la cocina. 200
Sillas y mesas del comedor. 201
Espacio del local. 202
La ventilación de un local. 203
Aseos públicos y para empleado.204
Días festivos. 205
Vajilla y cubertería. 206
La cocina. 207
El autoservicio de cafetería. 208

CAPÍTULO 6º 209

Restaurante para banquetes, bodas, comuniones y otros.
Banquetes 210
Nuevo gran negocio para banquetes. 211

Cálculos económicos, como ejemplo. 212
Oportunidad de clientes. 213
Encargos de banquetes. 214
Forma de pago. 215
Sobre la forma de pago. 216
Servicio de baile. 217
Ejemplo de un menú corriente de boda. 218
Menú n. º6
Sobre música y baile. 219
Aseos. 220
La cocina. 221
La cocina funcionará como una fábrica. 222
Los mismos camareros para los mismos banquetes. 223
Postres y champaña o cava. 224
Servicio de café. 225
Personas empleadas fijas. 226
Distribución de las mesas de comedor. 227
Mesas múltiples. 228
Ventilación. 229
Vestimenta del personal. 230
Lugares, donde pueden funcionar bien estos negocios.231
Sobre el alquiler o compra de una nave industrial232
Cartas de menús de banquetes. 233
Almacén para alimentos. 234
.

CAPÍTULO 7º   235

Buffet libre y servicios de catering.
más comunes. 236
Funcionamiento del negocio. 236
Bebidas. 237
Mobiliario de servicio. 238
Los clientes. 239
Entrada al comedor. 240
Servicio de catering a domicilio. 241
Contrato con los clientes. 242
¿Cuándo se presentará la factura de cobro? 243

Servicio a las empresas. 244
Servicio de catering para colegios. 245
Furgoneta de reparto. 246
La cocina. 247
Cálculos económicos.248
Lugar de instalación. 249.

CAPÍTULO 8º 250

Complementos de fabricación, a los capítulos de hostelería. 251
Chocolate con churros y sus tradiciones. 252
La instalación de las máquinas. 253
Las sartenes freidoras de churro. 254
Fabricación de la masa del churro delgado, de forma manual. 255
Elaboración del churro. 256
Amasadora. 257
Las máquinas eléctricas de elaboración de churros.258
Precios y forma de ventas. 259
Churrerías ambulantes y en quioscos. 260
Churros congelados para la venta al por mayor. 261
Fabricación del churro gordo. 262
Buñuelos y tortas fritas. 263
Tortas fritas. 264
Bolas de Berlín. 265
Patatas fritas en gajos. 266
Patatas congeladas prefritas. 267
Proceso industrial de las patatas congeladas. 268
La congelación. 269
Crema para relleno de buñuelos y otros. 270
Crema de chocolate. 271
Colorantes vegetales para alimentación. 272
Ejemplos de colorantes y esencias. 273
Pestiños de vino. 274
Formato de los pestiños. 275
Baño o terminación de los pestiños. 276
Otro baño para pestiños. 277
Aclaración sobre el punto del azúcar cuando hierve.278
Masa para empanadillas. 279
Empanadillas dulces. 280

Empanadillas de pescados, carnes y otras. 281
Mermeladas económicas. 282
Cabello de ángel. 283
Frutas escarchadas. 284
Frutas bañadas de chocolate. 285
CAPÍTULO 9º 286

Chocolatería, churrería, pollos asados, limonada, y otros- 287
Pollos asados. 288
El objetivo de este negocio. 289
La instalación del negocio y su funcionamiento. 290
Aseos. 291
Envases de plástico para llevar. 292
¿Envases de plástico, o vajilla para el comedor? 293
Instalación del local. 294
Extractor de humos en la cocina. 295
Mostrador para la venta para llevar.296
Mesas de servicio.297
Categorías y alta de actividad. 298
Manejar el negocio es un arte que se aprende. 299 El
Venta de limonada granizada. 300
Haciendo publicidad. 301
Imitando a las hormigas. 302
Los carteles que venden. 303
Sobre el chocolate. 304
Pruebas definitivas del chocolate. 305
Hacer el chocolate para mantenerlo en el termo. 306
Sobre los churros. 307
Los pollos asados. 308
Sobre las tostadas. 309
Torrijas de leche. 310
Torrijas de vino. 311
Venta por autoservicio. 312
Cambio de exposición, o presentación.313
Servicios de un bar, y su funcionamiento. 314
El segundo negocio puede ser repetir el primero. 315

CAPÍTULO 10 º   316

Fabricados de chocolates para venta al por mayor o menor, 317
Un buen chocolate. 318
Comercializar Chocolate Express en bares y cafeterías. 319
Fabricación de croquetas. 320
Proceso: de las croquetas.321
Venta al por mayor de croquetas. 322
Formato de croquetas para la fabricación en serie. 323
Tarta de manzana o de otra fruta. 324
Pasta base para la tarta de manzana y otras frutas. 325
Relleno y terminación de la tarta de manzana. 326
Pastelillos rápidos. 327
Produciendo con beneficios. 328
Masa para hojaldre. 329
Manipulado de la masa y milhojas. 330
Pastas de repostería. 331
Otro dato importante, las palmeras. 332
Palmeras de coco y de chocolate. 333
Maquinitas de envasado y soldado. 334
Marcas y patentes. 335
Otros ejemplos de envasados para la venta al por mayor. 336
Refrescos granizados para vender "a bajas temperaturas. 337
Congelación continuada. 338
El secreto de vender mucho.339
Compra del producto. 340
Preparación del refresco. 341
Las ventas del producto. 342
Empresas de servicios –maquinaria-hostelería.343
A continuación, cartel de bocadillos. 344

www.ingramcontent.com/pod-product-compliance
Lightning Source LLC
Chambersburg PA
CBHW051636170526
45167CB00001B/208